Marco Tullio Cicerone

Dei Doveri

Introduzione, traduzione e note
a cura di
Mirko Rizzotto

Testo latino a fronte

Primiceri Editore

Introduzione[*]

Nel turbolento periodo seguito all'assassinio di Cesare (15 marzo del 44 a.C.), in cui si erano oramai delineate le fazioni dei fedelissimi del console Marc'Antonio e dei sostenitori del giovane Ottaviano, erede del defunto Dittatore Perpetuo e l'agonia della morente Repubblica romana era entrata nel vivo, Marco Tullio Cicerone decise prudentemente di allontanarsi per un breve periodo dall'Urbe e di ritirarsi nella tranquillità e nella quiete offerte dalle sue ville di campagna.

Laggiù, lontano da tumulti e pericoli, si diede alla composizione dei tre libri che costituiscono il *De Officiis* (*Dei Doveri*) e che, originariamente, non erano previsti nel piano del suo *corpus* filosofico, così come lo troviamo esposto ed enunciato all'inizio del secondo libro di un'altra sua opera, il *De Divinatione*.

Lo scritto fu composto rapidamente ma con accuratezza, basandosi – specie per i primi due libri – sul trattato *Sul conveniente* del filosofo stoico Panezio di Rodi. Costui era nato nell'isola di Rodi verso il 180 a.C., da una famiglia aristocratica i cui esponenti avevano ricoperto in passato incarichi politici nella loro patria insulare. Panezio rifiutò tuttavia di cimentarsi a sua volta nella vita pubblica, dopo che i Romani ebbero tolto a Rodi ogni autonomia politica. Dopo aver studiato in Grecia, ad Atene e poi a Pergamo, in Asia Minore, Panezio compì una serie di soggiorni a Roma, dove entrò a contatto con il circolo culturale degli Scipioni, di cui faceva parte anche lo storico Polibio di Megalopoli. Panezio era uno Stoico, ma la sua personale origine aristocratica ed il contatto con la nobiltà romana lo indussero ad una revisione piuttosto drastica della dottrina, inerente in special modo ad un maggiore apprezzamento della vita istintuale rispetto all'astratto *Logos*, alla strenua difesa della proprietà privata, ed infine ad una definizione di una sorta di codice comportamentale per gli esponenti della *nobilitas*, lontano dalle norme "naturali" predicate tradizionalmente dagli Stoici. Panezio compose e pubblicò quindi il suo

---

[*]Il testo latino consultato proviene dall'edizione della Loeb Edition della Harvard University Press, Cambridge 1913. Per la traduzione italiana si è tenuto conto delle traduzioni di A. Resta Barrile e di V. Todisco."

Sul conveniente non molto dopo il 129 a.C., anno della morte di Scipione Emiliano, rivolgendosi *in primis* agli esponenti della nobiltà capitolina.

Nell'opera di Panezio Cicerone poté trovare un punto di riferimento stabile per improntare un discorso in grado di passare agilmente dalla riflessione teorica e la formulazione di precetti validi per la vita quotidiana.

L'opera è ideata come una sorta di lunga lettera a suo figlio Marco, che in quel momento si trova ad Atene per studiarvi il pensiero greco, figlio che egli non è riuscito, nel mese di luglio di quell'anno, ad andare a trovare per via di una serie di venti contrari che hanno reso impossibile la navigazione risospingendolo in Sicilia, da cui era salpato, ma che possono essere interpretati come una chiara volontà avversa degli stessi dèi al compimento del viaggio.

Ma perchè Cicerone si era dato la briga, invero non indifferente, di concepire e comporre questa densissima opera? E perché essa aveva come argomento principale quello del dovere?

Il tema dell'opera si collocava nel quadro generale del pensiero filosofico della Stoà, e il termine utilizzato è quello greco, che per primo è venuto alla mente di Cicerone. La sua prima menzione di questo trattato è rinvenibile in una lettera scritta il 7 novembre di quell'anno al suo amico, nonché editore, Attico. L'Arpinate adopera, per designare il titolo del suo scritto, un participio presente greco, utilizzato solitamente per designare ciò che è "conveniente", inteso come onesto ed opportuno, e che era in precedenza già stato usato da numerosi autori: Panezio, Ecatone di Rodi, Posidonio di Apamea, ossia i più recenti maestri dello Stoicismo romano, ma anche da Zenone, da Cleante, da Crisippo, fra quelli di più antica data.

Cicerone propone per la sua traduzione il termine latino di *officium*, che – in apparenza – non sembra avere un grande rapporto con il significato originale della parola greca; *officium* designa infatti il fatto di compiere, portare a termine un lavoro (o se si vuole un incarico) ma egli lo carica di un'ulteriore, gravida sfumatura, ovvero non intendendo un lavoro od un incarico qualsiasi, ma un lavoro destinato ad arrecare aiuto e giovamento a qualcun altro. È, per esempio, un *officium* assistere un amico in tribunale o il prendere parte attiva ad una cerimonia.

Attico non concorda con questa definizione, non comprendendo come una nozione così tipicamente romana possa servire allo scopo filosofico proposto da Cicerone. Quest'ultimo gli risponde elencando gli usi abituali di questo termine, come *consulis officium*, *senatus officium*, *imperatoris officium*, adoperati per designare l'attività che il Senato deve svolgere per ottemperare alle sue funzioni, o ancora ai doveri di un console o di un condottiero militare.

Ma allora, pare replicare Attico, perché non parlare semplicemente della singola virtù del tale o del tal'altro magistrato, o della sua perizia e bravura nel portare a termine l'incarico assegnatogli, come del resto aveva già fatto Platone nel suo *Menone*?

Cicerone, in risposta, rammenta che era necessario considerare una distinzione fondamentale presente fra gli Stoici, ma che Platone non faceva, ovvero quella fra il contenuto materiale di un'azione e la forma che questa assumeva. Il "conveniente", sempre inteso come ciò che è onesto, si applica solamente al contenuto materiale. Se infatti è vero che la virtù è prerogativa esclusiva del saggio, e che quest'ultimo è un essere più teorico che reale, il "conveniente" interviene invece in ogni momento nella vita di ciascuna persona, va ricercato in tutte le nostre azioni e condiziona la nostra stessa condotta. Ma come è possibile, di volta in volta, scoprire quale sia questo "conveniente"? Semplicemente sottoponendo ogni azione alla critica della ragione: è conveniente ciò di cui si può rendere conto al vaglio della ragione.

Punto di partenza di questo ragionamento la natura degli esseri umani. L'uomo si distingue dagli animali proprio in virtù del fatto che può arrivare ad una conoscenza teorica del mondo, indipendente da ogni percezione immediata. L'uomo possiede inoltre un istinto di socialità orientato in primo luogo verso la famiglia, e secondariamente verso la cittadinanza (*civitas*), intesa quasi come una naturale espansione della prima. Da questa natura emergono quattro tendenze fondamentali: 1) quella che ci induce a ricercare il vero in ogni cosa, 2) quella che è possibile definire come istinto di indipendenza, che fa sì che non si obbedisca volontariamente a nessuno se non a chi sembra darci dei precetti giusti ed utili e che fa nascere in noi ciò che è definibile come "grandezza d'animo", l'indipendenza in rapporto alle cose esterne, 3) la tendenza a ciò che più c conviene, alla moderazione e alla misura negli atti e nelle parole, 4) infine la tendenza a riconoscere la bellezza non solamente nelle cose, bensì anche nella vita spirituale.

In tal modo Cicerone si ritrova fra le quattro virtù fondamentali riconosciute ed accettate da tutte le varie scuole filosofiche e in special modo da quelle su cui dichiara di basarsi, ovvero l'Accademia platonica, il Peripato aristotelico e, ovviamente, la Stoà. La voglia di conoscenza è indice di saggezza, mentre la volontà di appartenere ad un libero consorzio umana, ad una *societas* di concittadini è chiaro segno della presenza della virtù della giustizia; analogamente, la costanza nella nostra autonomia e nella brama di primeggiare sono qualità proprie del coraggio, e la nostra percezione intuitiva dell'ordine rivelano la virtù della temperanza, ovvero la capacità di dominarsi. Queste quattro virtù, considerate nel loro insieme, consentono di bene indirizzare le nostre azioni, dandoci dei criteri definiti per i loro rispettivi quattro fini.

Cicerone tratta piuttosto sbrigativamente la prima virtù, cioè quella che ci conduce alla scoperta del vero, ma pone in modo particolare l'accento del discorso sulla giustizia, compiendo una distinzione fra la giustizia propriamente detta e l'inclinazione nei confronti del bene, che ritiene il fondamento di qualsivoglia società. Questa visione non solamente è conforme al punto di vista dello Stoicismo, ma anche alla concezione che i Romani hanno della *civitas*; uno dei precetti fondamentali degli Stoici, consisteva nel sostenere che primo dovere dell'uomo saggio era di essere utile (*prodesse*), e per l'appunto tale era anche il dovere di ogni buon *civis Romanus*. Per comprendere appieno il valore di ciò, bisogna inoltre tenere a mente che, a seguito del suicidio di Catone ad Utica, la simpatia e l'interesse di Cicerone verso i dettami stoici erano notevolmente aumentati.

La dottrina della Stoà si accordava infatti in modo eccellente con la *moralitas* romana. Ogni frase che Cicerone scrive intorno allo sviluppo della giustizia è infatti pregna di allusioni politiche abbastanza trasparenti a situazioni in cui era venuto a trovarsi Cicerone stesso oppure agli avvenimenti della guerra civile fra pompeiani e cesariani. Così, quando egli scrive che le cause dell'ingiustizia e della precisa volontà di nuocere è la paura, viene quasi spontaneo pensare agli avvenimenti del gennaio del 49 a.C. e a ciò che seguì il passaggio del Rubicone da parte di Cesare.

Quando troviamo poi trattata la bramosia per le ricchezze materiali, la troviamo illustrata, guarda caso, nella persona del triumviro Marco Licinio Crasso e, più implicitamente, nel richiamo alle dissolute ed intemperanti gozzoviglie di Marc'Antonio.

Una citazione del poeta arcaico Quinto Ennio (i cui scritti Cicerone conosceva benissimo) ci conduce ancora più distante: Ennio, in una sua perduta opera teatrale, faceva pronunciare ad uno dei suoi personaggi la frase: «*Nessuna alleanza sacra, nessuna lealtà per un re*», espressione che non poteva non rimandare il lettore colto (ed anche il moderno studioso) ad un celebre detto di Cesare, che si rifaceva a sua volta ad Euripide, il noto tragediografo ateniese: «*Se bisogna violare il diritto, bisogna violarlo per diventare re, altrimenti conviene rispettare la giustizia*». Ma l'allusione (polemica) a Cesare è rea ancora più evidente da quel che segue alla stessa citazione: Cicerone non esita a fare chiaro e tondo il nome del defunto Dittatore Perpetuo e di stigmatizzare la sua *temeritas*, ovvero la sua impulsività e mancanza di riflessione, che lo spinsero a passare sopra ad ogni cosa pur di conseguire il "primo posto" a Roma, una sorta di "principato" il cui valore politico e materiale non giustificava il male inevitabilmente compiuto per conseguirlo. Cesare, a suo dire, aveva compiuto un errore di opinione accettando nozioni comuni, invece di riferirsi costantemente alla propria ragione. E se aveva osato tanto pur di soddisfare la sua insaziabile brama di potere, era tuttavia perché possedeva una grande animo ed un genio superiore. Ecco dunque che ad un animo come il suo, le lezioni della filosofia sarebbero state più necessarie che per quello degli uomini comuni.

Ma non fu solo Cesare a perpetrare ingiustizie, continua Cicerone: tutti coloro che lasciano passivamente che gli eventi seguano il loro corso e che – chi per una ragione, chi per un'altra – si astengono dall'intervenire, meritano l'infamante qualifica di ingiusti. Cicerone pensa senz'altro a quei senatori (ed erano molti) che non osano opporsi al prepotere del console Antonio, a quelli che giustificano il loro assenteismo nelle pubbliche assemblee con motivi di studio (e qui allude sicuramente all'erudito Varrone, chiuso nella sua lussuosa villa munita di una favolosa voliera) o di affari.

L'intera sezione che concerne la giustizia si basa su esempi recenti, tratti sovente dalle condizioni e dagli assunti da cui è scaturita la guerra civile. Cicerone fa perno sulla concezione romana della guerra e sui doveri che vanno indistintamente rispettati, persino nei confronti del nemico.

Nel II libro, dopo la definizione dei principi grazie a cui è possibile definire in cosa consista il concetto di "conveniente", il *De officiis* tratta dell'"utile", opponendo alla morale del valore autentico appena esposta la morale del mero interesse. Nel III libro, infine, dimostrerà che l'"onesto" e l'"utile" non sono in realtà mai dei concetti in reciproco contrasto.

Che ruolo gioca, dunque, il *De officiis* nel *corpus* dell'opera filosofica di Cicerone? Decisivo e pratico al tempo stesso, diremmo: nel momento in cui egli, rinunciando al viaggio in Grecia per rituffarsi a capofitto nella lotta politica romana tesa a contrastare il passo all'ascesa di Marc'Antonio, è conscio che la sua sarà una battaglia decisiva fra lo spirito della tirannia (che non incarna altro che lo spirito dell'ingiustizia) e quello della giustizia, su cui si basano i valori della libera *Res publica* da lui sposati appieno. Non si tratta più, ormai, di esporre i principi della vita morale partendo da antiquate teorie filosofiche, come aveva fatto in altri suoi scritti, il *De finibus* e le *Tusculanae disputationes*, dato che ormai è arrivato l'inesorabile momento dell'azione, accompagnata da una ponderata riflessione.

L'opera, lo si visto, è indirizzata idealmente al figlio Marco, sia perché l'opera filosofica ciceroniana si rivolge alla gioventù che dovrà ricostituire la Repubblica in base a chiari e sani principi morali, sia perché, così facendo, si richiama esplicitamente alla tradizione inaugurata da Catone il Censore con le sue *Lettere al figlio*. Ma tutto ciò, in fondo, non cela il fatto che Cicerone si rivolge in primo luogo a se stesso, per riuscire a far luce e a vedere chiaro nel proprio animo in tumulto. È un modo per darsi coraggio al momento di compiere un passo irreversibile nella lotta contro Marc'Antonio, passo che gli costerà la vita? Probabilmente sì, e non possiamo non cogliere la nobiltà di questa motivazione, sempre attuale.

Bibliografia

Edizioni degli Autori antichi citati nel *De officiis* e nelle relative note al testo

ACCIO, *Frammenti*, a cura di A. Resta Barrile, Zanichelli, Bologna 1969
(AULO) GELLIO, *Notti Attiche* (2 voll.), a cura di L. Rusca, Rizzoli, Milano 1997
CICERONE, *Bruto*, a cura di E. Malcovati, Mondadori, Milano 1996
– *Dell'Oratore* (3 voll.), a cura di A. Pacitti, Zanichelli, Bologna 1974
– 1977
– *Dello Stato*, a cura di A. Resta Barrile, Mondadori, Milano, 2004
– *La Vecchiezza*, premessa e note di E. Narducci, traduzione di C. Saggio, Rizzoli, Milano 2000
– *Le Filippiche* (2 voll.), a cura di B. Mosca, Mondadori, Milano 1996
– *Fragmenta. Ex libris philosophicis. Ex aliis libris deperditis. Ex scriptis incertis*, a cura di G. Garbarino, Mondadori, Milano 1984
– *Le Tusculane*, a cura di A. di Virginio, Mondadori, Milano 2004
(COLLEGIO DEI) DECEMVIRI, *Leggi delle XII Tavole*, da «*Latini Sermones Vetustiores Reliquiae Selectae*», par A.E. Egger, chez L. Hachette, Paris 1843
ENNIO, *Opere*, da «*Poeti Latini arcaici*», a cura di A. Traglia, Utet, Torino 1986
ESIODO, *Tutte le opere e i frammenti con la prima traduzione degli scolii*, a cura di C. Cassanmagnago, Bompiani, Milano 2009
EURIPIDE, *Le Fenicie*, a cura di E. Medda, Rizzoli, Milano 2006
– *Ippolito*, in *Tutte le Tragedie* (2 voll.), a cura di F.M. Pontani, Newton Compton, Roma 2000[3]
PACUVIO, *I frammenti dei Drammi*, ricostruiti e tradotti da R. Argenio, Officina Grafica Temporelli, Torino 1959
PANEZIO, *Testimonianze e frammenti*, a cura di E. Vimercati, Bompiani, Milano 2002
PIRRONE, *Testimonianze*, a cura di F. Decleva Caizzi, Bibliopolis, Napoli 1981
PLATONE, *Tutte le Opere* (5 voll.), a cura di E.V. Maltese, Newton Compton, Roma 1997

PLAUTO, *Tutte le Commedie* (5 voll.), a cura di E. Paratore, Newton Compton, Roma 1998

QUINTILIANO, *Istituzione oratoria* (4 voll.), a cura di S. Beta e E. D'Incerti Amadio, Mondadori, Milano 1997

SENOFONTE, *Memorabili*, a cura di A. Santorini, Rizzoli, Milano 1989

TERENZIO, *Tutte le Commedie* (2 voll.), a cura di M. Scaffidi Abbate, Newton Compton, Roma 1995

TITO LIVIO, *Storia di Roma dalla sua fondazione*, (13 voll.), a cura di C. Moreschini, M. Mariotti et al., Rizzoli, Milano 1990^4–2003

VALERIO MASSIMO, *Fatti e detti memorabili*, a cura di R. Faranda, Utet, Torino 1987

Studi

C.I. BECKWITH, *Pyrrho's Encounter with Early Buddhism in Central Asia*, Princeton University Press, Princeton-Oxford 2017

M. BELLINCIONI, *Cicerone politico nell'ultimo anno di vita*, Paideia, Brescia 1974

E. CIACERI, *Cicerone e i suoi tempi* (2 voll.), Società Anonima Editrice Dante Alighieri, Milano 1939–1941

P. FEDELI, *Il* De officiis *di Cicerone. Problemi e atteggiamenti della critica moderna*, in *Aufstieg und Niedergang der römischen Welt*, I 4, Berlin-New York 1973, pp. 357 e sgg.

E. GABBA, *Per un'interpretazione politica del* De officiis *di Cicerone*, «Rendiconti dell'Accademia dei Lincei», 1979, pp. 117 e sgg.

G. GARBARINO, *Il concetto etico-politico di gloria nel* De officiis *di Cicerone*, in AA.VV., *Tra Grecia e Roma*, Istituto dell'Enciclopedia Italiana, Roma 1980, pp. 197 e sgg.

A. GRILLI, *L'opera di Panezio*, «Paideia», 9, 1954, pp. 337-353

P. GRIMAL, *Cicerone*, Garzanti, Milano 1986

J. HELLEGOUARC'H, *Le vocabulaire latin des relations et des partis politiques sous la République*, Les Belles Lettres, Paris 1963

M. MAFFII, *Cicerone e il suo dramma politico*, Mondadori, Milano 1930

E. NARDUCCI, *Una morale per la classe dirigente*, introduzione a «Cicerone. I Doveri», traduzione di A. Resta Barrile, Rizzoli, Milano 1994

C. NICOLET, *Il mestiere di cittadino nell'antica Roma*, Editori Riuniti, Roma 1980

M. POHLENZ, *L'ideale di vita attiva secondo Panezio nel* De officiis *di Cicerone*, Paideia, Brescia 1967

– *La Stoà. Storia di un movimento spirituale*, Bompiani, Milano 2005

G. REALE, *Storia della Filosofia Antica* (5 voll.), Vita e Pensiero, Milano 1992[9]

M. VALENTE, *L'éthique stoïcien chez Cicéron*, Libraire Saint-Paul, Paris 1979[4]

E. VIMERCATI, *Il pensiero filosofico-politico di Panezio. Ipotesi per una sua ricostruzione*, «Rivista di Filosofia Neoscolastica», 92, 3-4, 2000, pp. 386-423

Libro Primo

[1] Quamquam te, Marce fili, annum iam audientem Cratippum idque Athenis abundare oportet praeceptis institutisque philosophiae propter summam et doctoris auctoritatem et urbis, quorum alter te scientia augere potest, altera exemplis, tamen, ut ipse ad meam utilitatem semper cum Graecis Latina coniunxi neque id in philosophia solum, sed etiam in dicendi exercitatione feci, idem tibi censeo faciendum, ut par sis in utriusque orationis facultate. Quam quidem ad rem nos, ut videmur, magnum attulimus adiumentum hominibus nostris, ut non modo Graecarum litterarum rudes, sed etiam docti aliquantum se arbitrentur adeptos et ad dicendum et ad iudicandum.

[2] Quam ob rem disces tu quidem a principe huius aetatis philosophorum et disces quam diu voles; tam diu autem velle debebis, quoad te quantum proficias non paenitebit. Sed tamen nostra legens non multum a Peripateticis dissidentia, quoniam utrique Socratici et Platonici volumus esse, de rebus ipsis utere tuo iudicio – nihil enim impedio – orationem autem Latinam efficies profecto legendis nostris pleniorem. Nec vero hoc arroganter dictum existimari velim. Nam philosophandi scientiam concedens multis, quod est oratoris proprium, apte, distincte, ornate dicere, quoniam in eo studio aetatem consumpsi, si id mihi assumo, videor id meo iure quodam modo vindicare.

1. Marco, figlio mio[1], sebbene tu, che già da un anno stai udendo le lezioni di Cratippo[2], e per di più in Atene, devi essere padrone di una ricca quantità di precetti e dottrine filosofiche, grazie alla straordinaria autorità del maestro e della città, (l'uno dei quali può arricchirti di scienza, l'altra di esempi), tuttavia, come io per mia utilità ho sempre abbinato le lettere latine a quelle greche, e ciò non solamente nell'ambito della filosofia, ma anche nell'esercizio dell'eloquenza, così penso che tu debba fare altrettanto, per essere parimenti esperto nell'uso dell'uno e dell'altro idioma. In questo campo io, se non sbaglio, ho dato un grande aiuto ai miei connazionali, al punto che non solo coloro che ignorano di lettere greche, ma anche i dotti ritengono di avere conseguito risultati non di poco conto nell'arte del parlare e del pensare.

2. Avrai modo di apprendere dal maggiore dei filosofi dell'epoca attuale, e imparerai finché lo vorrai; dovrai volerlo fino a che non sarai soddisfatto dei risultati ottenuti; ma purtuttavia, leggendo i miei scritti, che non si allontanano molto dai Peripatetici, dato che sia gli uni e gli altri vogliamo essere Socratici e Platonici[3], tu, quanto alle dottrine, userai liberamente il tuo giudizio personale (io non intendo impedirtelo per niente); ma leggendo le cose mie renderai certamente più sicuro e più pieno il tuo stile latino. Né vorrei che questa mia affermazione fosse ritenuta presuntuosa. Difatti, pur ammettendo che molti hanno la capacità di filosofare, se io rivendico a me stesso ciò che è proprio dell'oratore, ovvero il parlare con ordine, con chiarezza, con eleganza, credo di poterlo fare a pieno diritto, giacché a questo lavoro io ho dedicato tutta la mia vita.

---

[1] L'opera si rivolge al giovane ed omonimo figlio di Tullio, Marco, nato nel 65 a.C. e destinato a divenire console nel 30 a.C., assieme ad Ottaviano, dopo la morte del padre.

[2] Celebre filosofo peripatetico, originario di Pergamo, direttore della scuola peripatetica di Atene.

[3] Socrate era stato seguito dal discepolo Platone, che aveva fondato l'Accademia, mentre da Aristotele era derivato il Liceo o scuola dei Peripatetici. In ambito morale, Cicerone teneva ad una conciliazione delle due scuole.

[3] Quam ob rem magnopere te hortor, mi Cicero, ut non solum orationes meas, sed hos etiam de philosophia libros, qui iam illis fere se aequarunt, studiose legas, – vis enim maior in illis dicendi sed hoc quoque colendum est aequabile et temperatum orationis genus. Et id quidem nemini video Graecorum adhuc contigisse, ut idem utroque in genere elaboraret sequereturque et illud forense dicendi et hoc quietum disputandi genus, nisi forte Demetrius Phalereus in hoc numero haberi potest, disputator subtilis, orator parum vehemens, dulcis tamen, ut Theophrasti discipulum possis agnoscere. Nos autem quantum in utroque profecerimus, aliorum sit iudicium, utrumque certe secuti sumus.

[4] Equidem et Platonem existimo si genus forense dicendi tractare voluisset, gravissime et copiosissime potuisse dicere et Demosthenem si illa, quae a Platone didicerat, tenuisset et pronuntiare voluisset, ornate splendideque facere potuisse; eodemque modo de Aristotele et Isocrate iudico, quorum uterque suo studio delectatus contempsit alterum. Sed cum statuissem scribere ad te aliquid hoc tempore, multa posthac, ab eo ordiri maxime volui, quod et aetati tuae esset aptissimum et auctoritati meae. Nam cum multa sint in philosophia et gravia et utilia accurate copioseque a philosophis disputata, latissime patere videntur ea quae de officiis tradita ab illis et praecepta sunt. Nulla enim vitae pars neque publicis neque privatis neque forensibus neque domesticis in rebus, neque si tecum agas quid, neque si cum altero contrahas, vacare officio potest in eoque et colendo sita vitae est honestas omnis et neglegendo turpitudo.

3. Perciò ti esorto vivacemente, o mio Cicerone, a leggere con attenzione non soltanto le mie orazioni, ma anche questi miei libri inerenti la filosofia, che oramai le eguagliano per mole e per numero: certo in quelle vi è un maggior vigore oratorio ma è ben degno di essere coltivato questo mio stile di scrittura uniforme e pacata. E mi sembra, a quanto mi è dato di vedere, nessuno dei Greci ha avuto finora la fortuna di ottenere ugualmente un buon successo sia nell'uno che nell'altro genere, coltivando ad un tempo quel genere che è proprio del foro, e questo, più tranquillo, che è proprio del ragionare, a meno che non includiamo nel novero di costoro Demetrio di Falereo[4], ragionatore sottile, oratore poco energico, tuttavia piacevole, tanto che si può riconoscere in lui un discepolo di Teofrasto. Quanto a me, quale sia stato il mio contributo nell'uno e nell'altro genere, non sta a me giudicare; in realtà io ho praticato entrambi i generi.

4. Sono del resto persuaso che Platone, se avesse voluto trattare il genere forense, sarebbe diventato un grave ed eloquente oratore, e che Demostene, se avesse fatto sue appieno le dottrine apprese da Platone, e avesse voluto esporle, lo avrebbe fatto con molta eleganza e splendore; e allo stesso modo la penso riguardo ad Aristotele e ad Isocrate[5]; purtroppo sia l'uno che l'altro, innamorato ciascuno della propria disciplina, non si interessò di quella dell'altro.

---

[4]Demetrio, nativo di Falero, nei dintorni di Atene, nacque nel 345 a.C. Cassandro, re di Macedonia, gli affidò il governo di Atene nel 317, da dove fu cacciato da Demetrio Poliorcete dieci anni dopo. Fuggito in Egitto, vi morì nel 283 a.C. Di scuola peripatetica, fu autore di numerosi scritti, tutti perduti.

[5]Isocrate (436 – 338 a.C.), celebre oratore attico, discepolo di Socrate, si suicidò dopo che Atene venne sconfitta dai Macedoni di re Filippo II alla battaglia di Cheronea.

[5] Atque haec quidem quaestio communis est omnium philosophorum. Quis est enim, qui nullis officii praeceptis tradendis philosophum se audeat dicere? Sed sunt non nullae disciplinae, quae propositis bonorum et malorum finibus officium omne pervertant. Nam qui summum bonum sic instituit, ut nihil habeat cum virtute coniunctum, idque suis commodis, non honestate metitur, hic, si sibi ipse consentiat et non interdum naturae bonitate vincatur, neque amicitiam colere possit nec iustitiam nec liberalitatem; fortis vero dolorem summum malum iudicans aut temperans voluptatem summum bonum statuens esse certe nullo modo potest.

5. Avendo ora deciso di scrivere per te alcune cose, e diverse altre in un secondo momento, ho voluto prima di ogni cosa iniziare da ciò che fosse più adatto alla tua età ed alla mia autorità. Sebbene, infatti, siano parecchie le questioni filosofiche importanti ed utili discusse dai filosofi in modo accurato ed ampio, sono del parere che abbiano una grandissima vastità i precetti tramandati da costoro riguardo ai doveri. Nessuna azione della nostra esistenza – si tratti di atti pubblici o privati, forensi e domestici di rapporti con noi stessi oppure con altri – è esentata dal dovere; anzi, nell'osservanza e nella poca cura di quest'ultimo, risiede l'intera onestà[6] e l'infamia dell'esistenza. Questo è oggetto di studio per tutti i filosofi: chi, difatti, avrebbe l'ardire di autodefinirsi filosofo, senza avere espresso dei precetti intorno al dovere? Ma ci sono alcune dottrine che, con la loro definizione del sommo bene e del sommo male, sovvertono ogni concetto del dovere. Chi, difatti, definisce il sommo bene come del tutto disgiunto dalla virtù, e lo misura non col criterio dell'onestà, ma con quello del proprio vantaggio, costui, se vuole essere coerente con se stesso, e non è trascinato talora dall'innata bontà della propria indole, non potrà praticare né l'amicizia, né la giustizia, né la generosità: certo non può essere in alcun modo forte, giudicando il dolore il male peggiore, né temperante, ponendo come sommo bene il piacere. E benché questi principi siano così evidenti, che non hanno bisogno di alcuna dimostrazione, io li ho ampiamente discussi in altra sede.

---

[6] Il termine latino *honestus* designa la dirittura morale e la conseguente rispettabilità che ne scaturisce; in italiano il significato di "onestà" ha invece una sfumatura leggermente differente.

[6] Quae quamquam ita sint in promptu, ut res disputatione non egeat, tamen sunt a nobis alio loco disputata. Hae disciplinae igitur si sibi consentaneae velint esse, de officio nihil queant dicere, neque ulla officii praecepta firma, stabilia, coniuncta naturae tradi possunt, nisi aut ab iis, qui solam, aut ab iis, qui maxime honestatem propter se dicant expetendam. Ita propria est ea praeceptio Stoicorum, Academicorum, Peripateticorum, quoniam Aristonis, Pyrrhonis, Erilli iam pridem explosa sententia est, qui tamen haberent ius suum disputandi de officio, si rerum aliquem dilectum reliquissent, ut ad officii inventionem aditus esset. Sequemur igitur hoc quidem tempore et hac in quaestione potissimum Stoicos, non ut interpretes, sed, ut solemus, e fontibus eorum iudicio arbitrioque nostro quantum quoque modo videbitur, hauriemus.

[7] Placet igitur, quoniam omnis disputatio de officio futura est, ante definire, quid sit officium, quod a Panaetio praetermissum esse miror. Omnis enim, quae a ratione suscipitur de aliqua re institutio, debet a definitione proficisci, ut intellegatur, quid sit id de quo disputetur. . . . Omnis de officio duplex est quaestio. Unum genus est, quod pertinet ad finem bonorum, alterum, quod positum est in praeceptis, quibus in omnes partes usus vitae conformari possit. Superioris generis huiusmodi sunt exempla, omniane officia perfecta sint, num quod officium aliud alio maius sit et quae sunt generis eiusdem. Quorum autem officiorum praecepta traduntur, ea quamquam pertinent ad finem bonorum, tamen minus id apparet, quia magis ad institutionem vitae communis spectare videntur; de quibus est nobis his libris explicandum.

6. Queste dottrine filosofiche, dunque, se volessero essere coerenti con se stesse, non dovrebbero dire nulla riguardo al dovere: nessun precetto morale, saldo, stabile, conforme a natura, può essere impartito solamente da chi afferma che o soltanto l'onestà o soprattutto l'onestà deve essere perseguita per se stessa. Ora, un tale insegnamento è proprio degli Stoici, degli Accademici e dei Peripatetici, dal momento che la dottrina di Aristone[7], di Pirrone e di Erillo è ormai rifiutata da tempo. E tuttavia anche costoro avrebbero il loro buon diritto di discutere del dovere, se avessero lasciato una qualche scelta tra le cose umane, sì che fosse aperta la via alla scoperta del concetto di dovere. In questa occasione e in questa questione, dunque, io seguo principalmente gli Stoici, non già come semplice traduttore, ma, secondo il mio costume, attingendo da essi, come fonte, con piena e intera libertà di giudizio, quanto e come mi parrà opportuno.

7. Sono quindi dell'idea, dato che il mio intero ragionamento si svolgerà intorno al dovere, di definire innanzitutto l'essenza del dovere; e mi stupisco che Panezio[8] abbia trascurato questo punto. Ogni trattazione, infatti, che la ragione intraprende metodicamente su qualche argomento, dovrebbe partire dalla definizione, perché ben si comprenda qual è l'oggetto di cui si vuole disquisire. L'intera questione riguardante il dovere si suddivide in due parti: la prima, teorica, riguarda il concetto del sommo bene; la seconda, pratica, consiste nei precetti che devono regolare la condotta della vita sotto tutti i suoi aspetti. Alla prima appartengono questioni di tal genere: «I doveri sono tutti assoluti?»; «Esistono doveri più importanti di altri doveri?», e così via, con l'aiuto di esempi. Per quel che concerne poi quei doveri, per i quali si possono dare precetti pratici, riguardano sì anch'essi il sommo bene, ma nondimeno questo loro carattere appare meno evidente, perché, a quanto sembra, essi tendono piuttosto a regolare la vita comune di tutti i giorni; ebbene, sono appunto questi i doveri che io tratterò in questi libri.

---

[7]Aristone di Chio ed Erillo di Cartagine erano due stoici che si erano staccati dalla dottrina ufficiale della loro scuola, mentre Pirrone di Elide era il fondatore della scuola scettica.
[8]Su Panezio di Rodi si veda l'*Introduzione*.

[8] Atque etiam alia divisio est officii. Nam et medium quoddam officium dicitur et perfectum. Perfectum officium rectum, opinor, vocemus, quoniam Graeci κατόρθωμα, hoc autem commune officium καθῆκον vocant. Atque ea sic definiunt, ut rectum quod sit, id officium perfectum esse definiant; medium autem officium id esse dicunt, quod cur factum sit, ratio probabilis reddi possit.

[9] Triplex igitur est, ut Panaetio videtur, consilii capiendi deliberatio. Nam aut honestumne factu sit an turpe dubitant id, quod in deliberationem cadit; in quo considerando saepe animi in contrarias sententias distrahuntur. Tum autem aut anquirunt aut consultant ad vitae commoditatem iucunditatemque, ad facultates rerum atque copias, ad opes, ad potentiam, quibus et se possint iuvare et suos, conducat id necne, de quo deliberant; quae deliberatio omnis in rationem utilitatis cadit. Tertium dubitandi genus est, cum pugnare videtur cum honesto id, quod videtur esse utile. Cum enim utilitas ad se rapere, honestas contra revocare ad se videtur, fit ut distrahatur in deliberando animus afferatque ancipitem curam cogitandi.

[10] Hac divisione, cum praeterire aliquid maximum vitium in dividendo sit, duo praetermissa sunt. Nec enim solum, utrum honestum an turpe sit, deliberari solet, sed etiam duobus propositis honestis utrum honestius, itemque duobus propositis utilibus utrum utilius. Ita quam ille triplicem putavit esse rationem in quinque partes distribui debere reperitur. Primum igitur est de honesto, sed dupliciter, tum pari ratione de utili, post de comparatione eorum disserendum.

8. Ma vi è pure un'altra suddivisione del dovere. Esiste infatti il cosiddetto dovere «medio» o «relativo» e vi è poi quello che si chiama «assoluto». Il dovere assoluto possiamo anche chiamarlo, se non vado errando, «perfetto», poiché i Greci lo chiamano κατόρθωμα, mentre chiamano καθῆκον il dovere relativo. Ed essi forniscono dei due doveri questa definizione: definiscono dovere assoluto l'assoluta rettitudine, mentre chiamano dovere relativo quello del cui adempimento si può fornire una ragione plausibile.

9. Si devono pertanto tenere presenti secondo Panezio, tre punti allorché si prende una decisione. Prima di tutto si riflette sul fatto che sia onesto o disonesto, al punto di metterlo in pratica, ciò che è l'oggetto della nostra decisione; ed appunto gli animi si dividono in opposti pareri proprio intorno a questa indagine. Secondariamente, si studia o si riflette attentamente, se ciò che si decide giovi, oppure no, alla comodità e alla piacevolezza della vita, agli averi, alle comodità, al credito, al potere, tutte cose utili a noi e ai nostri familiari; e questa valutazione rientra tutta nell'ambito dell'utilità. La terza specie di dubbio si ha quando ciò che appare utile entra in contrasto con ciò che è onesto: infatti, quando pare che per un verso l'utilità ci trascini a sé e l'onestà, al contrario, ci richiami a sé, allora l'animo, nel prendere una risoluzione, si divide e produce una profonda incertezza fra opposte considerazioni.

10. In questa divisione, sebbene sia un gravissimo errore tralasciare qualcosa nel valutare un argomento, si trascurano ben due elementi: giacché non si è soliti, difatti, decidere soltanto se un obiettivo sia onesto o disonesto, ma, posti dinanzi a due obiettivi onesti, decidere anche quale dei due sia più onesto; e allo stesso modo, messi davanti due obiettivi utili, decidere quale dei due sia più utile. Si trova così che quella materia, che Panezio ritenne di natura triplice, deve invece distribuirsi in cinque parti. Bisognerà innanzitutto, dunque, ragionare dell'onestà, ma sotto due aspetti; poi, con lo stesso metodo, dell'utile; infine si dovranno confrontare tra loro l'utile e l'onesto.

[11] Principio generi animantium omni est a natura tributum, ut se, vitam corpusque tueatur, declinet ea, quae nocitura videantur, omniaque, quae sint ad vivendum necessaria anquirat et paret, ut pastum, ut latibula, ut alia generis eiusdem. Commune item animantium omnium est coniunctionis appetitus procreandi causa et cura quaedam eorum, quae procreata sint. Sed inter hominem et beluam hoc maxime interest, quod haec tantum, quantum sensu movetur, ad id solum, quod adest quodque praesens est se accommodat, paulum admodum sentiens praeteritum aut futurum. Homo autem, quod rationis est particeps, per quam consequentia cernit, causas rerum videt earumque praegressus et quasi antecessiones non ignorat, similitudines comparat rebusque praesentibus adiungit atque adnectit futuras, facile totius vitae cursum videt ad eamque degendam praeparat res necessarias.

[12] Eademque natura vi rationis hominem conciliat homini et ad orationis et ad vitae societatem ingeneratque inprimis praecipuum quendam amorem in eos, qui procreati sunt impellitque, ut hominum coetus et celebrationes et esse et a se obiri velit ob easque causas studeat parare ea, quae suppeditent ad cultum et ad victum, nec sibi soli, sed coniugi, liberis, ceterisque quos caros habeat tuerique debeat, quae cura exsuscitat etiam animos et maiores ad rem gerendam facit.

11. Innanzitutto, la natura ha dato ad ogni essere vivente l'istinto di conservare se stesso nella vita e nel corpo, evitando tutto ciò che può arrecargli danno e cercando ansiosamente tutto ciò che è necessario a sostentare la vita, come il cibo, un riparo ed altre cose del medesimo genere. Comune ugualmente a tutti gli esseri viventi è l'istinto dell'accoppiamento al fine di procreare, ed una straordinaria cura della loro prole. Ma tra l'uomo e gli animali vi è soprattutto questa grande differenza, ovvero che animali, solo in quanto sono stimolati dai sensi conformano le loro attitudini a ciò che è ad essi presente nello spazio e nel tempo, ricordando poco o nulla del passato e non curandosi del futuro; l'uomo, invece, in quanto è fornito di ragione – e per mezzo di essa egli scorge le conseguenze, vede le cause delle cose, non ignora le occasionali, e, oso dire, gli antecedenti, confronta tra loro i casi simili, e alle cose presenti collega intrinsecamente quelle future –, l'uomo, dicevo, prevede agevolmente tutto il corso della vita e prepara in tempo le azioni necessarie a ben condurla.

12. E questo medesimo istinto naturale, assieme alla forza della ragione, unisce l'uomo all'uomo in una comunione di linguaggio e di vita; genera in special modo in lui un singolare e meraviglioso amore per le proprie creature; spinge la sua volontà a creare e a godere associazioni e comunità umane, e sollecita le sue energie a procurarsi tutto ciò che occorre al sostentamento e al miglioramento della vita, non solo per sé, ma anche per la moglie, per i figli e per tutti gli altri che essi amano e che desiderano proteggere Ed è appunto questa sollecitudine che stimola lo spirito e lo rende più forte e più pronto all'azione.

[13] Inprimisque hominis est propria veri inquisitio atque investigatio. Itaque cum sumus necessariis negotiis curisque vacui, tum avemus aliquid videre, audire, addiscere cognitionemque rerum aut occultarum aut admirabilium ad beate vivendum necessariam ducimus. Ex quo intellegitur, quod verum, simplex sincerumque sit, id esse naturae hominis aptissimum. Huic veri videndi cupiditati adiuncta est appetitio quaedam principatus, ut nemini parere animus bene informatus a natura velit nisi praecipienti aut docenti aut utilitatis causa iuste et legitime imperanti; ex quo magnitudo animi existit humanarumque rerum contemptio.

[14] Nec vero illa parva vis naturae est rationisque, quod unum hoc animal sentit, quid sit ordo, quid sit quod deceat, in factis dictisque qui modus. Itaque eorum ipsorum, quae aspectu sentiuntur, nullum aliud animal pulchritudinem, venustatem, convenientiam partium sentit; quam similitudinem natura ratioque ab oculis ad animum transferens multo etiam magis pulchritudinem, constantiam, ordinem in consiliis factisque conservandam putat cavetque ne quid indecore effeminateve faciat, tum in omnibus et opinionibus et factis ne quid libidinose aut faciat aut cogitet. Quibus ex rebus conflatur et efficitur id, quod quaerimus, honestum, quod etiamsi nobilitatum non sit, tamen honestum sit, quodque vere dicimus, etiamsi a nullo laudetur, natura esse laudabile.

13. Ma in primo luogo è propria unicamente dell'uomo l'accurata nonché laboriosa ricerca della verità. Ecco perché, allorché siamo liberi dalle occupazioni e dalle faccende inevitabili della vita, ci prende il desiderio di vedere, di ascoltare, di imparare, e siamo convinti che il conoscere i segreti e le meraviglie della natura sia la via necessaria per giungere alla felicità. E da ciò si comprende bene come nulla sia più conveniente alla natura umana di ciò che è intimamente vero e schiettamente sincero. A questa brama di contemplare la verità, si accompagna un certo desiderio di indipendenza spirituale, per cui un animo ben formato per natura non è disposto a sottostare a chicchessia, se non a chi lo educhi e lo ammaestri, oppure, nel suo stesso interesse, con giusta e legittima autorità gli dia degli ordini. Da ciò deriva la grandezza d'animo, da ciò nasce il disprezzo delle cose umane.

14. E non è davvero un piccolo pregio della natura razionale il fatto che l'uomo, unico tra tutti gli esseri viventi, possa comprendere quale sia il valore dell'ordine, della decenza e della misura nelle azioni e nelle parole. Ecco perché, persino in quelle cose che sono visibili, nessun altro animale percepisce la bellezza, la grazia, l'armonia; soltanto la natura razionale dell'uomo, trasferendo per analogia questo sentimento dagli occhi allo spirito, ritiene che a maggior ragione la bellezza, la costanza e l'ordine si debbano conservare nei pensieri e nelle azioni; e mentre essa si guarda dal commettere atti indecorosi e contrari alla dignità dell'uomo, si dà cura inoltre, in ogni pensiero e in ogni azione, che non faccia e non pensi nulla obbedendo al desiderio. Dall'intrinseca unione di questi quattro elementi è formato ciò che andiamo cercando, ovvero quanto è onesto, il quale, anche se non gode di molta fama tra gli uomini, non smette per tale motivo di essere onesto; ed anche se non è lodato da nessuno, noi affermiamo a ragione che esso, per sua natura, è di certo degno di lode.

[15] Formam quidem ipsam, Marce fili, et tamquam faciem honesti vides, «quae si oculis cerneretur, mirabiles amores ut ait Plato, excitaret sapientiae». Sed omne, quod est honestum, id quattuor partium oritur ex aliqua. Aut enim in perspicientia veri sollertiaque versatur aut in hominum societate tuenda tribuendoque suum cuique et rerum contractarum fide aut in animi excelsi atque invicti magnitudine ac robore aut in omnium, quae fiunt quaeque dicuntur ordine et modo, in quo inest modestia et temperantia. Quae quattuor quamquam inter se colligata atque implicata sunt, tamen ex singulis certa officiorum genera nascuntur, velut ex ea parte, quae prima discripta est, in qua sapientiam et prudentiam ponimus, inest indagatio atque inventio veri, eiusque virtutis hoc munus est proprium.

[16] Ut enim quisque maxime perspicit, quid in re quaque verissimum sit quique acutissime et celerrime potest et videre et explicare rationem, is prudentissimus et sapientissimus rite haberi solet. Quocirca huic quasi materia, quam tractet et in qua versetur, subiecta est veritas.

[17] Reliquis autem tribus virtutibus necessitates propositae sunt ad eas res parandas tuendasque, quibus actio vitae continetur, ut et societas hominum coniunctioque servetur et animi excellentia magnitudoque cum in augendis opibus utilitatibusque et sibi et suis comparandis, tum multo magis in his ipsis despiciendis eluceat. Ordo autem et constantia et moderatio et ea, quae sunt his similia, versantur in eo genere ad quod est adhibenda actio quaedam, non solum mentis agitatio. Is enim rebus, quae tractantur in vita, modum quendam et ordinem adhibentes, honestatem et decus conservabimus.

15. Eccoti, o figlio Marco, l'immagine ideale e, direi quasi, l'apparenza pura dell'onesto, «quella che, se la si scorgesse coi nostri occhi, accenderebbe in noi», come afferma Platone, «un meraviglioso amore per la sapienza»[9]. Ma ogni atto onesto nasce da una di queste quattro fonti: o si trova nell'accurata e attenta indagine del vero; o nella protezione della società umana, dando a ciascuno il suo e rispettando lealmente gli impegni assunti; o nella grandezza e fortezza di uno spirito sublime e invitto; o, infine, nell'ordine e nella misura di tutti i nostri atti e di tutte le nostre parole; ed in ciò consiste appunto la moderazione e la temperanza. E benché queste quattro virtù siano in stretta connessione tra loro, tuttavia da ciascuna di esse nasce una determinata categoria di dovere, come, per esempio, quella virtù di cui ho trattato per prima e in cui individuiamo la sapienza e la saggezza, la quale comporta, come suo peculiare e speciale compito, la ricerca e la scoperta della verità.

16. Infatti, chi più percepisce con gli occhi della mente nella segreta verità delle cose; chi con più acume e con più prontezza può non solo penetrarne, ma anche spiegarne le intime ragioni, questi di solito è giustamente considerato il più accorto ed il più sapiente. Costui perciò ha in suo potere la verità, quasi come materia ch'egli debba trattare e di cui occuparsi.

17. Le altre tre virtù hanno il compito di provvedere e conservare quelle cose da cui dipende la vita pratica, perché da un lato il vincolo sociale tra gli uomini si mantenga saldo, dall'altro, invece, la sublimità e la grandezza dell'animo risplenda in tutto il suo splendore, non solo nell'accrescere potenza e vantaggi a sé e ai propri cari, ma anche, e molto più, nel disprezzare tali cose. Al medesimo modo, l'ordine, la costanza, la moderazione e le altre virtù simili sono di una tale natura che esigono non solamente un'attività intellettuale, ma oltretutto un'attività pratica. Se dunque, alle operazioni della vita comune, conferiamo una certa misura e un certo ordine, ecco, noi preserviamo ad un tempo l'onestà ed il decoro.

---

[9]PLATONE, *Fedro*, 250d.

[18] Ex quattuor autem locis, in quos honesti naturam vimque divisimus, primus ille, qui in veri cognitione consistit, maxime naturam attingit humanam. Omnes enim trahimur et ducimur ad cognitionis et scientiae cupiditatem, in qua excellere pulchrum putamus, labi autem, errare, nescire, decipi et malum et turpe ducimus. In hoc genere et naturali et honesto duo vitia vitanda sunt, unum, ne incognita pro cognitis habeamus hisque temere assentiamur, quod vitium effugere qui volet – omnes autem velle debent – adhibebit ad considerandas res et tempus et diligentiam.

[19] Alterum est vitium, quod quidam nimis magnum studium multamque operam in res obscuras atque difficiles conferunt easdemque non necessarias. Quibus vitiis declinatis quod in rebus honestis et cognitione dignis operae curaeque ponetur, id iure laudabitur, ut in astrologia C. Sulpicium audimus, in geometria Sex. Pompeium ipsi cognovimus, multos in dialecticis, plures in iure civili, quae omnes artes in veri investigatione versantur, cuius studio a rebus gerendis abduci contra officium est. Virtutis enim laus omnis in actione consistit, a qua tamen fit intermissio saepe multique dantur ad studia reditus; tum agitatio mentis, quae numquam adquiescit, potest nos in studiis cognitionis etiam sine opera nostra continere. Omnis autem cogitatio motusque animi aut in consiliis capiendis de rebus honestis et pertinentibus ad bene beateque vivendum aut in studiis scientiae cognitionisque versabitur. Ac de primo quidem officii fonte diximus.

18. Delle quattro parti in cui abbiamo suddiviso l'intima essenza dell'onesto, quella prima, che si fonda sulla conoscenza del vero, riguarda più da vicino l'essenza della natura umana. Tutti siamo infatti irresistibilmente trascinati dal desiderio di conoscere e di sapere, al punto che riteniamo nobile e bello eccellere in questo campo, mentre giudichiamo triste e turpe cosa il parlare a sproposito e l'errare, il macchiarsi d'ignoranza e il lasciarsi illudere. In questa naturale ed onesta inclinazione, dobbiamo peraltro evitare due difetti: il primo è che non si creda di sapere quanto invece ignoriamo, accettandolo alla leggera; e chi vorrà fuggire questo difetto – e tutti dobbiamo volerlo – applicherà tempo e diligenza nel ben considerare le cose.

19. Il secondo difetto è che taluni pongono troppa attenzione e troppa fatica in cose oscure e astruse, e, per giunta, non necessarie. Eliminati questi due difetti, tutto lo sforzo e tutta la cura che si porrà in questioni oneste e proficue, avrà giusta e meritata lode: così fece, per esempio, nell'astronomia – per quanto ho udito narrare – Gaio Sulpicio[10]; nella matematica – come so per esperienza personale – Sesto Pompeo[11]; e così fecero molti nella dialettica, molti altri ancora nel diritto civile: tutte discipline che hanno per oggetto la ricerca della verità. Ma se l'ardore di questa ricerca ci distoglie dai pubblici affari, noi manchiamo al nostro dovere: tutto il pregio della virtù consiste nell'azione. L'azione comunque ci consente spesso qualche svago, e molte occasioni ci si offrono per ritornare ai nostri studi; inoltre, l'attività della mente, che giammai conosce riposo, vale da se stessa ad impegnarci nelle indagini speculative, anche senza un nostro deliberato proposito. Ma ogni atto della mente, ogni moto dell'animo deve avere per oggetto, o le sagge e oneste decisioni che riguardano la moralità e felicità della vita, oppure gli studi scientifici e speculativi. E così ho parlato abbastanza riguardo alla prima fonte del dovere.

---

[10]Gaio Sulpicio Gallo fu console nel 166 a.C. Grande studioso di astronomia, avrebbe predetto un'eclissi di luna nel 168 a.C.

[11]Era zio di Gneo Pompeo Magno; Cicerone ne elogia le vaste conoscenze nel *Bruto*, 175.

[20] De tribus autem reliquis latissime patet ea ratio, qua societas hominum inter ipsos et vitae quasi communitas continetur; cuius partes duae: iustitia, in qua virtutis splendor est maximus, ex qua viri boni nominantur, et huic coniuncta beneficentia, quam eandem vel benignitatem vel liberalitatem appellari licet. Sed iustitiae primum munus est, ut ne cui quis noceat, nisi lacessitus iniuria, deinde ut communibus pro communibus utatur, privatis ut suis.

[21] Sunt autem privata nulla natura, sed aut vetere occupatione, ut qui quondam in vacua venerunt, aut victoria, ut qui bello potiti sunt, aut lege, pactione, condicione, sorte; ex quo fit, ut ager Arpinas Arpinatium dicatur, Tusculanus Tusculanorum; similisque est privatarum possessionum discriptio. Ex quo, quia suum cuiusque fit eorum, quae natura fuerant communia, quod cuique optigit, id quisque teneat; e quo si quis [quaevis] sibi appetet, violabit ius humanae societatis.

20. Riguardo alle altre tre specie dell'onesto, la più ampia ed estesa è quella su cui si fonda la società degli uomini e, per così dire, il consorzio della società. Due sono le sue parti: la giustizia, che ha in sé il più fulgido splendore della virtù e grazie alla quale gli uomini portano la definizione di "buoni"; e, unita ad essa, la beneficenza, che può anche essere chiamata generosità oppure liberalità. Primo dovere dunque della giustizia è che nessuno arrechi danno a terzi, se non si è stati provocati da un'ingiuria; il secondo è che ciascuno adoperi delle cose comuni come comuni, delle private come private.

21. I beni privati, tuttavia, non esistono in natura, ma diventano tali o per antica occupazione, come nel caso di coloro che un tempo vennero a stabilirsi in luoghi non occupati, o per diritto di conquista, come nel caso di coloro che s'impadronirono di un territorio dopo una vittoria bellica, od infine per legge, per convenzione, per contratto, o per sorteggio. Per questo noi diciamo che il territorio di Arpino[12] è degli Arpinati, e quello di Tuscolo, dei Tuscolani; e allo stesso modo avviene la ripartizione dei possedimenti privati. Ma poiché diventa proprietà individuale di ciascuno una parte dei beni che erano comuni per natura, quella parte che a ciascuno toccò in sorte, ciascuno la tenga per sua; e se qualcuno vi stenderà la mano per impadronirsene, violerà la legge della convivenza sociale umana.

---

[12]Arpino, originariamente un centro dei Volsci, era la patria di Cicerone, mentre a Tuscolo (la moderna Frascati) egli possedeva una delle sue ville preferite, in cui ambientò il suo scritto *Le Tuscolane*.

[22] Sed quoniam, ut praeclare scriptum est a Platone, non nobis solum nati sumus ortusque nostri partem patria vindicat, partem amici, atque, ut placet Stoicis, quae in terris gignantur, ad usum hominum omnia creari, homines autem hominum causa esse generatos, ut ipsi inter se aliis alii prodesse possent, in hoc naturam debemus ducem sequi, communes utilitates in medium adferre, mutatione officiorum, dando accipiendo, tum artibus, tum opera, tum facultatibus devincire hominum inter homines societatem.

[23] Fundamentum autem est iustitiae fides, id est dictorum conventorumque constantia et veritas. Ex quo, quamquam hoc videbitur fortasse cuipiam durius, tamen audeamus imitari Stoicos, qui studiose exquirunt, unde verba sint ducta, credamusque, quia fiat, quod dictum est appellatam fidem. Sed iniustitiae genera duo sunt, unum eorum, qui inferunt, alterum eorum, qui ab is, quibus infertur, si possunt, non propulsant iniuriam. Nam qui iniuste impetum in quempiam facit aut ira aut aliqua perturbatione incitatus, is quasi manus afferre videtur socio; qui autem non defendit nec obsistit, si potest, iniuriae, tam est in vitio, quam si parentes aut amicos aut patriam deserat.

[24] Atque illae quidem iniuriae, quae nocendi causa de industria inferuntur, saepe a metu proficiscuntur, cum is, qui nocere alteri cogitat, timet, ne, nisi id fecerit, ipse aliquo afficiatur incommodo. Maximam autem partem ad iniuriam faciendam aggrediuntur, ut adipiscantur ea, quae concupiverunt; in quo vitio latissime patet avaritia.

22. Ma poiché, come ha scritto in modo egregio Platone[13], noi non siamo nati solamente per noi stessi, ma una parte della nostra esistenza la rivendica per sé la patria, e un'altra gli amici; e poiché ancora, come vogliono giustamente gli Stoici, tutto ciò che la terra produce è ad uso degli uomini, e gli uomini furono generati per il bene degli uomini, affinché possano giovarsi l'un l'altro vicendevolmente; per queste ragioni, dunque, noi dobbiamo seguire come guida la natura, mettendo in comune le cose di utilità comune, e stringendo sempre più i legami della società umana con lo scambio di servigi, ossia con il dare e con il ricevere, con le arti, con l'attività, con le risorse.

23. Fondamento poi della giustizia è la fede[14], ovvero la scrupolosa e sincera osservanza degli impegni e dei patti. Perciò – ma forse la cosa sembrerà a qualcuno un po' forzata – oserei imitare gli Stoici, che cercano con tanto zelo l'etimologia delle parole, e vorrei credere che la *fides* sia stata chiamata in tal modo perché *fit* (si fa) quel che è stato concordato. Vi sono, poi, due tipologie di ingiustizia: l'una è di coloro che arrecano una offesa; l'altra è propria di coloro che, pur potendo, non la respingono da quanti la subiscono. Difatti, colui che, spinto dall'ira o da qualche altro turbamento, assale ingiustamente qualcuno, fa quasi come chi metta le mani addosso a un suo compagno; ma chi, pur potendolo, non lo difende e non contrasta l'offesa non è meno colpevole di chi abbandonasse senza difesa i suoi genitori, i suoi amici, la sua patria.

24. Ed è ben vero che quelle ingiurie che si fanno per deliberato proposito di nuocere, hanno spesso origine dalla paura, quando, cioè, colui che medita di procurare un danno ad un altro, teme che, non facendo così, debba subire lui stesso un qualche danno. Ma la maggior parte degli uomini sono spinti a danneggiare gli altri per conquistare ciò che suscita in loro un'intensa bramosia. E di ciò la massima colpa risiede nell'avidità di ricchezze.

---

[13]PLATONE, *Lettere*, IX, 358a.

[14]La *fides* ha un ruolo centrale nell'universo dei valori che regolano l'ideologia sociale romana: era definibile come il valore morale che garantiva il rapporto fra due parti paritarie (amici, coniugi, alleati, etc.) ma anche diseguali (patrono e cliente, vincitore e vinto, magistrato e cittadino, etc.).

[25] Expetuntur autem divitiae cum ad usus vitae necessarios, tum ad perfruendas voluptates. In quibus autem maior est animus, in is pecuniae cupiditas spectat ad opes et ad gratificandi facultatem, ut nuper M. Crassus negabat ullam satis magnam pecuniam esse ei, qui in re publica princeps vellet esse, cuius fructibus exercitum alere non posset. Delectant etiam magnifici apparatus vitaeque cultus cum elegantia et copia, quibus rebus effectum est, ut infinita pecuniae cupiditas esset. Nec vero rei familiaris amplificatio nemini nocens vituperanda est, sed fugienda semper iniuria est.

[26] Maxime autem adducuntur plerique, ut eos iustitiae capiat oblivio, cum in imperiorum, honorum, gloriae cupiditatem inciderunt. Quod enim est apud Ennium: «Nulla sancta societas Nec fides regni est», id latius patet. Nam quidquid eiusmodi est, in quo non possint plures excellere, in eo fit plerumque tanta contentio, ut difficillimum sit servare sanctam societatem. Declaravit id modo temeritas C. Caesaris, qui omnia iura divina et humana pervertit propter eum, quem sibi ipse opinionis errore finxerat principatum. Est autem in hoc genere molestum, quod in maximis animis splendidissimisque ingeniis plerumque existunt honoris, imperii, potentiae, gloriae cupiditates. Quo magis cavendum est, ne quid in eo genere peccetur.

25. La ricchezza si desidera, o per soddisfare i bisogni della vita, o per goderne i piaceri. Ma coloro che hanno un animo assai grande e progetti molto elevati, bramano e cercano il denaro per acquistare con esso potenza e prestigio; come, non molto tempo fa, Marco Crasso[15] affermava che nessuna ricchezza è abbastanza grande per chi voglia primeggiare nello Stato se, coi proventi di essa, egli non possa mantenere un esercito a proprie spese. Offrono godimento anche gli splendidi arredamenti, e un raffinato tenore di vita, ricco ed elegante. Per tutte queste ragioni il desiderio della ricchezza non conosce limiti. Ed in verità, non merita biasimo il cercare di accrescere il patrimonio domestico, quando non si nuoce ad alcuno ma si deve sempre evitare di perpetrare nessuna ingiustizia.

26. Ma i più perdono ogni senso e ogni ricordo della giustizia, quando cadono in preda al desiderio del comando, degli onori e della gloria. Certo, quella sentenza di Ennio: «La brama del regno non conosce né santità di affetti né integrità di fede»16 ha un suo ben più vasto campo di applicazione. A dire verità, ogni Stato ed ogni grado che non ammetta la supremazia di varie persone, diventa in genere il campo di contese così aspre che è assai difficile rispettare «la santità degli affetti». Chiara dimostrazione ne ha dato di recente la temeraria azione di Gaio Cesare[17] che ha sovvertito tutte le leggi divine e umane per quel folle ideale di supremazia che egli si era immaginato per un'aberrante fantasia. E a questo riguardo è assai penoso vedere che sono gli animi più grandi e gli ingegni più splendidi quelli in cui per lo più si accendono i desideri di onori, di comando, di potenza e di gloria. Tanto maggiore cautela bisogna dunque usare per non commettere errori a questo riguardo.

---

[15]È il triumviro Marco Licinio Crasso, divenuto proverbiale per la propria smisurata ricchezza, accumulata durante le proscrizioni di Silla, di cui era fautore, per poi concludere una solida alleanza politica con Cesare e Pompeo (I Triumvirato). Nel 53 a.C. venne sconfitto ed ucciso dai Parti a seguito della disastrosa disfatta di Carre.

[16]ENNIO, *Scenica* 404 Vahlen².

[17]Allude naturalmente a Gaio Giulio Cesare e alla sua dittatura, seguita alla guerra civile scoppiata nel 49 a.C. e decisa dalla fulgida vittoria di Farsalo su Pompeo, l'anno successivo.

[27] Sed in omni iniustitia permultum interest, utrum perturbatione aliqua animi, quae plerumque brevis est et ad tempus, an consulto et cogitata fiat iniuria. Leviora enim sunt ea, quae repentino aliquo motu accidunt, quam ea, quae meditata et praeparata inferuntur. Ac de inferenda quidem iniuria satis dictum est.

[28] Praetermittendae autem defensionis deserendique officii plures solent esse causae. Nam aut inimicitias aut laborem aut sumptus suscipere nolunt aut etiam neglegentia, pigritia, inertia aut suis studiis quibusdam occupationibusve sic impediuntur, ut eos, quos tutari debeant, desertos esse patiantur. Itaque videndum est, ne non satis sit id, quod apud Platonem est in philosophos dictum, quod in veri investigatione versentur quodque ea, quae plerique vehementer expetant, de quibus inter se digladiari soleant, contemnant et pro nihilo putent, propterea iustos esse. Nam alterum [iustitiae genus] assequuntur, ut inferenda ne cui noceant iniuria, in alterum incidunt; discendi enim studio impediti, quos tueri debent, deserunt. Itaque eos ne ad rem publicam quidem accessuros putant nisi coactos. Aequius autem erat id voluntate fieri; nam hoc ipsum ita iustum est, quod recte fit, si est voluntarium.

[29] Sunt etiam, qui aut studio rei familiaris tuendae aut odio quodam hominum suum se negotium agere dicant nec facere cuiquam videantur iniuriam. Qui altero genere iniustitiae vacant, in alterum incurrunt; deserunt enim vitae societatem, quia nihil conferunt in eam studii, nihil operae, nihil facultatum.

27. Ma in ogni specie di ingiustizia è molto importante considerare se l'offesa viene arrecata in virtù di un forte eccitamento dell'animo, che per lo più è breve e transitorio, oppure per calcolato e deliberato proposito. Certo, sono più lievi le offese che prorompono da qualche improvvisa passione, che non quelle che si fanno con premeditazione e calcolo. Ma sull'arrecare offesa basti quanto ho già detto.

28. Sono molte le ragioni che spingono gli uomini a trascurare la difesa altrui, venendo così meno al proprio dovere: o perché non vogliono procurarsi inimicizie, fatiche, spese, oppure a causa della negligenza, della pigrizia, dell'indolenza, o anche per via di certe loro particolari inclinazioni ed occupazioni li trattengono in maniera che essi lasciano nell'abbandono quelli che invece essi avrebbero il dovere di proteggere. Temo pertanto che non soddisfi appieno ciò che Platone[18] dice riguardo ai filosofi, ovvero che essi sono giusti appunto perché, immersi nella ricerca del vero, tengono in poco o in nessun conto quelle cose che i più bramano con accanimento, quelle cose per cui vogliono combattere tra loro persino con le armi. Infatti, se da un lato essi rispettano parzialmente la giustizia, in quanto non recano né danno né offesa ad alcuno, dall'altro essi la contrastano; infatti impediti dall'amore del sapere, abbandonano proprio quelli che essi hanno il dovere di proteggere. Proprio per tale motivo i seguaci di Platone ritengono che i filosofi non debbano neppure accostarsi alla vita pubblica, se non costretti. Molto meglio sarebbe, invece, che vi si accostassero volontariamente, perché anche un'azione retta è giusta solamente se è spontanea.

29. Vi sono inoltre coloro che, o per desiderio di custodire i propri beni, o per una certa avversione verso gli uomini, dichiarano di occuparsi soltanto dei propri affari, senza credere pertanto di fare torto ad alcuno. Costoro, se sono esenti da una specie di ingiustizia, incorrono però nell'altra: abbandonano infatti il consorzio umano, perché non dedicano ad esso né amore, né attività, né denaro.

---

[18]PLATONE, *Repubblica*, I, 347c; VI, 485-486; VII, 520d; *Fedone*, 64d.

[30] Quando igitur duobus generibus iniustitiae propositis adiunximus causas utriusque generis easque res ante constituimus, quibus iustitia contineretur, facile quod cuiusque temporis officium sit poterimus, nisi nosmet ipsos valde amabimus, iudicare. Est enim difficilis cura rerum alienarum. Quamquam Terentianus ille Chremes «humani nihil a se alienum putat»; sed tamen, quia magis ea percipimus atque sentimus, quae nobis ipsis aut prospera aut adversa eveniunt, quam illa, quae ceteris, quae quasi longo intervallo interiecto videmus, aliter de illis ac de nobis iudicamus. Quocirca bene praecipiunt, qui vetant quicquam agere, quod dubites aequum sit an iniquum. Aequitas lucet ipsa per se, dubitatio cogitationem significat iniuriae.

[31] Sed incidunt saepe tempora, cum ea, quae maxime videntur digna esse iusto homine, eoque quem virum bonum dicimus, commutantur fiuntque contraria, ut reddere depositum, [etiamne furioso?] facere promissum quaeque pertinent ad veritatem et ad fidem; ea migrare interdum et non servare fit iustum. Referri enim decet ad ea, quae posui principio fundamenta iustitiae, primum ut ne cui noceatur, deinde ut communi utilitati serviatur. Ea cum tempore commutantur, commutatur officium et non semper est idem.

30. Poco fa abbiamo chiarito le due forme dell'ingiustizia, aggiungendovi le cause dell'una e dell'altra; e prima ancora avevamo definito la vera essenza della giustizia; sicché ora potremo facilmente determinare quali siano i nostri particolari doveri nelle singole circostanze, se non ci farà velo l'eccessivo amore di noi stessi: perché è ben difficile il prendersi a cuore gli interessi altrui. Sebbene Cremete, [personaggio] di Terenzio, affermi: «Sono un uomo: non c'è nulla di umano che mi sia estraneo»[19], tuttavia, poiché ci toccano i sensi e il cuore assai più le fortune e le sfortune nostre che non quelle degli altri (queste noi le vediamo, per così dire, da grande distanza), diverso è il giudizio che esprimiamo su quelli e su di noi. È perciò saggio il consiglio di chi ci ammonisce di non intraprendere alcuna azione della cui giustizia o ingiustizia siamo in dubbio. La giustizia risplende infatti di luce propria; il solo dubbio comporta sempre un sospetto di ingiustizia.

31. Ma vi sono spesso circostanze in cui, quelle cose che sembrano più degne di un uomo giusto, di quello, cioè, che chiamiamo un uomo dabbene, si trasformano nel loro opposto, come, per esempio, il restituire un deposito (anche a un pazzo furioso?), o il mantenere una promessa; e così, il trasgredire e il non osservare le leggi della sincerità e della lealtà, diventa talvolta cosa giusta. Conviene, infatti, riportarsi sempre a quelle norme fondamentali della giustizia che ho posto in principio: primo, non far male a nessuno; poi, servire alla utilità comune. Cambiano con il tempo le circostanze? Cambia di pari passo il dovere e non è sempre il medesimo.

---

[19]TERENZIO, *Il punitore di se stesso*, v. 796.

[32] Potest enim accidere promissum aliquod et conventum, ut id effici sit inutile vel ei, cui promissum sit, vel ei, qui promiserit. Nam si, ut in fabulis est, Neptunus, quod Theseo promiserat, non fecisset, Theseus Hippolyto filio non esset orbatus. Ex tribus enim optatis, ut scribitur, hoc erat tertium, quod de Hippolyti interitu iratus optavit; quo impetrato in maximos luctus incidit. Nec promissa igitur servanda sunt ea, quae sint is, quibus promiseris inutilia, nec si plus tibi ea noceant, quam illi prosint, cui promiseris, contra officium est, maius anteponi minori, ut si constitueris, cuipiam te advocatum in rem praesentem esse venturum atque interim graviter aegrotare filius coeperit, non sit contra officium non facere, quod dixeris, magisque ille, cui promissum sit, ab officio discedat, si se destitutum queratur. Iam illis promissis standum non esse quis non videt, quae coactus quis metu, quae deceptus dolo promiserit? quae quidem pleraque iure praetorio liberantur, nonnulla legibus.

32. Può accadere infatti che qualche promessa o qualche accordo sia di natura tale che il mandarlo ad effetto procuri danno, o a chi è stata fatta o a chi l'ha fatta. In verità, se Nettuno, come raccontano le favole, non avesse mantenuto la promessa fatta a Teseo, Teseo non avrebbe perduto il figlio Ippolito[20]. Di quei tre desideri, come si narra, gliene restava da chiedere uno, il terzo, ed ecco che, accecato dall'ira, chiese la morte di Ippolito: poiché il desiderio era stato esaudito, egli piombò nei più atroci dolori. Dunque non si debbono mantenere quelle promesse che sono dannose alle persone a cui sono fatte; se quelle promesse recano maggior danno a chi le ha fatte che vantaggio a chi le ha ricevute, non è contrario al dovere anteporre il più al meno. Così, per esempio, se tu avevi promesso a qualcuno di recarti in tribunale per assisterlo in giudizio, e nel frattempo un tuo figlio fosse caduto gravemente malato, non sarebbe contrario al dovere non mantenere la parola, anzi verrebbe meno ben di più l'altro al suo dovere, se si lamentasse dell'abbandono. Inoltre, chi non si rende conto che non bisogna mantenere le promesse che si sono fatte o costretti da paura o tratti in inganno? Ed appunto la maggior parte di questi obblighi è annullata dal diritto pretorio; alcuni di essi persino dalle leggi.

---

[20]Teseo, re di Atene ed uccisore del Minotauro, aveva ottenuto da Poseidone di vedere esauditi tre desideri; egli espresse: 1) di poter tornare sano e salvo dagli Inferi, dove era disceso con Piritoo per rapire Persefone; 2) uscire dal Labirinto di Dedalo; 3) veder morire il proprio figlio Ippolito, ingiustamente accusato di aver insidiato la matrigna Fedra, innamorata di lui.

[33] Existunt etiam saepe iniuriae calumnia quadam et nimis callida sed malitiosa iuris interpretatione. Ex quo illud «summum ius summa iniuria» factum est iam tritum sermone proverbium. Quo in genere etiam in re publica multa peccantur, ut ille, qui, cum triginta dierum essent cum hoste indutiae factae, noctu populabatur agros, quod dierum essent pactae, non noctium indutiae. Ne noster quidem probandus, si verum est Q. Fabium Labeonem seu quem alium – nihil enim habeo praeter auditum – arbitrum Nolanis et Neapolitanis de finibus a senatu datum, cum ad locum venisset, cum utrisque separatim locutum, ne cupide quid agerent, ne appetenter, atque ut regredi quam progredi mallent. Id cum utrique fecissent, aliquantum agri in medio relictum est. Itaque illorum finis sic, ut ipsi dixerant, terminavit; in medio relictum quod erat, populo Romano adiudicavit. Decipere hoc quidem est, non iudicare. Quocirca in omni est re fugienda talis sollertia.

[34] Sunt autem quaedam officia etiam adversus eos servanda, a quibus iniuriam acceperis. Est enim ulciscendi et puniendi modus; atque haud scio an satis sit eum, qui lacessierit iniuriae suae paenitere, ut et ipse ne quid tale posthac et ceteri sint ad iniuriam tardiores. Atque in re publica maxime conservanda sunt iura belli. Nam cum sint duo genera decertandi, unum per disceptationem, alterum per vim, cumque illud proprium sit hominis, hoc beluarum, confugiendum est ad posterius, si uti non licet superiore.

33. Si commettono spesso ingiustizie anche per una certa tendenza al cavillo, cioè per una troppo sottile, ma in realtà maliziosa, interpretazione del diritto. Di qui il comune e ormai trito proverbio: «*somma giustizia, somma ingiustizia*». A tal proposito, si commettono molti errori anche nella vita pubblica; come, per esempio, quel tale che, conclusa col nemico una tregua di trenta giorni, andava di notte a saccheggiar le campagne, col pretesto che il patto parlava di giorni e non di notti. Non merita lode neppure, se il fatto è vero, quel nostro concittadino, sia egli Quinto Fabio Labeone[21] o qualcun altro (io non ne so più che per sentito dire). Il Senato lo aveva inviato presso i Nolani ed i Napoletani, come arbitro per una questione di confini. Giunto egli sul posto, parlò separatamente agli uni e agli altri, raccomandando che non trascendessero in atti di avidità e di prepotenza, anzi volessero piuttosto retrocedere che avanzare. Così fecero gli uni e gli altri, e un bel tratto di terreno rimase libero nel mezzo. Egli allora fissò i confini dei due popoli come essi avevano detto; e il terreno rimasto nel mezzo, lo assegnò al popolo romano. Questo si chiama ingannare, non giudicare. Perciò, in ogni circostanza, conviene evitare simili sottigliezze.

34. Esistono poi certi doveri che bisogna osservare anche nei confronti di coloro che ci hanno offeso. C'è una misura anche nella vendetta e nel castigo; anzi, io non so se non basti che il provocatore si penta della sua offesa, perché egli non ricada mai più in simile colpa, e gli altri siano meno pronti all'offesa. Ma soprattutto nei rapporti fra Stato e Stato si debbono osservare le leggi di guerra. In verità, ci sono due modi di contendere: tramite la ragione e tramite la forza; e poiché la ragione è propria dell'uomo e la forza è propria delle bestie, bisogna ricorrere alla seconda solo quando non ci si può avvalere della prima.

---

[21]Rivestì la carica di questore nel 196 a.C., fu poi pretore nel 189 e infine console nel 183.

[35] Quare suscipienda quidem bella sunt ob eam causam, ut sine iniuria in pace vivatur, parta autem victoria conservandi i, qui non crudeles in bello, non inmanes fuerunt, ut maiores nostri Tusculanos, Aequos, Volscos, Sabinos, Hernicos in civitatem etiam acceperunt, at Karthaginem et Numantiam funditus sustulerunt; nollem Corinthum, sed credo aliquid secutos, oportunitatem loci maxime, ne posset aliquando ad bellum faciendum locus ipse adhortari. Mea quidem sententia paci, quae nihil habitura sit insidiarum, semper est consulendum. In quo si mihi esset obtemperatum, si non optimam, at aliquam rem publicam, quae nunc nulla est, haberemus. Et cum iis, quos vi deviceris consulendum est, tum ii, qui armis positis ad imperatorum fidem confugient, quamvis murum aries percusserit, recipiendi. In quo tantopere apud nostros iustitia culta est, ut ii, qui civitates aut nationes devictas bello in fidem recepissent, earum patroni essent more maiorum.

35. Si devono perciò intraprendere le guerre al solo scopo di vivere in sicura e tranquilla pace e senza offesa; tuttavia, una volta conseguita la vittoria, si devono risparmiare coloro che, durante la guerra, non furono né crudeli né spietati. Così, i nostri padri concessero perfino la cittadinanza ai Tuscolani, agli Equi, ai Volsci, ai Sabini, agli Ernici[22]; ma distrussero dalle fondamenta Cartagine e Numanzia[23]; non avrei voluto la distruzione di Corinto[24]; ma forse essi ebbero le loro buone ragioni, soprattutto la felice posizione del luogo, temendo che appunto tale posizione fosse, prima o dopo, occasione e stimolo per nuove guerre. A mio parere, bisogna procurare sempre una pace che non nasconda insidie. E se in ciò mi si fosse dato ascolto, noi avremmo, se non un ottimo Stato, almeno uno Stato, mentre ora non ne abbiamo nessuno. E, così come bisogna provvedere a quei popoli che sono stati pienamente sconfitti, tanto più si devono accogliere e proteggere quelli che, deposte le armi, ricorreranno alla lealtà dei comandanti, anche se l'ariete abbia già percosso le loro mura. E a questo riguardo i Romani furono così rigidi osservanti della giustizia che quegli stessi condottieri che avevano accolto sotto la loro protezione città o popoli da essi sconfitti, ne divenivano poi patroni, secondo il costume dei nostri antenati.

---

[22]Popolazioni dell'Italia centrale soggiogate dai Romani.

[23]Entrambe le città vennero conquistate da Scipione Emiliano, rispettivamente nel 146 e nel 133 a.C.

[24]Saccheggiata dal console Spurio Mummio nel 146 a.C.

[36] Ac belli quidem aequitas sanctissime fetiali populi Romani iure perscripta est. Ex quo intellegi potest nullum bellum esse iustum, nisi quod aut rebus repetitis geratur aut denuntiatum ante sit et indictum. [Popilius imperator tenebat provinciam, in cuius exercitu Catonis filius tiro militabat. Cum autem Popilio videretur unam dimittere legionem, Catonis quoque filium, qui in eadem legione militabat, dimisit. Sed cum amore pugnandi in exercitu remansisset, Cato ad Popilium scripsit, ut, si eum patitur in exercitu remanere, secundo eum obliget militiae sacramento, quia priore amisso iure cum hostibus pugnare non poterat.

[37] Adeo summa erat observatio in bello movendo.] M. quidem Catonis senis est epistula ad M. filium, in qua scribit se audisse eum missum factum esse a consule cum in Macedonia bello Persico miles esset. Monet igitur ut caveat, ne proelium ineat; negat enim ius esse, qui miles non sit cum hoste pugnare. Equidem etiam illud animadverto, quod, qui proprio nomine perduellis esset, is hostis vocaretur, lenitate verbi rei tristitiam mitigatam. Hostis enim apud maiores nostros is dicebatur, quem nunc peregrinum dicimus. Indicant duodecim tabulae: aut status dies cum hoste, itemque adversus hostem aeterna auctoritas. Quid ad hanc mansuetudinem addi potest, eum, quicum bellum geras, tam molli nomine appellare? Quamquam id nomen durius effecit iam vetustas; a peregrino enim recessit et proprie in eo, qui arma contra ferret, remansit.

36. Ed appunto il retto condursi della guerra è stato definito in maniera scrupolosa dal diritto feziale[25] del popolo romano. Da questo è possibile dedurre che non è guerra giusta se non quella che si combatte o dopo aver domandato una riparazione dell'offesa subìta, o dopo averla minacciata e dichiarata. Essendo a capo di una provincia il generale Popilio[26], nel cui esercito militava come coscritto il figlio di Catone, sembrò cosa opportuna a Popilio congedare una legione, e quindi congedò anche il figlio di Catone, che faceva parte di quella legione. Ma poiché, per bramosia di combattere, egli volle rimanere nell'esercito, Catone scrisse a Popilio che, se permetteva a suo figlio di restare, lo obbligasse a prestare un secondo giuramento militare dato che, sciolto dal primo, non poteva legittimamente combattere contro il nemico. A tal punto rigorosa era l'osservanza del diritto anche nella condotta di guerra.

37. Vi è pure una lettera di Marco Catone il Vecchio al figlio Marco, nella quale scrive di essere venuto a conoscenza che egli era stato congedato dal console, mentre si trovava come soldato in Macedonia, nella guerra contro Perseo[27]. Lo ammonisce dunque di evitare di prendere parte alla battaglia: «Non è lecito – sentenzia – che chi non è soldato, combatta contro il nemico». Voglio inoltre osservare che, chi doveva definirsi, con un termine appropriato, *perduellis* («nemico di guerra»), era invece chiamato *hostis* («straniero»), attenuando così, con la dolcezza della parola, la gravità della cosa. Difatti i nostri avi chiamavano *hostis* quello che noi oggi definiamo *peregrinus* («forestiero»). Lo affermano le Dodici Tavole[28]: *Aut status dies cum hoste* («o il giorno fissato, per un giudizio, con uno straniero»), e cosi ancora: *Adversus hostem aeterna auctoritas* («Verso lo straniero l'azione giuridica non è soggetta alla prescrizione»). Che cosa si può aggiungere a una così grande mitezza? Definire con un nome così mite colui contro il quale si combatte! È ben vero che, oramai, il gran tempo trascorso ha reso questo vocabolo molto più ingrato: esso ha perso il significato di forestiero per indicare effettivamente colui che ti viene contro con le armi in pugno.

---

[25]I feziali, sacerdoti di un collegio istituito da re Numa Pompilio, avevano l'incarico di chiedere riparazioni ai popoli con cui Roma era in conflitto, e se ciò non avveniva entro la data prestabilita, il capo dei feziali scagliava una lancia in territorio nemico, indicando con ciò l'esecrazione e al contempo la dichiarazione ufficiale di guerra.

[26]Gaio Popilio Lenate, console nel 173 a.C.

[27]Perseo fu l'ultimo re di Macedonia, figlio e successore di Filippo V.

[28]Le leggi delle Dodici Tavole, fissate dal Collegio dei Decemviri, costituirono il primo codice di diritto cittadino della Roma repubblicana.

[38] Cum vero de imperio decertatur belloque quaeritur gloria, causas omnino subesse tamen oportet easdem, quas dixi paulo ante iustas causas esse bellorum. Sed ea bella, quibus imperii proposita gloria est, minus acerbe gerenda sunt. Ut enim cum civi aliter contendimus, si est inimicus, aliter si competitor (cum altero certamen honoris et dignitatis est, cum altero capitis et famae) sic cum Celtiberis, cum Cimbris bellum ut cum inimicis gerebatur, uter esset, non uter imperaret, cum Latinis, Sabinis, Samnitibus, Poenis, Pyrrho de imperio dimicabatur. Poeni foedifragi, crudelis Hannibal, reliqui iustiores. Pyrrhi quidem de captivis reddendis illa praeclara:

Nec mi aurum posco nec mi pretium dederitis,
Nec cauponantes bellum, sed belligerantes
Ferro, non auro vitam cernamus utrique.
Vosne velit an me regnare era, quidve ferat Fors,
Virtute experiamur. Et hoc simul accipe dictum:
Quorum virtuti belli Fortuna pepercit,
Eorundem libertati me parcere certum est.
Dono, ducite, doque volentibus cum magnis dis.

38. Quando, tuttavia, si lotta per la supremazia, e con la guerra si ricerca la gloria, è necessario che anche allora le ostilità siano aperte per quelle stesse ragioni che, come ho affermato poc'anzi, sono giuste ragioni di guerra. Tali guerre, peraltro, che hanno come scopo la gloria del primato, devono essere intraprese con meno asprezza. Come, con un cittadino, si contende in un modo, se è un nemico personale, in un altro, se è un competitore politico (con il primo si lotta per l'onore e la dignità, con il secondo per la vita e il buon nome), così con i Celtiberi e con i Cimbri[29] si guerreggiava come contro veri nemici, non per il primato, ma per la sopravvivenza; viceversa, con i Latini, con i Sabini, con i Sanniti, con i Cartaginesi, con Pirro si combatteva invece per ottenere il primato. I Cartaginesi si dimostrarono fedifraghi e spergiuri, Annibale si mostrò crudele; più giusti furono gli altri. Fu magnifica davvero la risposta che Pirro diede ai nostri legati sul riscatto dei prigionieri: «Io non chiedo oro per me, e voi a me non offrirete riscatto. Noi non facciamo la guerra da mercanti, ma da soldati: non con l'oro, ma col ferro decidiamo della nostra vita e della nostra sorte. Sperimentiamo con il valore se la Fortuna, arbitra delle cose umane, conceda a voi o a me l'impero; o vediamo se altro ci arrechi la sorte. E ascolta anche queste altre parole: è mio fermo proposito concedere la libertà a tutti quelli, al cui valore la fortuna delle armi lasciò la vita. Ecco, riprendeteli con voi: io ve li offro in dono con il favore del cielo»[30]. Parole veramente regali e degne di un Eacide[31].

---

[29]Il maggior conflitto con i Celtiberi di Spagna fu la già citata campagna contro Numanzia (133 a.C.); i Cimbri, popolazione germanica che assieme ai Teutoni aveva invaso l'Italia settentrionale, furono sgominati da Gaio Mario nella battaglia dei Campi Raudii, presso Vercelli, nel 101 a.C.

[30]ENNIO, *Annali*, fr. 194 e sgg. Vahlen^2.

[31]Pirro, re dell'Epiro, vantava infatti una discendenza da Neottolemo, figlio di Achille, che aveva per padre Peleo e per nonno Eaco.

[39] Regalis sane et digna Aeacidarum genere sententia. Atque etiam si quid singuli temporibus adducti hosti promiserunt, est in eo ipso fides conservanda, ut primo Punico bello Regulus captus a Poenis, cum de captivis commutandis Romam missus esset iurassetque se rediturum, primum, ut venit, captivos reddendos in senatu non censuit, deinde, cum retineretur a propinquis et ab amicis, ad supplicium redire maluit quam fidem hosti datam fallere.

[40 [Secundo autem Punico bello post Cannensem pugnam quos decem Hannibal Romam misit astrictos iure iurando se redituros esse nisi de redimendis is, qui capti erant, impetrassent, eos omnes censores, quoad quisque eorum vixit, quod peierassent in aerariis reliquerunt, nec minus illum, qui iure iurando fraude culpam invenerat. Cum enim permissu Hannibalis exisset e castris, rediit paulo post, quod se oblitum nescio quid diceret; deinde egressus e castris iure iurando se solutum putabat, et erat verbis, re non erat. Semper autem in fide quid senseris, non quid dixeris, cogitandum est. Maximum autem exemplum est iustitiae in hostem a maioribus nostris constitutum, cum a Pyrrho perfuga senatui est pollicitus se venenum regi daturum et eum necaturum. Senatus et C. Fabricius eum Pyrrho dedit. Ita ne hostis quidem et potentis et bellum ultro inferentis interitum cum scelere approbavit.]

39. Se poi ancora le singole persone, costrette dalle circostanze, fanno qualche promessa al nemico, la devono mantenere scrupolosamente. Così, per esempio, durante la I Guerra Punica, Regolo[32], preso prigioniero dai Cartaginesi, fu mandato a Roma per trattare uno scambio di prigionieri, sotto giuramento che sarebbe ritornato. Non appena giunse, per prima cosa, dichiarò in Senato che non bisognava restituire i prigionieri; poi, benché i parenti e gli amici cercassero di trattenerlo, egli volle tornare al supplizio piuttosto che venire meno alla parola data al nemico.

40. Nel corso della II Guerra Punica, poi, a seguito della battaglia di Canne[33], quei dieci giovani che Annibale inviò a Roma, vincolati dal giuramento che avrebbero fatto ritorno, se non avessero ottenuto il riscatto dei prigionieri, furono lasciati tutti dai censori, finché anche l'ultimo di essi fu in vita, fra gli *aerarii*[34], proprio perché spergiuri; e non meno degli altri, colui che era caduto nella colpa di un giuramento non rispettato. Uscito, difatti, dal campo col permesso di Annibale, vi ritornò poco dopo, con il pretesto di aver dimenticato non so che cosa; poi, uscito di nuovo dal campo, si teneva prosciolto dal giuramento; e lo era, a parole, ma non di fatto. Quando si tratta di lealtà, bisogna guardare sempre, non alla lettera, ma allo spirito della parola. Il più grande esempio, di lealtà verso il nemico fu dato dai nostri padri, quando un disertore di Pirro offrì al Senato l'opportunità di uccidere il re tramite il veleno. Il Senato e Gaio Fabrizio[35] consegnarono il disertore a Pirro. Così, neppure di un nemico potente e aggressore si acconsentì la morte, se questa doveva richiedere un delitto. Ma tanto basti intorno ai doveri di guerra.

---

[32]Marco Attilio Regolo, console nel 256 a.C., fu fatto prigioniero dai Cartaginesi a seguito di una fallita invasione dell'Africa; fu barbaramente giustiziato dopo essere, secondo quanto aveva promesso ai nemici, tornato presso di loro a seguito di una missione diplomatica a Roma..

[33]La celebre disfatta subita dai Romani in Apulia, nel 216 a.C.

[34]Gli *aerarii* erano cittadini senza diritto di voto nelle centurie ma tenuti a versare contributi in denaro a differenza dei *proletarii*; entrare a far parte di questa categoria era ritenuta una punizione degradante.

[35]Gaio Fabrizio Luscino, console nel 282 e nel 278 a.C., celebre per l'incorruttibilità e l'onestà dimostrate nei confronti di Pirro, a cui svelò un tentativo di tradimento.

[41] Ac de bellicis quidem officiis satis dictum est. Meminerimus autem etiam adversus infimos iustitiam esse servandam. Est autem infima condicio et fortuna servorum, quibus non male praecipiunt, qui ita iubent uti, ut mercennariis, operam exigendam, iusta praebenda. Cum autem duobus modis, id est aut vi aut fraude, fiat iniuria, fraus quasi vulpeculae, vis leonis videtur; utrumque homine alienissimum, sed fraus odio digna maiore. Totius autem iniustitiae nulla capitalior quam eorum, qui tum, cum maxime fallunt, id agunt, ut viri boni esse videantur. De iustitia satis dictum.

[42] Deinceps, ut erat propositum, de beneficentia ac de liberalitate dicatur, qua quidem nihil est naturae hominis accommodatius, sed habet multas cautiones. Videndum est enim, primum ne obsit benignitas et iis ipsis, quibus benigne videbitur fieri, et ceteris, deinde ne maior benignitas sit, quam facultates, tum ut pro dignitate cuique tribuatur; id enim est iustitiae fundamentum, ad quam haec referenda sunt omnia. Nam et qui gratificantur cuipiam, quod obsit illi, cui prodesse velle videantur, non benefici neque liberales, sed perniciosi assentatores iudicandi sunt, et qui aliis nocent, ut in alios liberales sint, in eadem sunt iniustitia, ut si in suam rem aliena convertant.

41. Dobbiamo poi ricordare che anche verso le persone più umili si deve osservare la giustizia. E più umile d'ogni altra è la condizione e la sorte degli schiavi. Ottimo è il consiglio di coloro che raccomandano di avvalersi di essi come di lavoratori a pagamento: si esiga buon lavoro, ma si dia [in cambio] la dovuta ricompensa.

Si può poi arrecare offesa in due modi: ossia con la violenza oppure con la frode; con la frode che è propria dell'astuta volpe e con la violenza che è tipica del leone; indegnissime l'una e l'altra dell'uomo, ma la frode è cosa decisamente più odiosa. Fra tutte le specie di ingiustizia, però, la più odiosa è quella di coloro che, quando più ingannano, più cercano di sembrare gente dabbene. Ma basti riguardo alla prima parte della giustizia.

42. Parlerò adesso, come mi ero ripromesso, della beneficenza e della generosità, che è senza dubbio la virtù più consona alla natura umana, ma richiede non poche cautele. È anzitutto necessario vigilare affinché la generosità non danneggi o la persona che si desidera beneficare o altri; bisogna prestare attenzione, inoltre, che la generosità non sia superiore alle nostre forze; infine, verificare che si doni a ciascuno secondo il proprio merito: questo è il vero fondamento della giustizia, che deve caratterizzare sempre ogni precetto. In verità, quelli che fanno un favore che si volge in danno per colui al quale essi, apparentemente, vogliono essere d'aiuto, non meritano il nome di benefattori o di generosi bensì di pericolosi adulatori; e quelli che danneggiano gli uni per essere generosi con gli altri, commettono la stessa ingiustizia di chi, si impossessa dei beni altrui.

[43] Sunt autem multi et quidem cupidi splendoris et gloriae, qui eripiunt aliis, quod aliis largiantur, ique arbitrantur se beneficos in suos amicos visum iri, si locupletent eos quacumque ratione. Id autem tantum abest ab officio, ut nihil magis officio possit esse contrarium. Videndum est igitur, ut ea liberalitate utamur. quae prosit amicis, noceat nemini. Quare L. Sullae, C. Caesaris pecuniarum translatio a iustis dominis ad alienos non debet liberalis videri; nihil est enim liberale, quod non idem iustum.

[44] Alter locus erat cautionis, ne benignitas maior esset quam facultates, quod qui benigniores volunt esse, quam res patitur, primum in eo peccant, quod iniuriosi sunt in proximos; quas enim copias his et suppeditari aequius est et relinqui eas transferunt ad alienos. Inest autem in tali liberalitate cupiditas plerumque rapiendi et auferendi per iniuriam, ut ad largiendum suppetant copiae. Videre etiam licet plerosque non tam natura liberales quam quadam gloria ductos, ut benefici videantur facere multa, quae proficisci ab ostentatione magis quam a voluntate videantur. Talis autem simulatio vanitati est coniunctior quam aut liberalitati aut honestati.

[45] Tertium est propositum, ut in beneficentia dilectus esset dignitatis; in quo et mores eius erunt spectandi, in quem beneficium conferetur, et animus erga nos et communitas ac societas vitae et ad nostras utilitates officia ante collata; quae ut concurrant omnia, optabile est; si minus, plures causae maioresque ponderis plus habebunt.

43. Vi sono poi molti, e in special modo proprio fra quelli più avidi di onore e di gloria, i quali tolgono agli uni per elargire ad altri; e credono di passare per benefici verso i loro amici, se li arricchiscono in qualsivoglia maniera. Ma ciò è tanto lontano dal dovere che anzi nulla è più contrario al dovere. Si cerchi, dunque, di usare quella generosità che giova agli amici e non nuoce ad alcuno. Perciò l'atto con cui Lucio Silla e Gaio Cesare[36] tolsero ai legittimi proprietari i loro beni per trasferirli ad altri, non deve sembrare generoso: non sussiste generosità laddove non c'è giustizia.

44. La seconda cautela da adoperarsi è, come si è già detto, che la generosità non superi i nostri mezzi. Coloro che vogliono essere più generosi di quanto le loro sostanze permettano, peccano, innanzitutto, di ingiustizia nei confronti dei loro più stretti parenti, consegnando a degli estranei quelle ricchezze che sarebbe più giusto donare o lasciare a costoro; peccano, secondariamente, di cupidigia, in quanto tale generosità implica per lo più la bramosia di rubare e di sottrarre in modo illegale per avere modo e agio di fare donazioni; peccano, in terzo luogo, per ambizione: la maggior parte di essi, infatti, fa parecchie cose (che sembrano nascere più da ostentazione che da sincera benevolenza) non tanto per naturale generosità, quanto piuttosto per una prepotente vanagloria, pur di apparire benefici. Tale simulazione è più prossima all'impostura che alla liberalità o all'onestà.

45. Una terza considerazione da tenere in conto è che, nella beneficenza, è necessario fare una ponderata scelta dei meriti; bisogna, in pratica, considerare bene il carattere della persona che si vuole beneficare, la disposizione del suo animo nei nostri riguardi, i rapporti sociali che intercorrono fra noi e, infine, i favori che costei ci ha reso: è desiderabile che tutte questi motivi concorrano assieme, altrimenti le più numerose le più importanti avranno [ai nostri occhi] un peso maggiore.

---

[36]Allude alle confische di Silla per ricompensare i propri seguaci con i beni dei nemici mariani vinti e alla vendita all'incanto delle proprietà dei pompeiani ordinata da Cesare dopo la sua vittoria nella guerra civile.

[46] Quoniam autem vivitur non cum perfectis hominibus planeque sapientibus, sed cum iis, in quibus praeclare agitur, si sunt simulacra virtutis, etiam hoc intellegendum puto, neminem omnino esse neglegendum, in quo aliqua significatio virtutis appareat, colendum autem esse ita quemque maxime, ut quisque maxime virtutibus his lenioribus erit ornatus, modestia, temperantia, hac ipsa, de qua multa iam dicta sunt, iustitia. Nam fortis animus et magnus in homine non perfecto nec sapiente ferventior plerumque est, illae virtutes bonum virum videntur potius attingere. Atque haec in moribus.

[47] De benivolentia autem, quam quisque habeat erga nos, primum illud est in officio, ut ei plurimum tribuamus, a quo plurimum diligamur, sed benivolentiam non adulescentulorum more ardore quodam amoris, sed stabilitate potius et constantia iudicemus. Sin erunt merita, ut non ineunda, sed referenda sit gratia, maior quaedam cura adhibenda est; nullum enim officium referenda gratia magis necessarium est.

[48] Quodsi ea, quae utenda acceperis, maiore mensura, si modo possis, iubet reddere Hesiodus, quidnam beneficio provocati facere debemus? An imitari agros fertiles, qui multo plus efferunt, quam acceperunt? Etenim si in eos, quos speramus nobis profuturos, non dubitamus, officia conferre, quales in eos esse debemus, qui iam profuerunt? Nam cum duo genera liberalitatis sint, unum dandi beneficii, alterum reddendi, demus necne in nostra potestate est, non reddere viro bono non licet, modo id facere possit sine iniuria.

46. Poiché viviamo non a fianco di uomini perfetti e del tutto sapienti, ma assieme a persone in cui è già gran cosa se si riscontra un'ombra di virtù, è necessario anche persuadersi, ritengo, che non si debba assolutamente trascurare nessuno, da cui trapeli un qualche indizio di virtù; anzi, si deve coltivare con tanta maggior attenzione una persona, quanto più essa sia dotata delle virtù più miti, come la modestia, la temperanza e quella stessa giustizia di cui si è già tanto parlato. Difatti un animo forte e grande, in un uomo non perfetto e non savio, è per lo più troppo fervido; quelle virtù, invece, sembrano convenire piuttosto al normale uomo dabbene[37]. E ciò basti intorno al carattere.

47. Per quel che concerne la benevolenza che altri possono dimostrare nei nostri confronti, il nostro primo dovere è che si doni di più a colui che più ci ama; ma questa benevolenza, non dobbiamo giudicarla, come fanno i fanciulli, da uno slancio d'affetto, ma piuttosto dalla sua costanza e saldezza. Se poi qualcuno ha tali meriti verso di noi che noi dobbiamo, non già conquistarci la sua gratitudine, bensì testimoniargli la nostra, allora bisogna usare uno zelo maggiore: nessun dovere è più necessario che il ricambiare un beneficio da noi ricevuto.

48. Se Esiodo[38] consiglia di restituire in misura maggiore, qualora tu ne abbia la possibilità, ciò che hai ricevuto in prestito, come dobbiamo comportarci se qualcun altro ci previene nel beneficio? Non dovremmo imitare forse i campi fertili, che rendono molto più di ciò che ricevono? E se non esitiamo a prestare i nostri servigi a coloro dai quali speriamo di ottenere dei vantaggi futuri, che riconoscenza non dovremmo dimostrare verso coloro che già ci hanno recato questi vantaggi? Ci sono due specie di generosità: quella che consiste nel fare un beneficio e quella che consiste nel restituirlo. Ora, se il farlo o il non farlo è in nostra potere, il non renderlo non è cosa lecita per un uomo dabbene, naturalmente almeno che si possa fare ciò senza perpetrare un'ingiustizia.

---

[37]Il termine ciceroniano *viri boni* indica gli "uomini dabbene", ovvero i ceti possidenti italici, attorno a cui si sarebbe dovuto imperniare la base di una riforma ideale dello Stato.

[38]Cicerone allude ad ESIODO, *Le opere e i giorni*, vv. 349 e sgg., in cui il poeta greco arcaico (VIII-VII sec. a.C.) consiglia di «restituire con la medesima misura e, se ti è possibile, anche di più».

[49] Acceptorum autem beneficiorum sunt dilectus habendi, nec dubium, quin maximo cuique plurimum debeatur. In quo tamen inprimis, quo quisque animo, studio, benivolentia fecerit, ponderandum est. Multi enim faciunt multa temeritate quadam sine iudicio, vel morbo in omnes vel repentino quodam quasi vento impetu animi incitati; quae beneficia aeque magna non sunt habenda atque ea, quae iudicio, considerate constanterque delata sunt. Sed in collocando beneficio et in referenda gratia, si cetera paria sunt, hoc maxime officii est, ut quisque opis indigeat, ita ei potissimum opitulari; quod contra fit a plerisque; a quo enim plurimum sperant, etiamsi ille iis non eget, tamen ei potissimum inserviunt.

[50] Optime autem societas hominum coniunctioque servabitur, si, ut quisque erit coniunctissimus, ita in eum benignitatis plurimum conferetur. Sed quae naturae principia sint communitatis et societatis humanae, repetendum videtur altius. Est enim primum quod cernitur in universi generis humani societate. Eius autem vinculum est ratio et oratio, quae docendo, discendo, communicando, disceptando, iudicando conciliat inter se homines coniungitque naturali quadam societate, neque ulla re longius absumus a natura ferarum, in quibus inesse fortitudinem saepe dicimus, ut in equis, in leonibus, iustitiam, aequitatem, bonitatem non dicimus; sunt enim rationis et orationis expertes.

49. Riguardo poi ai benefici ricevuti, è opportuno distinguere tra essi, e non sussiste dubbio che, maggiore è il beneficio, maggiore è il debito di riconoscenza. A questo proposito, tuttavia, bisogna considerare innanzitutto con che animo, con quale inclinazione, con quale benevolenza ciascuno l'ha fatto. Molte persone, a dire la verità, agiscono con una qual certa leggerezza e fanno molti benefici, così, senza discernimento, perché spronate, o da una patologica benevolenza nei confronti di tutti, o da un improvviso moto dell'animo, quasi come da una [improvvisa] raffica di vento: questi benefici, tuttavia, non vanno tenuti nella stessa considerazione di quelli che furono prestati con la giusta ponderatezza, con meditata e consapevole fermezza. Ad ogni modo, tanto nel fare, quanto nel ricambiare un beneficio, è un nostro categorico dovere, se tutte le altre condizioni sono di pari livello, prestare più aiuto specialmente a colui che ne ha maggiormente bisogno. La maggior parte delle persone, invece, fa tutto l'opposto: presta più specialmente i propri servigi a colui dal quale più sperano, anche se costui non ne abbia necessità.

50. Il modo migliore per mantenere salda la società e la fratellanza umana è di adoperare maggior generosità nei confronti di chi ci è più strettamente congiunto. Ma è opportuno, io penso, risalire più indietro e mostrare quali siano i principi naturali che reggono il consorzio umano. Il primo è quello che si scorge nella stessa universale famiglia del genere umano. La sua forza unificante è la ragione e la parola, che, insegnando e imparando, comunicando, discutendo, giudicando, affratella gli uomini tra loro e li unisce in una sorta di associazione naturale. Ed è questo il carattere che più ci allontana dalla natura delle fiere: noi diciamo spesso che nelle bestie risiede la forza – come nei cavalli e nei leoni – ma non la giustizia, né l'equità, né la bontà; perché quelle sono prive di ragione e di linguaggio.

[51] Ac latissime quidem patens hominibus inter ipsos, omnibus inter omnes societas haec est. In qua omnium rerum, quas ad communem hominum usum natura genuit, est servanda communitas, ut quae discripta sunt legibus et iure civili, haec ita teneantur, ut sit constitutum e quibus ipsis, cetera sic observentur, ut in Graecorum proverbio est, amicorum esse communia omnia. Omnium autem communia hominum videntur ea, quae sunt generis eius, quod ab Ennio positum in una re transferri in permultas potest: «Homo, qui erranti comiter monstrat viam,
Quasi lumen de suo lumine accendat, facit. Nihilo minus ipsi lucet, cum illi accenderit». Una ex re satis praecipit, ut quidquid sine detrimento commodari possit, id tribuatur vel ignoto.

[52] Ex quo sunt illa communia: non prohibere aqua profluente, pati ab igne ignem capere, si qui velit, consilium fidele deliberanti dare, quae sunt iis utilia, qui accipiunt, danti non molesta. Quare et his utendum est et semper aliquid ad communem utilitatem afferendum. Sed quoniam copiae parvae singulorum sunt, eorum autem, qui his egeant, infinita est multitudo, vulgaris liberalitas referenda est ad illum Ennii finem «nihilominus ipsi lucet», ut facultas sit, qua in nostros simus liberales.

[53] Gradus autem plures sunt societatis hominum. Ut enim ab illa infinita discedatur, proprior est eiusdem gentis, nationis, linguae, qua maxime homines coniunguntur. Interius etiam est eiusdem esse civitatis; multa enim sunt civibus inter se communia, forum, fana, porticus, viae, leges, iura, iudicia, suffragia, consuetudines praeterea et familiaritates multisque cum multis res rationesque contractae. Artior vero colligatio est societatis propinquorum; ab illa enim inmensa societate humani generis in exiguum angustumque concluditur.

51. Questa, dunque, è la più estesa forma di società che esista, in quanto comprende e unisce tutti gli uomini fra loro: in essa, quei beni che le leggi e il diritto civile assegnano ai privati, siano dai privati detenuti e goduti come appunto prevedono le leggi; ma tutti quegli altri beni che la natura produce per il comune vantaggio degli uomini siano tenuti e goduti dagli uomini come patrimonio di tutti e di ciascuno, così come raccomanda il proverbio greco: « Gli amici hanno tutto in comune con gli amici». E comuni a tutti gli uomini sono evidentemente quei beni che appartengono a quel genere che, indicato da Ennio in un singolo esempio, può facilmente estendersi a moltissimi altri casi: «L'uomo che mostra cortesemente la via a un viandante smarrito, fa come se dal suo lume accendesse un altro lume. La sua fiaccola non gli risplende meno, dopo che ha acceso quella dell'altro»[39]. Con un solo ed unico esempio il poeta ci insegna che, quanto possiamo concedere senza nostro danno, lo dobbiamo accordare per intero anche ad uno sconosciuto.

52. Da qui hanno origine le massime comuni: non impedire l'uso di un'acqua corrente; consenti che, chi vuole, accenda il suo fuoco dal tuo fuoco; dai un buon consiglio a chi è in dubbio; tutte cose che sono utili a chi le riceve, e che, a chi le dà, non sono affatto dannose. Ci si deve attenere, pertanto, a queste massime e, in aggiunta, arrecare sempre qualche contributo al bene comune. Ma, poiché i mezzi delle singole persone sono modesti, ed infinito è il numero dei bisognosi, questa liberalità aperta a tutti si restringa entro il limite posto da Ennio: «La sua fiaccola non gli risplende meno», così che ci resti la possibilità di essere generosi verso i nostri cari.

53. Vari sono poi i gradi della società umana. La società più ampia, dopo quella che non ha confini e di cui abbiamo già parlato, è quella che consiste nell'identità di nazione e di linguaggio, che è il vincolo più saldo che unisca gli uomini fra loro. Una società più intima ancora è quella di appartenere alla stessa città: i cittadini hanno diverse cose in comune fra loro, come il foro, i templi, i portici, le strade, le leggi, i diritti, i tribunali, i voti; inoltre, la familiarità e le amicizie, i molteplici e scambievoli rapporti di interessi e di affari. Ancora più stretto è il legame che avvince i membri di una stessa famiglia: la società umana, da quella forma universale e infinita, si restringe così a una cerchia piccola ed angusta.

---

[39]ENNIO, *Scenica*, 398 sgg. Vahlen[2].

[54] Nam cum sit hoc natura commune animantium, ut habeant libidinem procreandi, prima societas in ipso coniugio est, proxima in liberis, deinde una domus, communia omnia; id autem est principium urbis et quasi seminarium rei publicae. Sequuntur fratrum coniunctiones, post consobrinorum sobrinorumque, qui cum una domo iam capi non possint, in alias domos tamquam in colonias exeunt. Sequuntur conubia et affinitates ex quibus etiam plures propinqui; quae propagatio et suboles origo est rerum publicarum. Sanguinis autem coniunctio et benivolentia devincit homines [et] caritate.

[55] Magnum est enim eadem habere monumenta maiorum, eisdem uti sacris, sepulchra habere communia. Sed omnium societatum nulla praestantior est, nulla firmior, quam cum viri boni moribus similes sunt familiaritate coniuncti; illud enim honestum, quod saepe dicimus, etiam si in alio cernimus, [tamen] nos movet atque illi in quo id inesse videtur amicos facit.]

[56] Et quamquam omnis virtus nos ad se allicit facitque, ut eos diligamus, in quibus ipsa inesse videatur, tamen iustitia et liberalitas id maxime efficit. Nihil autem est amabilius nec copulatius, quam morum similitudo bonorum; in quibus enim eadem studia sunt, eaedem voluntates, in iis fit, ut aeque quisque altero delectetur ac se ipso, efficiturque id, quod Pythagoras vult in amicitia, ut unus fiat ex pluribus. Magna etiam illa communitas est, quae conficitur ex beneficiis ultro et citro datis acceptis, quae et mutua et grata dum sunt, inter quos ea sunt firma devinciuntur societate.

54. In verità, tutti gli esseri viventi tendono per un istinto naturale alla procreazione, ragion per cui la prima forma di società si attua nel matrimonio; la seconda, nei figli, e quindi nell'unità della casa e nella comunanza di tutti i beni. Ed è questo il primo principio della città e, direi quasi, il seme originale dello Stato. Seguono i legami tra fratelli e sorelle, poi tra cugini e cugini di secondo grado, i quali, allorché un'unica casa non può più contenerli, escono a fondare nuove case, quasi alla stregua di colonie[40]. Vengono poi i matrimoni, le affinità , per cui si moltiplicano le parentele; e in questo propagarsi e pullulare della prole è appunto l'origine degli Stati.

55. Dunque la comunanza del sangue lega gli uomini tramite la benevolenza e l'amore: è davvero una gran cosa avere in comune le medesime memorie degli avi, compiere gli stessi riti sacri, avere gli stessi sepolcri. Ma fra tutte le forme di società, la più apprezzabile e la più salda è quella che nasce quando degli uomini virtuosi, affini per carattere, stringono fra loro legami di sincera e profonda amicizia. Perché quell'onestà, di cui parlo spesso, ha un potere tale che, se la scorgiamo anche in altri, allora ci tocca il cuore, e ci rende amici di colui nel quale riteniamo di averla trovata.

56. E sebbene ogni virtù ci attragga a sé e ci faccia amare coloro nei quali pare che essa risieda, tuttavia la giustizia e la liberalità sono quelle che causano in modo più incisivo quest'effetto. E niente è più atto a destare amore e a stringere i cuori che la somiglianza dei costumi nelle persone dabbene: quando due uomini hanno gli stessi interessi e le stesse aspirazioni, allora avviene che ciascuno dei due ami l'altro come se stesso, e si avvera ciò che Pitagora ritiene essere il culmine dell'amicizia, ovvero che, di più anime, se ne faccia una sola[41]. Grande è anche quell'unione che nasce da un reciproco scambio di benefici: finché questi sono vicendevoli e graditi, una salda alleanza lega tra loro benefattori e beneficati.

---

[40]L'immagine è presa da Platone, *Leggi*, VI, 776a.
[41]Tale massima pitagorica è riferita anche da Porfirione, nel suo commento ad Orazio.

[57] Sed cum omnia ratione animoque lustraris, omnium societatum nulla est gravior, nulla carior quam ea, quae cum re publica est uni cuique nostrum. Cari sunt parentes, cari liberi, propinqui, familiares, sed omnes omnium caritates patria una complexa est, pro qua quis bonus dubitet mortem oppetere, si ei sit profuturus? Quo est detestabilior istorum immanitas, qui lacerarunt omni scelere patriam et in ea funditus delenda occupati et sunt et fuerunt.

[58] Sed si contentio quaedam et comparatio fiat, quibus plurimum tribuendum sit officii, principes sint patria et parentes, quorum beneficiis maximis obligati sumus proximi liberi totaque domus, quae spectat in nos solos neque aliud ullum potest habere perfugium, deinceps bene convenientes propinqui, quibuscum communis etiam fortuna plerumque est. Quamobrem necessaria praesidia vitae debentur his maxime quos ante dixi, vita autem victusque communis, consilia, sermones, cohortationes, consolationes, interdum etiam obiurgationes in amicitiis vigent maxime, estque ea iucundissima amicitia, quam similitudo morum coniugavit.

[59] Sed in his omnibus officiis tribuendis videndum erit, quid cuique maxime necesse sit et quid quisque vel sine nobis aut possit consequi aut non possit. Ita non idem erunt necessitudinum gradus qui temporum, suntque officia, quae aliis magis quam aliis debeantur, ut vicinum citius adiuveris in fructibus percipiendis quam aut fratrem aut familiarem, at, si lis in iudicio sit, propinquum potius et amicum quam vicinum defenderis. Haec igitur et talia circumspicienda sunt in omni officio [et consuetudo exercitatioque capienda], ut boni ratiocinatores officiorum esse possimus et addendo deducendoque videre, quae reliqui summa fiat, ex quo quantum cuique debeatur intellegas.

57. Ma quando avrai ben considerato ogni cosa con la mente e col cuore, vedrai che fra tutte le forme di società la più importante e la più cara è quella che lega ciascuno di noi allo Stato. Cari sono i genitori, cari i figli, cari i parenti e gli amici; ma la patria, da sola, comprende in sé tutti gli affetti di tutti. E quale buon cittadino esiterebbe ad affrontare la morte per essa, se il suo sacrificio potesse giovarle? Tanto più esecrabile, dunque, è la crudeltà di quei facinorosi che, con ogni sorta di scelleratezze, fecero strazio della loro patria, e a nient'altro furono e sono intenti che a distruggerla dalle fondamenta[42].

58. Ma, se si vuole fare una classifica ed un confronto per sapere a chi dobbiamo rendere un maggiore obbligo, che abbiano il primo posto la patria ed i genitori, ai quali noi dobbiamo i più grandi benefici; subito dopo vengano i figli e tutta la famiglia, che tiene fisso lo sguardo su noi soltanto e in noi soltanto trova il suo unico rifugio; seguano poi i parenti che sono in buona armonia con noi, i parenti con i quali noi abbiamo per lo più in comune anche la sorte. Perciò gli aiuti necessari alla vita si devono in special modo a questi che ho nominato; ma la comunanza e l'intimità del vivere, i consigli, i discorsi, le esortazioni, i conforti, e talvolta persino i rimproveri, trovano il loro massimo valore nell'amicizia, e un'amicizia dolcissima è quella originata dall'affinità dei costumi.

59. Ma, nell'adempimento di tutti questi doveri, dobbiamo guardare a ciò di cui ciascuno ha maggiormente bisogno, e a ciò che ciascuno anche senza di noi può o non può conseguire. Così non sempre ai gradi degli obblighi sociali corrispondono quelli delle circostanze, e vi sono certi servigi che è doveroso prestare ad alcuni piuttosto che ad altri. Così, per esempio, al tempo del raccolto, aiuterai in modo più sollecito il vicino che non il fratello o l'amico; viceversa, se si discute una lite in tribunale, difenderai il parente o l'amico piuttosto che il vicino. Queste e altre simili considerazioni si debbono fare in ogni sorta di beneficenza, e si deve acquistar molta pratica, per diventar buoni calcolatori dei doveri, e vedere, sommando e sottraendo, quale ne sia il residuo, onde comprendere l'entità del nostro debito nei confronti di ciascuno.

---

[42]Trasparente allusione ai *populares*, il partito di Cesare, compreso Marc'Antonio e i suoi accoliti.

[60] Sed ut nec medici nec imperatores nec oratores quamvis artis praecepta perceperint, quicquam magna laude dignum sine usu et exercitatione consequi possunt, sic officii conservandi praecepta traduntur illa quidem, ut facimus ipsi, sed rei magnitudo usum quoque exercitationemque desiderat. Atque ab iis rebus, quae sunt in iure societatis humanae, quemadmodum ducatur honestum, ex quo aptum est officium, satis fere diximus.

[61] Intellegendum autem est, cum proposita sint genera quattuor, e quibus honestas officiumque manaret, splendidissimum videri, quod animo magno elatoque humanasque res despiciente factum sit. Itaque in probris maxime in promptu est, si quid tale dici potest: «Vos enim, iuvenes, animum geritis muliebrem, illa virgo viri» et si quid eiusmodi: «Salmacida, spolia sine sudore et sanguine». Contraque in laudibus, quae magno animo et fortiter excellenterque gesta sunt, ea nescio quomodo quasi pleniore ore laudamus. Hinc rhetorum campus de Marathone, Salamine, Plataeis, Thermopylis, Leuctris, hinc noster Cocles, hinc Decii, hinc Cn. et P. Scipiones, hinc M. Marcellus, innumerabiles alii, maximeque ipse populus Romanus animi magnitudine excellit. Declaratur autem studium bellicae gloriae, quod statuas quoque videmus ornatu fere militari.

60. Ma così come i medici, i condottieri, gli oratori, pur avendo bene appreso le regole teoriche, non possono conseguire alcunché che meriti grandi lodi senza l'esperienza e la pratica [sul campo], così, regole e insegnamenti sulla rigorosa osservanza dei doveri, se ne impartiscono, come per l'appunto sto facendo io, ma la vastità e la varietà della cosa richiedono anche esperienza e pratica. E così credo di aver chiarito a sufficienza in che modo, da quei principi che si basano sul diritto dell'umana convivenza, derivi l'onestà, da cui dipende a sua volta il dovere.

61. Ma è altresì necessario riconoscere che, delle quattro virtù che io ho esposto in precedenza[43] e da cui derivano l'onestà e il dovere, la più fulgida è di certo quella che alberga in un animo grande ed elevato, il quale disprezza i beni materiali. Ecco perché, quando si tratta di fare un rimbrotto a qualcuno, ci vengono immediatamente alle labbra espressioni come queste: «Voi, o giovani, avete un cuore di donna, mentre quella fanciulla, invece, ha un cuore da eroe»; o come queste altre: «O Salmacide, [prenditi il bottino], che non ti costa né sudore né sangue»[44]; viceversa, quando si tratta di lodare tutte quelle azioni compiute con grandezza e animo valoroso, noi le esaltiamo, non so come, con voce quasi più alta e chiara. Di qui nasce quella vasta raccolta di esempi che offrono ai maestri di eloquenza le battaglie di Maratona, di Salamina, di Platea, delle Termopili, di Leuttra; di qui quella gloria onde rifulgono i nostri eroi: Orazio Coclite, i Decii, Gneo e Publio Scipione, Marco Marcello[45] e moltissimi altri; ma soprattutto il popolo romano stesso, meraviglioso campione di magnanimità. Mette inoltre in chiara evidenza il nostro amore per la gloria delle armi il fatto che anche le statue noi le vediamo generalmente in tenuta militare[46].

---

[43]Secondo Panezio di Rodi le quattro virtù cardinali sono la sapienza, la grandezza d'animo, la giustizia e la temperanza.

[44]Il primo verso citato da Cicerone (un settenario trocaico) è di autore sconosciuto (*Incertus*, 210 Ribbeck[2]), che trattava, su di un ignoto modello greco, dell'atteggiamento eroico di una fanciulla; il secondo verso è tratto da una tragedia di ENNIO, *Aiace*, 18 Vahlen[2] (il termine Salmacide significa qui «effemminato» o «codardo», in quanto Salmacis era il nome di una fonte nei pressi di Alicarnasso, in Caria (Asia Minore), la cui acqua si diceva che avesse la facoltà di rendere i giovani viziosi e debosciati.

[45]Orazio Coclite difese da solo il ponte Sublicio, sul fiume Tevere, dall'avanzata dell'esercito degli Etruschi di Porsenna, re di Chiusi (507 a.C.); Decio Mure padre e figlio si sacrificarono volontariamente (con la pratica della *devotio*, una sorta di autoconsacrazione agli dèi inferi) il primo nel corso di una battaglia contro i Latini, il secondo in un combattimento contro i Sanniti; Gneo Cornelio Scipione fu padre di Publio Cornelio Scipione Nasica, mentre Publio fu il padre di Publio Cornelio Scipione l'Africano e di Lucio Scipione l'Asiatico. Entrambi caddero in Spagna durante la II Guerra Punica, nel 211 a.C.; Marco Claudio Marcello, che conquistò Siracusa nel 212 a.C., morì nei pressi di Venosa nel 208 a.C., lottando contro Annibale.

[46]Allusione al fatto che i Greci, invece, raffiguravano i loro eroi nudi.

[62] Sed ea animi elatio, quae cernitur in periculis et laboribus, si iustitia vacat pugnatque non pro salute communi, sed pro suis commodis, in vitio est; non modo enim id virtutis non est, sed est potius immanitatis omnem humanitatem repellentis. Itaque probe definitur a Stoicis fortitudo, cum eam virtutem esse dicunt propugnantem pro aequitate. Quocirca nemo, qui fortitudinis gloriam consecutus est insidiis et malitia, laudem est adeptus: nihil enim honestum esse potest, quod iustitia vacat.

[63] Praeclarum igitur illud Platonis: «Non», inquit, «solum scientia, quae est remota ab iustitia calliditas potius quam sapientia est appellanda, verum etiam animus paratus ad periculum, si sua cupiditate, non utilitate communi impellitur, audaciae potius nomen habeat, quam fortitudinis». Itaque viros fortes et magnanimos eosdem bonos et simplices, veritatis amicos minimeque fallaces esse volumus; quae sunt ex media laude iustitiae.

[64] Sed illud odiosum est, quod in hac elatione et magnitudine animi facillime pertinacia et nimia cupiditas principatus innascitur. Ut enim apud Platonem est, omnem morem Lacedaemoniorum inflammatum esse cupiditate vincendi, sic, ut quisque animi magnitudine maxime excellet, ita maxime vult princeps omnium vel potius solus esse. Difficile autem est, cum praestare omnibus concupieris, servare aequitatem, quae est iustitiae maxime propria. Ex quo fit ut neque disceptatione vinci se nec ullo publico ac legitimo iure patiantur, existuntque in re publica plerumque largitores et factiosi, ut opes quam maximas consequantur et sint vi potius superiores quam iustitia pares. Sed quo difficilius, hoc praeclarius; nullum enim est tempus, quod iustitia vacare debeat.

62. Ma quella grandezza d'animo che si palesa nei pericoli e nelle fatiche, se è carente di giustizia e combatte, non per il bene pubblico, bensì per i suoi particolari interessi, è colpevole: non soltanto perché l'egoismo è estraneo alla virtù, ma piuttosto è proprio della brutalità, che esclude e respinge ogni gentilezza umana. Ragion per cui gli Stoici definiscono correttamente la fortezza, allorché affermano che essa è quella virtù che combatte in difesa della giustizia. Nessuno, perciò, che abbia conseguito fama di fortezza con inganni e con malizia, ha mai ottenuto una gloria autentica: non esiste onestà se non c'è giustizia.

63. Nobilissima, dunque, risuona quella frase di Platone che dice: «Non solo quel sapere, che è disgiunto da giustizia, va chiamato astuzia piuttosto che sapienza, ma anche il coraggio che affronta i pericoli, se è mosso, non dal bene comune, ma da un suo personale interesse, abbia il nome di temerarietà piuttosto che di fortezza». Noi vogliamo pertanto che gli uomini forti e coraggiosi siano, contemporaneamente, buoni e schietti, amanti della verità e alieni da ogni impostura: sono qualità, queste, che nascono dall'intima essenza della giustizia.

64. Ma è cosa ben penosa a vedersi come in seno a questa elevatezza e grandezza d'animo nasca assai facilmente la caparbietà e un'eccessiva brama di predominio. Allo stesso modo che, come scrive Platone, «lo spirito degli Spartani non ardeva che per l'amore della vittoria»[47], così, quanto più uno eccelle per grandezza d'animo, tanto più desidera di essere il primo, o piuttosto il solo fra tutti[48]. Del resto, quando si è posseduti dal desiderio di essere superiori a tutti, è cosa assai difficile mantenere l'equità, che è il principale attributo della giustizia. Avviene dunque che gli ambiziosi non si lascino vincere né da buone ragioni, né da alcuna autorità in materia di diritto e di leggi; ed ecco sorgere allora nella vita pubblica corruttori e partigiani, che altro non desiderano se non acquisire quanto più potere sia loro possibile, ed essere superiori con l'uso della forza piuttosto che pari nella giustizia. Ma la modestia, quanto più è difficile da ottenere,, tanto più è bella: non esiste un momento della vita che possa sottrarsi all'imperativo della giustizia.

---

[47]PLATONE, *Lachete*, 182e.
[48]Chiara allusione alla smodata bramosia di primeggiare dimostrata sia da Pompeo che da Cesare.

[65] Fortes igitur et magnanimi sunt habendi non qui faciunt, sed qui propulsant iniuriam. Vera autem et sapiens animi magnitudo honestum illud, quod maxime natura sequitur, in factis positum, non in gloria iudicat principemque se esse mavult quam videri. Etenim qui ex errore imperitae multitudinis pendet, hic in magnis viris non est habendus. Facillime autem ad res iniustas impellitur, ut quisque altissimo animo est, gloriae cupiditate; qui locus est sane lubricus, quod vix invenitur, qui laboribus susceptis periculisque aditis non quasi mercedem rerum gestarum desideret gloriam.

[66] Omnino fortis animus et magnus duabus rebus maxime cernitur, quarum una in rerum externarum despicientia ponitur, cum persuasum est nihil hominem nisi quod honestum decorumque sit aut admirari aut optare aut expetere oportere, nullique neque homini neque perturbationi animi nec fortunae succumbere. Altera est res, ut cum ita sis affectus animo, ut supra dixi, res geras magnas illas quidem et maxime utiles, sed ut vehementer arduas plenasque laborum et periculorum cum vitae, tum multarum rerum, quae ad vitam pertinent.

[67] Harum rerum duarum splendor omnis, amplitudo, addo etiam utilitatem, in posteriore est, causa autem et ratio efficiens magnos viros in priore. In eo est enim illud, quod excellentes animos et humana contemnentes facit. Id autem ipsum cernitur in duobus, si et solum id, quod honestum sit, bonum iudices et ab omni animi perturbatione liber sis. Nam et ea, quae eximia plerisque et praeclara videntur, parva ducere eaque ratione stabili firmaque contemnere fortis animi magnique ducendum est, et ea, quae videntur acerba, quae multa et varia in hominum vita fortunaque versantur, ita ferre, ut nihil a statu naturae discedas, nihil a dignitate sapientis. robusti animi est magnaeque constantiae.

65. Forti e magnanimi, dunque, devono essere ritenuti non coloro che fanno ingiurie, ma quelli che le respingono. E la vera e sapiente grandezza d'animo giudica che quell'onestà, a cui tende in modo particolare la natura umana, sia riposta non tanto nella fama, bensì nelle azioni, e pertanto non vuole solo *sembrare* quanto piuttosto *essere* superiore agli altri. Per la verità, chi dipende dai capricci di una folla ignorante, non deve essere annoverato tra gli uomini grandi. D'altro canto l'animo umano, quanto più è elevato, tanto più facilmente è indotto a commettere azioni ingiuste per il desiderio della gloria; ma questo è un terreno molto scivoloso, perché è difficile trovare uno che, dopo aver sostenuto fatiche e affrontato pericoli, non desideri, come ricompensa delle sue imprese, la gloria.

66. Per tutti la fortezza e la grandezza dell'animo si manifestano principalmente in due modi: l'uno consiste nel disprezzo dei beni esteriori, dando per scontato che l'uomo non debba né ricercare né desiderare né ammirare alcunché non sia onesto e decoroso, e non deve sottostare, né ad alcun uomo, né ad alcuna passione, né ad alcun evento della Fortuna; l'altro modo, sempre che tu sia in quella disposizione dello spirito che ho appena detto, consiste nell'intraprendere sì azioni grandi e soprattutto utili, ma anche straordinariamente difficili, e piene di tribolazioni e pericoli, come per la vita, così per molte cose che interessano la vita.

67. Di questi due modi, tutto lo splendore e tutta la magnificenza, aggiungo anche tutta l'utilità, tutto questo è nel secondo; ma la vera causa della grandezza d'animo risiede nel primo: in questo sta l'intima ragione che fa gli animi veramente grandi e superiori alle cose umane. E appunto questa forza morale si palesa – stavo dicendo – per due segni: giudicare buono solo ciò che è onesto e l'essere liberi da ogni passione. A dire la verità, se è proprio d'un animo forte e grande il giudicare meschine quelle cose che alla maggioranza delle persone appaiono straordinarie e magnifiche, e quindi disprezzarle con fermo e costante proposito, senza dubbio il sopportare quelle cose che sembrano penose, le medesime che, numerose e varie, accadono nella travagliata e burrascosa vita umana, in modo che non ci si discosti per nulla dallo stato naturale dell'uomo, e per nulla dalla dignità del sapiente, questo è proprio di un animo saldo e dotato di una grande fermezza.

[68] Non est autem consentaneum, qui metu non frangatur, eum frangi cupiditate, nec qui invictum se a labore praestiterit, vinci a voluptate. Quam ob rem et haec vitanda et pecuniae fugienda cupiditas; nihil enim est tam angusti animi tamque parvi quam amare divitias, nihil honestius magnificentiusque quam pecuniam contemnere, si non habeas, si habeas, ad beneficentiam liberalitatemque conferre. Cavenda etiam est gloriae cupiditas, ut supra dixi; eripit enim libertatem, pro qua magnanimis viris omnis debet esse contentio. Nec vero imperia expetenda ac potius aut non accipienda interdum aut deponenda non numquam.

[69] Vacandum autem omni est animi perturbatione, cum cupiditate et metu, tum etiam aegritudine et voluptate nimia et iracundia, ut tranquillitas animi et securitas adsit, quae affert cum constantiam tum etiam dignitatem. Multi autem et sunt et fuerunt, qui eam, quam dico, tranquillitatem expetentes a negotiis publicis se removerint ad otiumque perfugerint, in his et nobilissimi philosophi longeque principes et quidam homines severi et graves, nec populi nec principum mores ferre potuerunt vixeruntque non nulli in agris delectati re sua familiari.

[70] His idem propositum fuit quod regibus, ut ne qua re egerent, ne cui parerent, libertate uterentur, cuius proprium est sic vivere ut velis. Quare cum hoc commune sit potentiae cupidorum cum his, quos dixi, otiosis, alteri se adipisci id posse arbitrantur, si opes magnas habeant, alteri si contenti sint et suo et parvo. In quo neutrorum omnino contemnenda sententia est, sed et facilior et tutior et minus aliis gravis aut molesta vita est otiosorum, fructuosior autem hominum generi et ad claritatem amplitudinemque aptior eorum, qui se ad rem publicam et ad magnas res gerendas accomodaverunt.

68. Non sarebbe tuttavia concepibile che chi non si lascia abbattere dalla paura, si lasciasse prostrare dalla cupidigia, e chi si è dimostrato invincibile alla fatica, si lasciasse vincere dal piacere. È pertanto necessario evitare queste contraddizioni, e rifuggire anche dalla bramosia del denaro: non c'è cosa che denoti grettezza e meschinità d'animo quanto l'amore per le ricchezze; al contrario, nulla è più onesto e più nobile del disprezzo verso il denaro, se non lo possiedi; se lo possiedi, adoperarlo in una benefica donazione. Bisogna anche guardarsi, come ho già avuto modo di dire, da un desiderio smodato di gloria, perché esso ci priva della libertà dello spirito, quella libertà che gli uomini magnanimi devono conquistare e difendere con forza. Del resto, non bisogna neppure aspirare al potere supremo, o, per meglio dire, talvolta è opportuno non accettarlo, talora anche deporlo.

69. Sia il tuo animo libero da ogni passione, non solamente dalla cupidigia e dalla paura, ma anche, e in special modo, dalla tristezza, dall'eccessiva allegria e dalla collera, affinché tu abbia quella tranquilla serenità che porta con sé fermezza e soprattutto dignità. Molti sono e molti furono quelli che, aspirando a questa tranquillità di cui parlo, rinunciarono agli incarichi pubblici per cercare un rifugio nella pace di una esistenza appartata: fra costoro troviamo celebratissimi filosofi, veri principi del sapere, e certi uomini austeri ed autorevoli che non seppero adattarsi all'incostanza del popolo o dei potenti; e non pochi di essi trascorsero la vita in campagna, trovando il loro piacere nella cura esclusiva dei loro beni.

70. Tutti costoro non ebbero altro ideale che questo: vivere da re, ovvero non aver bisogno di nulla, non obbedire a nessuno e godere di quella libertà, che consiste nel vivere come si desidera.

Ora, nonostante questo ideale sia comune agli ambiziosi, bramosi di potenza, e agli spiriti riflessivi, amanti della quiete, gli uni non credono di poterlo raggiungere se non con l'aiuto di grandi ricchezze, gli altri invece con il ritenersi soddisfatti della loro fortuna. Ed in ciò, a dire il vero, non si può dare torto né agli uni né agli altri; mentre, però, la vita degli uomini appartati e tranquilli è più facile e sicura, e meno gravosa o molesta agli altri, più utile invece al genere umano, e più adatta a conferire splendore e grandezza, è la vita di quelli che si dedicano al governo dello Stato e al compimento di grandi imprese.

[71] Quapropter et iis forsitan concedendum sit rem publicam non capessentibus, qui excellenti ingenio doctrinae sese dediderunt, et iis, qui aut valitudinis imbecillitate aut aliqua graviore causa impediti a re publica recesserunt, cum eius administrandae potestatem aliis laudemque concederent. Quibus autem talis nulla sit causa, si despicere se dicant ea, quae plerique mirentur, imperia et magistratus, iis non modo non laudi, verum etiam vitio dandum puto. Quorum iudicium in eo, quod gloriam contemnant et pro nihilo putent, difficile factu est non probare, sed videntur labores et molestias, tum offensionum et repulsarum quasi quandam ignominiam timere et infamiam. Sunt enim qui in rebus contrariis parum sibi constent, voluptatem severissime contemnant, in dolore sint molliores, gloriam neglegant, frangantur infamia atque ea quidem non satis constanter.

[72] Sed iis qui habent a natura adiumenta rerum gerendarum, abiecta omni cunctatione adipiscendi magistratus et gerenda res publica est; nec enim aliter aut regi civitas aut declarari animi magnitudo potest. Capessentibus autem rem publicam nihilominus quam philosophis, haud scio an magis etiam, et magnificentia et despicientia adhibenda est rerum humanarum, quam saepe dico, et tranquillitas animi atque securitas, si quidem nec anxii futuri sunt et cum gravitate constantiaque victuri.

71. Perciò si possono forse giustificare, per il fatto di non occuparsi dello Stato, coloro che, dotati di singolare ingegno, si dedicano agli studi, e a quelli che, impediti o dalla salute traballante o da qualche altra più grave causa, si ritirano dalle cure dello Stato, cedendo ad altri il potere e la gloria di amministrarlo; ma quelli che non possono accampare alcuna scusante del genere, credo che non solo siano immeritevoli di approvazione, ma al contrario meritevoli di colpa, se adducono come pretesto quello di provare disprezzo per quelle cose che la maggioranza dei cittadini ammira, ovvero i comandi militari e le cariche civili. È vero che sarebbe facile approvare il loro proposito, in quanto dichiarano di non tenere in nessun conto la gloria; ma il male è che essi hanno tutta l'aria di temere, insieme alle fatiche e alle difficoltà, anche i contrasti e gli insuccessi, come una sorta di disonore e di infamia. Ci sono alcuni che, in casi del tutto opposti, non brillano per eccessiva coerenza: disprezzano con estremo vigore il piacere e nel dolore si abbattono; non si curano della gloria e si avvilisconono per l'infamia; e anche in tali contraddizioni sono incostanti.

72. Quelli, però, a cui natura ha elargito attitudini e mezzi per governare, debbono, senza nessuna esitazione, cercare di ottenere le magistrature e di partecipare al governo: non c'è altro modo affinché lo Stato si regga e la grandezza d'animo si palesi. D'altro canto, coloro che intendono entrare nella vita pubblica, devono, nondimeno, anzi forse più dei filosofi, armarsi di fortezza e di disprezzo dei beni materiali, come sto dicendo da tempo, e anche di una tranquilla serenità d'animo, se vogliono davvero vivere, non già in un'affannosa irrequietudine, ma con una dignitosa fermezza.

[73] Quae faciliora sunt philosophis, quo minus multa patent in eorum vita, quae fortuna feriat, et quo minus multis rebus egent, et quia si quid adversi eveniat, tam graviter cadere non possunt. Quocirca non sine causa maiores motus animorum concitantur maioraque studia efficiendi rem publicam gerentibus quam quietis, quo magis iis et magnitudo est animi adhibenda et vacuitas ab angoribus. Ad rem gerendam autem qui accedit, caveat, ne id modo consideret, quam illa res honesta sit, sed etiam ut habeat efficiendi facultatem; in quo ipso considerandum est, ne aut temere desperet propter ignaviam aut nimis confidat propter cupiditatem. In omnibus autem negotiis priusquam adgrediare, adhibenda est praeparatio diligens.

[74] Sed cum plerique arbitrentur res bellicas maiores esse quam urbanas, minuenda est haec opinio. Multi enim bella saepe quaesiverunt propter gloriae cupiditatem, atque id in magnis animis ingeniisque plerumque contingit, eoque magis, si sunt ad rem militarem apti et cupidi bellorum gerendorum; vere autem si volumus iudicare multae res extiterunt urbanae maiores clarioresque quam bellicae.

73. Tale cosa riesce tanto più facile ai filosofi, quanto meno essi, nella loro vita, offrono apertamente il fianco ai colpi della Fortuna, e quanto minori sono i loro bisogni; ed anche perché, se qualche avversità li colpisce, non possono abbattersi con tanta rovina. Perciò, non senza ragione, si accendono più vigorosi slanci d'animo e più generoso desiderio di agire in colui che sta al governo che non negli uomini appartati e tranquilli; e perciò tanto più l'uomo di Stato deve armarsi di grandezza d'animo e mantenersi libero da ogni angoscia. Del resto, chiunque si accosti agli affari pubblici, si guardi bene dal tenere in conto solamente l'onore che gliene possa conseguire, ma badi di disporre anche le forze adatte a realizzare i suoi progetti. E anche in questo caso, si guardi da due pericoli: dal disperare senza ragione per fiacchezza d'animo e dal nutrire troppa fiducia in se stesso per smodata ambizione. D'altra parte, in ogni sorta di impresa, prima di mettersi all'opera, è necessario fare una meticolosa preparazione.

74. In genere si ritiene che le imprese di guerra abbiano maggior importanza che le opere di pace: questa opinione deve essere riveduta. È certamente vero che molti, in ogni tempo, cercarono occasioni di guerra per puro desiderio di gloria, e ciò per lo più avviene nel caso di persone dal grande animo e dal grande ingegno, tanto più se hanno predisposizione all'arte militare e un istintivo desiderio di combattere; ma, se vogliamo giudicare secondo verità, la storia ci offre molti esempi di azioni civili ancor più grandi e più belle delle imprese belliche.

[75] Quamvis enim Themistocles iure laudetur et sit eius nomen quam Solonis illustrius citeturque Salamis clarissimae testis victoriae, quae anteponatur consilio Solonis ei, quo primum constituit Areopagitas, non minus praeclarum hoc quam illud iudicandum est. Illud enim semel profuit, hoc semper proderit civitati; hoc consilio leges Atheniensium, hoc maiorum instituta servantur. Et Themistocles quidem nihil dixerit, in quo ipse Areopagum adiuverit, at ille vere [a] se adiutum Themistoclem; est enim bellum gestum consilio senatus eius, qui a Solone erat constitutus.

75. Si lodi infatti a buon diritto Temistocle[49]; sia pure il suo nome più celebre di quello di Solone[50], e si citi Salamina a testimonianza di una celeberrima vittoria, per anteporla al provvedimento tramite il quale Solone per la prima volta istituì l'Areopago[51]; ma questo provvedimento è da ritenersi non meno fulgido di quella vittoria: quest'ultima non giovò che una sola volta, quell'altro, invece gioverà, in ogni tempo alla città. È questa assemblea che custodisce le leggi di Atene, è essa che preserva le istituzioni ancestrali. E mentre Temistocle non potrebbe vantarsi di aver giovato in nulla all'Areopago, Solone avrebbe invece ogni diritto di affermare che egli giovò a Temistocle, dato che la guerra stessa fu condotta sotto la guida di quel consesso che Solone aveva istituito.

---

[49]È il celeberrimo stratega ateniese († 460 a.C.) artefice della vittoria navale di Salamina, contro i Persiani, morto in esilio con l'accusa di tradimento.

[50]Solone (650 – 560 a.C. ca.) fu il più grande legislatore di Atene, annoverato fra i Sette Sapienti.

[51]L'Areopago (o Colle di Ares) era il luogo dove risiedeva l'omonimo consiglio cittadino di Atene, dove venivano giudicati crimini di varia natura e prese decisioni politiche e giuridiche. Vi predicò, tra gli altri, San Paolo di Tarso.

[76] Licet eadem de Pausania Lysandroque dicere, quorum rebus gestis quamquam imperium Lacedaemoniis partum putatur, tamen ne minima quidem ex parte Lycurgi legibus et disciplinae conferendi sunt; quin etiam ob has ipsas causas et parentiores habuerunt exercitus et fortiores. Mihi quidem neque pueris nobis M. Scaurus C. Mario neque, cum versaremur in re publica, Q. Catulus Cn. Pompeio cedere videbatur; parvi enim sunt foris arma, nisi est consilium domi. Nec plus Africanus, singularis et vir et imperator in exscindenda Numantia rei publicae profuit quam eodem tempore P. Nasica privatus, cum Ti. Gracchum interemit; quamquam haec quidem res non solum ex domestica est ratione – attingit etiam bellicam, quoniam vi manuque confecta est – sed tamen id ipsum est gestum consilio urbano sine exercitu.

76. La medesima cosa si può affermare intorno a Pausania[52] e a Lisandro[53], le cui imprese, pur avendo ingrandito, come è ritenuto, l'impero agli Spartani, non si possono tuttavia nemmeno lontanamente mettere a confronto con le leggi e gli ordinamenti di Licurgo[54]; anzi, proprio per merito di costui, essi ebbero a disposizione degli eserciti più disciplinati e più forti. Secondo poi la mia opinione, Marco Scauro[55], al tempo della mia fanciullezza, non era secondo a Gaio Mario, e così Quinto Catulo[56], al tempo della mia attività politica, non era da meno di Gneo Pompeo: a poco valgono gli eserciti in campo, se non sussiste la saggezza in patria. E lo stesso [Scipione] Africano [Minore], uomo e generale veramente unico, nel radere al suolo Numanzia, non giovò allo Stato più di quanto giovò, nel medesimo periodo, Publio Nasica[57], cittadino privato, uccidendo Tiberio Gracco. Si dirà che questa azione non rientra soltanto nella ragione politica, ma riguarda anche quella militare, in quanto fu compiuta con la forza delle armi; ma appunto quest'uso della forza si verificò per deliberazione civile e senza un intervento dell'esercito.

---

[52]Pausania, re di Sparta, fu il comandante in capo dei Greci contro i Persiani nella battaglia di Platea (479 a.C.); condannato per tradimento, morì nel 470 a.C.

[53]Lisandro, ammiraglio spartano, vinse gli Ateniesi nello scontro navale di Egospotami (405 a.C.), decisivo per la conclusione della guerra del Peloponneso; nel 404 a.C. diede vita al potere dell'oligarchia dei cosiddetti Trenta Tiranni in Atene. Morì in battaglia nel 395 a.C.

[54]Semileggendaria figura del primo e più importante legislatore di Sparta, visse – secondo la tradizione – nel IX sec. a.C.

[55]Marco Emilio Scauro nacque nel 163 a.C., rivestì l'edilità nel 122 e fu console nel 115; costruì la Via Emilia e restaurò il Ponte Milvio a Roma, fu censore nel 109 e due anni dopo fu rieletto nuovamente console. Grande difensore dei diritti dell'aristocrazia, principe del Senato, morì nell'87 a.C.

[56]Quinto Lutazio Catulo Capitolino fu uno dei massimi rappresentanti del partito della *nobilitas*; si schierò contro l'approvazione della Legge Manilia, fu giudice nel processo che vide condannato Verre, il corrotto governatore della Sicilia, votò, nell'anno in cui fu console Cicerone, per la condanna a morte dei complici di Catilina. Morì nel 61 a.C.

[57]Publio Cornelio Scipione Nasica Serapione, cugino di Scipione Emiliano (o Africano Minore), fu pontefice massimo nel 141 a.C. e console nel 138; guidò i senatori alla soppressione di Tiberio Gracco (anch'egli suo cugino) nel 133 a.C. Odiato dal popolo, abbandonò Roma e morì in esilio a Pergamo. Cicerone, in questo passo, sembra stabilire un velato parallelo tra la repressione della sommossa graccana ad opera di Scipione Nasica e la sua soppressione dei congiurati catilinari del 63 a.C.

[77] Illud autem optimum est, in quod invadi solere ab improbis et invidis audio "cedant arma togae concedat laurea laudi". Ut enim alios omittam, nobis rem publicam gubernantibus nonne togae arma cesserunt? Neque enim periculum in re publica fuit gravius umquam nec maius otium. Ita consiliis diligentiaque nostra celeriter de manibus audacissimorum civium delapsa arma ipsa ceciderunt. Quae res igitur gesta umquam in bello tanta? qui triumphus conferendus?

[78] Licet enim mihi, M. fili, apud te gloriari, ad quem et hereditas huius gloriae et factorum imitatio pertinet. Mihi quidem certe vir abundans bellicis laudibus, Cn. Pompeius, multis audientibus, hoc tribuit, ut diceret frustra se triumphum tertium deportaturum fuisse, nisi meo in rem publicam beneficio ubi triumpharet esset habiturus. Sunt igitur domesticae fortitudines non inferiores militaribus; in quibus plus etiam quam in his operae studiique ponendum est.

[79] Omnino illud honestum, quod ex animo excelso magnificoque quaerimus, animi efficitur, non corporis viribus. Exercendum tamen corpus et ita afficiendum est, ut oboedire consilio rationique possit in exsequendis negotiis et in labore tolerando. Honestum autem id, quod exquirimus, totum est positum in animi cura et cogitatione; in quo non minorem utilitatem afferunt, qui togati rei publicae praesunt, quam qui bellum gerunt. Itaque eorum consilio saepe aut non suscepta aut confecta bella sunt, non numquam etiam illata, ut M. Catonis bellum tertium Punicum, in quo etiam mortui valuit auctoritas.

77. Ottima è quella [mia] sentenza, contro la quale, a quanto sento, si scagliano i soliti maligni e gli invidiosi: «*Cedano le armi alla toga, ceda l'alloro del condottiero alla gloria del cittadino*»[58]. E sorvolando altri casi, all'epoca in cui io reggevo il timone dello Stato, forse le armi non cedettero alla toga? Mai lo Stato corse più grave pericolo e mai godette più salda pace. Con tanta prontezza, in virtù delle mie disposizioni e della mia vigilanza, caddero da se stesse le armi dalle mani di cittadini temerari e facinorosi. Quale impresa così grande, dunque, fu mai compiuta in guerra? Quale trionfo di condottiero si può paragonare con questo di magistrato?

78. Lascia dunque, Marco, figlio mio, che io me ne vanti con te, poiché spetta a te ereditare questa mia gloria ed imitare queste mie azioni. Certo è che Gneo Pompeo, un uomo al culmine della gloria militare, mi fece l'onore di affermare alla presenza di molti che inutilmente egli avrebbe conseguito il suo terzo trionfo se, per le mie benemerenze patriottiche, egli non avesse avuto ancora una patria in cui trionfare. Le prove di forza che si danno in pace, dunque, non sono inferiori alle prove che si danno in guerra, dato che, anzi, le prime esigono maggiore fatica ed operosità delle seconde.

79. Per concludere, quella particolare onestà che noi ricerchiamo in un animo grande ed elevato, deriva dalle forze dello spirito, non già da quelle fisiche. È necessario esercitare il corpo e disporlo in modo che possa obbedire ai consigli della ragione, sia nel disbrigo degli affari, sia nel sopportare la fatica. Insomma, quell'onestà, che con tanta cura andiamo ricercando, risiede tutta nell'attività dello spirito e, in special modo, nel pensiero. E, a questo proposito, arrecano un non trascurabile vantaggio al bene comune coloro che, come magistrati, presiedono allo Stato, di coloro che, come condottieri, si occupano della guerra. Il fatto è che spesso, per il saggio consiglio dei magistrati, le guerre, o non furono intraprese, o furono condotte a termine; talvolta furono anche dichiarate, come fu dichiarata per consiglio di Marco Catone la III Guerra Punica, quella guerra in cui trionfò la sua autorevole volontà anche dopo la sua morte.

---

[58]Verso tratto dal perduto poema di Cicerone *De consulatu suo*.

[80] Qua re expetenda quidem magis est decernendi ratio quam decertandi fortitudo, sed cavendum, ne id bellandi magis fuga quam utilitatis ratione faciamus. Bellum autem ita suscipiatur, ut nihil aliud nisi pax quaesita videatur. Fortis vero animi et constantis est non perturbari in rebus asperis nec tumultuantem de gradu deici, ut dicitur, sed praesenti animo uti et consilio nec a ratione discedere.

[81] Quamquam hoc animi, illud etiam ingenii magni est, praecipere cogitatione futura et aliquanto ante constituere, quid accidere possit in utramque partem et quid agendum sit, cum quid evenerit, nec committere, ut aliquando dicendum sit «non putaram». Haec sunt opera magni animi et excelsi et prudentia consilioque fidentis; temere autem in acie versari et manu cum hoste confligere immane quiddam et beluarum simile est; sed cum tempus necessitasque postulat, decertandum manu est et mors servituti turpitudinique anteponenda.

[82] [De evertendis autem diripiendisque urbibus valde considerandum est, ne quid temere, ne quid crudeliter. Idque est viri magni rebus agitatis punire sontes, multitudinem conservare, in omni fortuna recta atque honesta retinere.] Ut enim sunt, quemadmodum supra dixi, qui urbanis rebus bellicas anteponant, sic reperias multos, quibus periculosa et calida consilia quietis et cogitatis splendidiora et maiora videantur.

80. Si preferisca, pertanto, l'oculatezza di una buona decisione alla prodezza di una accanita battaglia, con questa riserva, tuttavia, cioè che si anteponga il deliberare al combattere non già per timore della guerra, ma soltanto per riguardo dell'interesse comune. A ogni modo, quando è necessaria, si intraprenda pure una guerra, ma sempre e solamente con l'evidente scopo di procurare la pace. In verità, l'uomo forte e costante si riconosce in questo: le avversità non lo turbano, la lotta non lo spaventa e non lo prostra; sempre presente a se stesso e sempre padrone del proprio spirito, egli non si discosta mai dalla ragione che lo guida.

81. Questo è il pregio dell'animo grande; ma anche un grande intelletto ha un suo pregio: esso precorre il futuro con il pensiero , determina con buon anticipo i possibili eventi favorevoli e sfavorevoli, stabilisce i vari atteggiamenti nelle varie circostanze; in una parola, si comporta in modo da non dover dire un giorno: «Oh, io non l'avrei mai creduto possibile»! Queste sono le opere di un animo grande ed elevato, e che confida nel proprio senno e nella propria avvedutezza. Ma buttarsi a testa bassa nella mischia e combattere a corpo a corpo col nemico, è un atto di bestiale ferocia; quando però il momento e la necessità lo richiedono, allora si lotti pure fino all'ultimo sangue e si anteponga la morte all'infamia della schiavitù.

82. Quando la necessità impone di distruggere o di saccheggiare una città, si osservino in modo scrupoloso due cose: nessun atto temerario, nessuna crudeltà. Nei rivolgimenti politici e sociali, è stretto dovere dell'uomo magnanimo punire i facinorosi, risparmiando il popolo; in ogni momento e in ogni evento, bisogna rispettare la giustizia e l'onestà. Così come vi sono alcuni – ne ho parlato più sopra – i quali alle opere civili antepongono le imprese militari, ugualmente si trovano molti, a cui le decisioni azzardate e precipitose appaiono più splendide e più nobili di quelle tranquille e ponderate.

[83] Numquam omnino periculi fuga committendum est, ut inbelles timidique videamur, sed fugiendum illud etiam, ne offeramus nos periculis sine causa, quo esse nihil potest stultius. Quapropter in adeundis periculis consuetudo imitanda medicorum est, qui leviter aegrotantes leniter curant, gravioribus autem morbis periculosas curationes et ancipites adhibere coguntur. Quare in tranquillo tempestatem adversam optare dementis est, subvenire autem tempestati quavis ratione sapientis, eoque magis, si plus adipiscare re explicata boni quam addubitata mali. Periculosae autem rerum actiones partim iis sunt, qui eas suscipiunt, partim rei publicae.

83. È certamente vero che noi, con il rifuggire il pericolo, non dobbiamo però mai correre il rischio di passare per imbelli e codardi, ma è altresì vero che dobbiamo evitare dal gettarci allo sbaraglio senza motivo, che è la cosa più insensata del mondo. Ragion per cui, nell'affrontare i pericoli, dobbiamo seguire il metodo dei medici, che, ai malati lievi, prescrivono dei rimedi blandi, riservando di conseguenza alle malattie più gravi le cure pericolose e incerte. È difatti una grande follia invocare la tempesta mentre vi è bonaccia; ma superare la tempesta in qualunque modo, è vera saggezza, tanto più se il vantaggio di una rapida decisione supera il danno di un'esitante esecuzione! D'altra parte, le pubbliche imprese sono pericolose sia per coloro che le affrontano, sia per lo Stato. E così alcuni corrono il rischio di sacrificare la vita, altri di perdere la loro gloria e la benevolenza dei concittadini. Dobbiamo, dunque, essere più pronti a mettere a repentaglio i nostri interessi che non quelli della patria; e, particolarmente, più disposti a combattere per l'onore e per la gloria che non per gli altri beni materiali.

[84] Itemque alii de vita, alii de gloria et benivolentia civium in discrimen vocantur. Promptiores igitur debemus esse ad nostra pericula quam ad communia dimicareque paratius de honore et gloria quam de ceteris commodis. Inventi autem multi sunt, qui non modo pecuniam, sed etiam vitam profundere pro patria parati essent, idem gloriae iacturam ne minimam quidem facere vellent, ne re publica quidem postulante, ut Callicratidas, qui, cum Lacedaemoniorum dux fuisset Peloponnesiaco bello multaque fecisset egregie, vertit ad extremum omnia, cum consilio non paruit eorum, qui classem ab Arginusis removendam nec cum Atheniensibus dimicandum putabant. Quibus ille respondit Lacedaemonios classe illa amissa aliam parare posse, se fugere sine suo dedecore non posse. Atque haec quidem Lacedaemoniis plaga mediocris, illa pestifera, qua, cum Cleombrotus invidiam timens temere cum Epaminonda conflixisset, Lacedaemoniorum opes corruerunt. Quanto Q. Maximus melius! de quo Ennius: «Unus homo nobis cunctando restituit rem. Noenum rumores ponebat ante salutem. Ergo postque magisque viri nunc gloria claret». Quod genus peccandi vitandum est etiam in rebus urbanis. Sunt enim qui quod sentiunt, etsi optimum sit, tamen invidiae metu non audeant dicere.

84. Esistono molti però che non esiterebbero a sacrificare in nome della patria non soltanto il denaro, ma persino la vita, mentre poi si rifiutano di compiere il più piccolo sacrificio della loro gloria, anche se lo richiede la patria stessa. Così agì, per esempio, Callicratida[59], il quale, essendo ammiraglio degli Spartani nella guerra del Peloponneso e dopo aver compiuto compiuto molte ed ammirevoli imprese, alla fine mandò tutto in rovina, per non aver voluto seguire il consiglio di coloro i quali ritenevano opportuno ritirare la flotta dalle Arginuse[60] e non venire a battaglia con gli Ateniesi. Egli replicò ai detrattori che Sparta, persa quella flotta, poteva senza fatica allestirne un'altra, mentre lui non poteva sottrarsi allo scontro senza rendersi colpevole di disonore. E quella, per gli Spartani, risultò essere una batosta abbastanza leggera; tremenda fu invece l'altra, allorché Cleombroto[61], temendo lo sfavore popolare, venne a battaglia sconsideratamente con Epaminonda, e la potenza di Sparta crollò. Quanto migliore fu la condotta di Quinto [Fabio] Massimo[62], di cui Ennio dice: «Un uomo solo, temporeggiando, risollevò le nostre sorti. Egli non anteponeva le chiacchiere del volgo alla salvezza della patria. Ragion per cui la gloria di quel grande di giorno in giorno risplende sempre più vivida»[63]. Questo tipo di errore, peraltro, si deve evitare anche nelle azioni civili: vi sono difatti coloro che, per timore dell'impopolarità, non osano rendere noto il loro pensiero, anche se ottimo.

---

[59]Callicratida fu un navarca (ammiraglio supremo) di Sparta, che tenne sotto assedio la flotta ateniese, capitanata da Conone, a Mitilene, nell'isola di Lesbo, nel 406 a.C., un anno prima della conclusione della Guerra del Peloponneso. Atene inviò in soccorso di Conone una squadra di ben 150 navi, cosa che avrebbe dovuto indurre Callicratida a rinunciare al blocco.

[60]Le Arginuse sono delle piccole isole site fra Mitilene e la costa dell'Asia Minore, dove Callicratida decise di affrontare gli Ateniesi, dove però ebbe la peggio. La sconfitta delle Arginuse fu però seguita dalla definitiva vittoria degli Spartani guidati da Lisandro ad Egospotami, per cui le sue conseguenze non furono gravissime per la città lacedemone.

[61]Cleombroto fu re di Sparta dal 380 al 371 a.C.; condusse una accanita guerra contro Tebe, che contendeva ai Lacedemoni l'egemonia sulla Grecia, morendo infine nella battaglia di Leuttra, dove fu sconfitto dallo stratega tebano Epaminonda.

[62]Quinto Fabio Massimo, detto il Temporeggiatore per via della sua strategia dilatoria, fu nominato dittatore di Roma nel 217 a.C., evitando di impegnarsi direttamente in uno scontro con Annibale e limitandosi a logorarne le forze; i consoli che gli subentrarono l'anno seguente, tuttavia, Terenzio Varrone ed Emilio Paolo, preferirono una battaglia campale e vennero sconfitti rovinosamente dai Cartaginesi nello scontro di Canne.

[63]ENNIO, *Annali*, XII, 370 sgg. Vahlen[2].

[85] Omnino qui rei publicae praefuturi sunt duo Platonis praecepta teneant: unum, ut utilitatem civium sic tueantur, ut quaecumque agunt, ad eam referant obliti commodorum suorum, alterum, ut totum corpus rei publicae curent, ne, dum partem aliquam tuentur, reliquas deserant. Ut enim tutela, sic procuratio rei publicae ad eorum utilitatem, qui commissi sunt, non ad eorum, quibus commissa est, gerenda est. Qui autem parti civium consulunt, partem neglegunt, rem perniciosissimam in civitatem inducunt, seditionem atque discordiam; ex quo evenit, ut alii populares, alii studiosi optimi cuiusque videantur, pauci universorum.

[86] Hinc apud Athenienses magnae discordiae, in nostra re publica non solum seditiones, sed etiam pestifera bella civilia; quae gravis et fortis civis et in re publica dignus principatu fugiet atque oderit tradetque se totum rei publicae neque opes aut potentiam consectabitur totamque eam sic tuebitur, ut omnibus consulat. Nec vero criminibus falsis in odium aut invidiam quemquam vocabit omninoque ita iustitiae honestatique adhaerescet, ut, dum ea conservet, quamvis graviter offendat mortemque oppetat potius, quam deserat illa, quae dixi.

85. In generale, quelli che si dispongono a governare lo Stato, debbono tenere ben presenti questi due insegnamenti di Platone: primo, curare il benessere dei cittadini in modo da conformare ad esso ogni loro azione, dimentichi ed incuranti dei propri interessi; secondo, provvedere all'intero organismo dello Stato, affinché, mentre ne curano una parte, non abbiano a trascurare le altre. Così come la tutela di un pupillo, allo stesso modo il governo dello Stato si deve esercitare a vantaggio non dei governanti, bensì dei governati. D'altro canto, coloro che provvedono a una parte dei cittadini e ne trascurano un'altra, introducono nello Stato il più grave dei malanni: la sedizione e la discordia; avviene allora che alcuni appaiono amici del popolo, altri fautori degli ottimati; ben pochi sono devoti al bene di tutti.

86. Per questi motivi sorsero ad Atene grandi discordie; per le stesse ragioni ebbero luogo, nella nostra Repubblica, non solamente delle sedizioni, ma anche rovinose guerre civili; mali, questi, che un cittadino austero e forte, degno di primeggiare nello Stato, fuggirà con orrore: nel consacrarsi interamente allo Stato, senza ricercare per sé né ricchezze né potenza, egli lo custodirà e lo proteggerà nella sua interezza, in modo da provvedere al bene di tutti quanti i cittadini. Inoltre, con false accuse, egli non susciterà né odio né disprezzo contro alcuno; anzi si atterrà così strettamente alla giustizia e all'onestà che, pur di mantenerle stabili e salde, affronterà i più gravi insuccessi ed affronterà persino la morte, piuttosto che tradire quelle norme che ho menzionato.

[87] Miserrima omnino est ambitio honorumque contentio, de qua praeclare apud eundem est Platonem «similiter facere eos, qui inter se contenderent, uter potius rem publicam administraret, ut si nautae certarent, quis eorum potissimum gubernaret». Idemque praecipit, «ut eos adversarios existimemus, qui arma contra ferant, non eos, qui suo iudicio tueri rem publicam velint», qualis fuit inter P. Africanum et Q. Metellum sine acerbitate dissensio.

[88] Nec vero audiendi qui graviter inimicis irascendum putabunt idque magnanimi et fortis viri esse censebunt; nihil enim laudabilius, nihil magno et praeclaro viro dignius placabilitate atque clementia. In liberis vero populis et in iuris aequabilitate exercenda etiam est facilitas et altitudo animi quae dicitur, ne si irascamur aut intempestive accedentibus aut impudenter rogantibus in morositatem inutilem et odiosam incidamus et tamen ita probanda est mansuetudo atque clementia, ut adhibeatur rei publicae causa severitas, sine qua administrari civitas non potest. omnis autem et animadversio et castigatio contumelia vacare debet neque ad eius, qui punitur aliquem aut verbis castigat, sed ad rei publicae utilitatem referri.

87. L'ambizione e la caccia agli onori sono in special modo cose miserabili. Bellissime parole ha scritto, a questo proposito, lo stesso Platone: «Coloro che si contendono il governo dello Stato somigliano a dei marinai che litighino per il controllo del timone della nave».[64] E ci ammonisce inoltre di ritenere degli avversari coloro che ci vengono incontro con le armi in pugno, non tanto coloro che vorrebbero governare lo Stato secondo i propri punti di vista. Un dissenso di tale specie, senza alcuna asprezza, ebbe luogo, per esempio, tra Publio Africano e Quinto Metello[65].

88. Non è poi da prestare ascolto a coloro i quali credono che dobbiamo adirarci gravemente con i nostri nemici, ed anzi vedono per l'appunto nell'adirarsi il carattere distintivo dell'uomo magnanimo e forte: no, la virtù più bella, la virtù più degna di un uomo grande e nobile è la mitezza e la clemenza d'animo. Negli Stati liberi, laddove vige l'uguaglianza del diritto, bisogna dare prova anche di una certa arrendevolezza, e di quella che è solita definirsi padronanza di sé, per non incappare nell'accusa di inutile ed odiosa intrattabilità, allorché ci capiti di adirarci con visitatori ímportuni o con indiscreti sollecitatori. E tuttavia la mite e mansueta clemenza è degna di lode solo a patto che, per il bene superiore dello Stato, si usi anche la severità, senza la quale nessun governo è possibile. Ogni punizione ed ogni rimprovero, però, devono essere esenti da offesa, e mirare non alla soddisfazione di colui che infligge la punizione od il rimprovero, ma solamente al vantaggio dello Stato.

---

[64]PLATONE, *Repubblica*, VI, 489b.

[65]Allude a Publio Cornelio Scipione Emiliano (o Africano Minore) e a Quinto Cecilio Metello, pretore nel 148 a.C., che conquistò la Macedonia (e da cui derivò il soprannome di Macedonico), console nel 143 a.C. Dopo l'assassinio di Tiberio Gracco, tribuno della plebe, Metello capeggiò in Senato il partito politico ostile agli Scipioni.

[89] Cavendum est etiam ne maior poena quam culpa sit et ne isdem de causis alii plectantur, alii ne appellentur quidem. prohibenda autem maxime est ira puniendo; numquam enim iratus qui accedet ad poenam mediocritatem illam tenebit, quae est inter nimium et parum, quae placet Peripateticis et recte placet, modo ne laudarent iracundiam et dicerent utiliter a natura datam. Illa vero omnibus in rebus repudianda est optandumque, ut ii, qui praesunt rei publicae, legum similes sint, quae ad puniendum non iracundia, sed aequitate ducuntur.

89. È necessario inoltre fare in modo che la pena non sia maggiore della colpa, e non avvenga che, per le tesse ragioni, alcuni siano duramente colpiti, altri neppure richiamati al dovere. È da evitare in special modo la collera nell'atto stesso del punire: chi si appresta a comminare un castigo in preda alla collera, infatti, non terrà mai quella giusta via di mezzo che intercorre fra il troppo e il poco, via che piace giustamente ai Peripatetici, e piace a ragion veduta, soltanto che poi non dovrebbero lodare l'ira, dicendo che essa è un utile dono della natura[66]. No, l'ira è da tenere lontana in tutte le cose, e bisogna far voti che coloro che reggono lo Stato siano simili alle leggi stesse, le quali sono spinte a punire non per un impeto d'ira, bensì per dovere di giustizia.

---

[66] Il concetto di «via di mezzo» è centrale anche nel Buddhismo, filosofia che Cicerone, indirettamente, non ignorava, per il tramite del filosofo scettico Pirrone, che aveva seguito in Asia Alessandro Magno durante la sua spedizione ed aveva avuto modo di parlare con Giainisti e Buddhisti. Secondo la scuola peripatetica di Aristotele, l'ira era dichiarata accettabile solo in determinate circostanze, contrariamente alla scuola stoica, che la esaltava; Panezio tentò una mediazione fra le due posizioni, che qui Cicerone riprende.

[90] Atque etiam in rebus prosperis et ad voluntatem nostram fluentibus superbiam magnopere, fastidium arrogantiamque fugiamus. nam ut adversas res, sic secundas inmoderate ferre levitatis est praeclaraque est aequabilitas in omni vita et idem semper vultus eademque frons, ut de Socrate itemque de C. Laelio accepimus. Philippum quidem Macedonum regem rebus gestis et gloria superatum a filio, facilitate et humanitate video superiorem fuisse. Itaque alter semper magnus, alter saepe turpissimus, ut recte praecipere videantur, qui monent, ut, quanto superiores simus, tanto nos geramus summissius. Panaetius quidem Africanum auditorem et familiarem suum solitum ait dicere, «ut equos propter crebras contentiones proeliorum ferocitate exultantes domitoribus tradere soleant, ut iis facilioribus possint uti, sic homines secundis rebus effrenatos sibique praefidentes tamquam in gyrum rationis et doctrinae duci oportere, ut perspicerent rerum humanarum imbecillitatem varietatemque fortunae».

[91] Atque etiam in secundissimis rebus maxime est utendum consilio amicorum isque maior etiam quam ante tribuenda auctoritas. Isdemque temporibus cavendum est ne assentatoribus patefaciamus aures neve adulari nos sinamus, in quo falli facile est. tales enim nos esse putamus, ut iure laudemur; ex quo nascuntur innumerabilia peccata, cum homines inflati opinionibus turpiter irridentur et in maximis versantur erroribus. Sed haec quidem hactenus.

90. Anche nella prospera sorte, allorché tutto va secondo i nostri desideri, evitiamo quanto più è possibile l'orgoglio, rifuggiamo il disprezzo e l'arroganza. È indice di gran leggerezza il sopportare tutto senza regola e senza misura sia nella favorevole quanto nell'avversa fortuna, mentre è una cosa bellissima il mostrarsi sempre uguali a se stessi in ogni momento della vita, mantenendo sempre lo stesso volto e la stessa espressione, come si racconta di Socrate e di Gaio Lelio[67]. Io vedo [nella storia] che Filippo, re dei Macedoni[68], fu bensì superato da suo figlio [Alessandro Magno] nella gloria delle imprese militari, ma lo superò di gran lunga nell'affabilità e nella dignità umana; e così, mentre il padre fu grande sempre, il figlio fu spesso brutale; cosicché hanno evidentemente ragione coloro i quali ci consigliano di comportarci tanto più umilmente quanto più siamo posti in alto. Racconta Panezio che l'Africano, suo discepolo ed amico, era solito dire: «Come i cavalli, vibranti di selvaggia fierezza per il frequente lanciarsi nelle mischie, li affidiamo di solito ai domatori per renderli più docili alla nostra mano, così gli uomini, insuperbiti dalle molte fortune e troppo fiduciosi nelle proprie forze, è necessario ricondurli, per così dire, alla scuola della ragione e della saggezza, affinché vi apprendano l'instabilità delle cose umane e la mutevolezza della Fortuna».

91. E pure quando la Fortuna ci è propizia, tanto più ci è necessario ricorrere al consiglio degli amici, prestando ad essi anche più ascolto che non in passato. Ed in tale stato favorevole, badiamo a non accordare fiducia agli adulatori e di non lasciarci blandire da costoro: bevendo le loro parole, è facile cadere in inganno, perché ci riteniamo così brave persone da meritare a buon diritto ogni lode. Da ciò hanno origine innumerevoli guai allorché gli uomini, gonfiati della loro stessa presunzione, si fanno turpemente deridere e commettono i più grandi errori. Ma tanto basti intorno a questa questione.

---

[67] Gaio Lelio, grande amico di Scipione Emiliano, nacque intorno al 190 a.C. entrambi frequentarono le lezioni del filosofo stoico Diogene e, in seguito, quelle di Panezio. Lelio fu pretore nel 145 a.C. e console cinque anni dopo. Nel 129 a.C. pronunciò l'orazione funebre del suo inseparabile amico, a cui sopravvisse di molti anni. Cicerone fece di Lelio uno dei principali personaggi del suo dialogo *Dello Stato*.

[68] Si riferisce naturalmente a Filippo II, re di Macedonia dal 359 al 336 a.C. , che, con la vittoria battaglia di Cheronea (338 a.C.) sottomise l'intera Grecia, ad eccezione di Sparta; fu assassinato due anni dopo e gli succedette il figlio Alessandro Magno.

[92] Illud autem sic est iudicandum, maximas geri res et maximi animi ab iis, qui res publicas regant, quod earum administratio latissime pateat ad plurimosque pertineat; esse autem magni animi et fuisse multos etiam in vita otiosa, qui aut investigarent aut conarentur magna quaedam seseque suarum rerum finibus continerent aut interiecti inter philosophos et eos, qui rem publicam administrarent, delectarentur re sua familiari, non eam quidem omni ratione exaggerantes neque excludentes ab eius usu suos potiusque et amicis impertientes et rei publicae, si quando usus esset. quae primum bene parta sit nullo neque turpi quaestu neque odioso, tum quam plurimis, modo dignis, se utilem praebeat] deinde augeatur ratione, diligentia, parsimonia [nec libidini potius luxuriaeque quam liberalitati et beneficentiae pareat. Haec praescripta servantem licet magnifice, graviter animoseque vivere atque etiam simpliciter, fideliter, vere hominum amice.

[93] Sequitur ut de una reliqua parte honestatis dicendum sit, in qua verecundia et quasi quidam ornatus vitae, temperantia et modestia omnisque sedatio perturbationum animi et rerum modus cernitur. hoc loco continetur id, quod dici latine decorum potest; Graece enim πρέπον dicitur.

92. Bisogna inoltre tenere presente che gli uomini di Stato compiono le più grandi e magnanime imprese, perché il governo della cosa pubblica afferisce ad vasto campo e riguarda un maggior numero di persone, tuttavia vi furono, e vi sono tuttora, molti uomini dal grande animo anche nella vita privata: in primo luogo, coloro che tentano col pensiero complesse ricerche di tipo filosofico o scientifico, mantenendosi però ben chiusi nel ristretto campo dei propri studi; secondariamente, coloro che, posti in mezzo tra i filosofi e gli uomini politici, si dedicano ad amministrare le proprie sostanze, non aumentandole però in modo abnorme con qualunque mezzo, né escludendo dal godimento di esse i propri congiunti, ma anzi, facendone partecipi gli amici e lo Stato, allorché la necessità lo richieda. Queste sostanze, prima di ogni cosa, è necessario che siano acquistate onestamente, ovvero con mezzi né indegni né odiosi; si rendano infine utili a quanti più è possibile, purché meritevoli; si accrescano quindi tramite l'avvedutezza, la diligenza e la parsimonia e non servano ai capricci e al lusso anziché alla generosità e alla beneficenza. Colui che rispetta tutti questi precetti può ben vivere con magnificenza, con dignità e con fiducioso coraggio, e al tempo stesso con semplicità, con lealtà, e con autentico sentimento di amicizia verso gli altri esseri umani.

93. Resta da trattare della quarta ed ultima parte dell'onestà, ossia di quella parte che comprende in sé, per prima cosa, il rispetto, e poi – alla stregua di ornamenti della vita – la temperanza e la moderazione, vale a dire il pieno acquietamento delle passioni e la giusta misura in ogni cosa[69]. In questa parte è compresa quella virtù che i Greci chiamano πρέπον e che noi possiamo chiamare decoro.

---

[69] Altri due concetti centrali nella filosofia buddhista, che lasciano intravedere la vasta conoscenza filosofica di Cicerone.

[94] Huius vis ea est, ut ab honesto non queat separari; nam et quod decet honestum est et quod honestum est decet. qualis autem differentia sit honesti et decori, facilius intellegi quam explanari potest. quicquid est enim, quod deceat, id tum apparet, cum antegressa est honestas. Itaque non solum in hac parte honestatis, de qua hoc loco disserendum est, sed etiam in tribus superioribus quid deceat apparet. Nam et ratione uti atque oratione prudenter et agere quod agas considerate omnique in re quid sit veri videre et tueri decet, contraque falli, errare, labi, decipi tam dedecet quam delirare et mente esse captum; et iusta omnia decora sunt, iniusta contra, ut turpia, sic indecora. Similis est ratio fortitudinis. quod enim viriliter animoque magno fit, id dignum viro et decorum videtur, quod contra, id ut turpe sic indecorum.

[95] Quare pertinet quidem ad omnem honestatem hoc, quod dico, decorum, et ita pertinet, ut non recondita quadam ratione cernatur, sed sit in promptu. est enim quiddam, idque intellegitur in omni virtute, quod deceat; quod cogitatione magis a virtute potest quam re separari. ut venustas et pulchritudo corporis secerni non potest a valitudine, sic hoc, de quo loquimur, decorum totum illud quidem est cum virtute confusum, sed mente et cogitatione distinguitur.

[96] Est autem eius discriptio duplex; nam et generale quoddam decorum intellegimus, quod in omni honestate versatur, et aliud huic subiectum, quod pertinet ad singulas partes honestatis. Atque illud superius sic fere definiri solet, decorum id esse, quod consentaneum sit hominis excellentiae in eo, in quo natura eius a reliquis animantibus differat. quae autem pars subiecta generi est, eam sic definiunt, ut id decorum velint esse, quod ita naturae consentaneum sit, ut in eo moderatio et temperantia appareat cum specie quadam liberali.

94. Essa, per sua stessa natura, è tale che non può separarsi dall'onesto: poiché ciò che è decoroso è anche onesto e ciò che è onesto è decoroso; e la differenza che intercorre fra l'onestà ed il decoro, è più facile a intuirsi che a spiegarsi. A dire la verità, tutto ciò che ha il carattere del decoro, non appare se non quando lo è preceduto dall'onestà. Ecco perché, non solamente in questa parte dell'onestà, della quale dobbiamo adesso trattare, ma anche nelle tre precedenti si manifesta il decoro. Il saggio utilizzo della ragione e della parola, il ponderare ogni azione, il ricercare e l'osservare la verità in ogni cosa, e ad essa attenersi, è decoroso, mentre al contrario l'ingannarsi e l'errare, il cadere in errore ed il lasciarsi raggirare sono cose altamente indecorose; e così ogni azione giusta è decorosa, e ogni azione ingiusta, proprio com'è disonesta, ugualmente è anche indecorosa. Allo stesso modo si comporta la fortezza: tutte le azioni generosi e magnanime appaiono degne dell'uomo e decorose: le azioni contrarie, invece, come sono disoneste, così offendono il decoro.

95. Questo decoro di cui sto parlando, dunque, riguarda tutte le parti dell'onestà, e vi appartiene in tal modo che ciò non si scorge soltanto grazie a misteriose elucubrazioni, ma è di piena evidenza per tutti. Infatti vi è in ogni virtù qualcosa che ha il carattere del decoro; ma questo decoro può separarsi dalla virtù più in teoria che in pratica. Come la grazia e la bellezza del corpo non possono essere disgiunte dalla buona salute, così questo decoro, di cui stiamo trattando, è sì intimamente congiunto con la virtù, eppure se ne distingue per via d'astrazione mentale.

96. Ora, il decoro è di due specie, dato che per decoro intendiamo tanto un carattere generale che risiede in tutto l'onesto, quanto un carattere particolare, ad esso subordinato, che appartiene alle singole parti dell'onesto. Del primo si suol dare grosso modo la seguente definizione: «è decoro ciò che è conforme alla superiorità dell'uomo, in quanto la sua natura differisce da quella degli altri esseri viventi»; la parte specifica, invece, è definita così: «decoro è ciò che è conforme alla particolare natura di ciascuno, così che in esso appaiono moderazione e temperanza, assieme ad un certo aspetto di nobiltà».

[97] Haec ita intellegi, possumus existimare ex eo decoro, quod poetae sequuntur, de quo alio loco plura dici solent. Sed tum servare illud poetas, quod deceat, dicimus, cum id quod quaque persona dignum est, et fit et dicitur, ut si Aeacus aut Minos diceret: «oderint, dum metuant», aut: «natis sepulchro ipse est parens», indecorum videretur, quod eos fuisse iustos accepimus; at Atreo dicente plausus excitantur, est enim digna persona oratio; sed poetae quid quemque deceat, ex persona iudicabunt; nobis autem personam imposuit ipsa natura magna cum excellentia praestantiaque animantium reliquarum.

97. Che tale sia la vera definizione del decoro, possiamo argomentarlo da quel decoro al quale tendono i poeti. Di questo speciale decoro si è soliti parlare diffusamente altrove[70]; qui io rimarcherò solamente che esso è rispettato dai poeti quando appunto i singoli personaggi agiscono e parlano in modo conforme al loro proprio carattere. Così, per esempio, se Eaco o Minosse[71] dicessero «Mi odino, purché mi temano!»[72]; oppure: «Ai figliuoli è tomba il corpo del padre»[73], tali espressioni apparirebbero fuori luogo, perché, come sappiamo, quelli furono uomini giusti; ma se lo dice Atreo[74], sgorgano applausi, perché tale linguaggio sarebbe conforme al suo carattere. Ma i poeti, dal carattere dei singoli personaggi, valuteranno quali tratti convengano a ciascuno di essi; noi, invece, dobbiamo conservare quel carattere che appunto la natura ci ha imposto e che, per la sua grande nobiltà, ci innalza al di sopra di tutti gli altri esseri viventi.

---

[70]Ossia nei trattati di poetica e di retorica.

[71]Eaco e Minosse, figli di Zeus, erano ritenuti personaggi mitologici proverbiali per la loro giustizia e saggezza; Minosse era il celebre re di Creta, mentre Eaco fu il progenitore della schiatta da cui discesero Peleo ed Achille.

[72]ACCIO, *Atreo*, 203 Ribbeck^2.

[73]ACCIO, *Atreo*, 226 Ribbeck^2; allusione al fatto che Atreo aveva fatto con l'inganno mangiare al fratello Tieste la carne dei figli di quest'ultimo.

[74]Atreo, re di Tebe, padre di Agamennone re di Micene e di Menelao sovrano di Sparta.

[98] Quocirca poetae in magna varietate personarum etiam vitiosis quid conveniat et quid deceat videbunt, nobis autem cum a natura constantiae, moderationis, temperantiae, verecundiae partes datae sint cumque eadem natura doceat non neglegere, quemadmodum nos adversus homines geramus, efficitur ut et illud, quod ad omnem honestatem pertinet, decorum quam late fusum sit appareat et hoc, quod spectatur in uno quoque genere virtutis. Ut enim pulchritudo corporis apta compositione membrorum movet oculos et delectat hoc ipso, quod inter se omnes partes cum quodam lepore consentiunt, sic hoc decorum, quod elucet in vita, movet approbationem eorum, quibuscum vivitur, ordine et constantia et moderatione dictorum omnium atque factorum.

[99] Adhibenda est igitur quaedam reverentia adversus homines et optimi cuiusque et reliquorum. nam neglegere quid de se quisque sentiat, non solum arrogantis est sed etiam omnino dissoluti. est autem quod differat in hominum ratione habenda inter iustitiam et verecundiam. Iustitiae partes sunt non violare homines, verecundiae non offendere, in quo maxime vis perspicitur decori. His igitur eitis quale sit id, quod decere dicimus, intellectum puto.

[100] Officium autem, quod ab eo ducitur, hanc primum habet viam, quae deducit ad convenientiam conservationemque naturae; quam si sequemur ducem, nunquam aberrabimus sequemurque et id, quod acutum et perspicax natura est, et id, quod ad hominum consociationem accommodatum, et id, quod vehemens atque forte. Sed maxima vis decori in hac inest parte, de qua disputamus; neque enim solum corporis, qui ad naturam apti sunt, sed multo etiam magis animi motus probandi, qui item ad naturam accommodati sunt.

98. Perciò i poeti, nella grande varietà dei caratteri, valuteranno essi quale condotta e quale linguaggio convengano propriamente anche ai personaggi malvagi; noi, invece, non abbiamo che da osservare la legge della natura; la natura ci assegna le parti della costanza, della moderazione, della temperanza e della discrezione; ed è sempre la natura ci insegna a considerare attentamente come dobbiamo comportarci in rapporto agli altri uomini; ordunque, da tutto ciò appare in chiara luce quanto vasto sia il campo su cui si estende il decoro, sia quello generale, che riguarda l'onestà nella sua interezza, sia quello particolare, che si palesa in ogni singola virtù. Come la bellezza del corpo, per l'armoniosa disposizione delle membra, attira gli sguardi e procura piacere, appunto perché tutte le parti si armonizzano fra esse con una certa grazia, così quel decoro, che risplende nella vita, genera l'approvazione di coloro con i quali viviamo, in virtù dell'ordine, della coerenza e della moderazione che pervadono ogni nostra parola ed ogni nostro atto.

99. Nei nostri rapporti con gli altri uomini, noi dobbiamo dunque adoperare un rispettoso riguardo, non soltanto verso i migliori fra loro, ma anche verso gli altri. Difatti il non curarsi dell'opinione pubblica, è indice non solo di arroganza, ma addirittura di sfrontatezza. Del resto, nei rapporti tra uomo e uomo, esiste una qual certa differenza fra giustizia e discrezione. Il compito della giustizia è di non arrecare danno agli altri, quello della discrezione è di non recare molestia; ed è appunto in questo che si manifesta principalmente l'essenza del decoro. Dopo aver illustrato questi principi, ritengo che il nostro concetto di decoro sia stato bastevolmente chiarito.

100. Inoltre il dovere, derivante dal decoro, deve innanzitutto seguire la via che porta ad una piena e stabile armonia con le leggi della natura: infatti, se prenderemo la natura come guida, non ci allontaneremo mai dalla retta via e otterremo quelle tre virtù che abbiamo già preso in esame: la naturale perspicacia ed acutezza della mente, una condotta adeguata alla convivenza civile, la forza e il vigore del carattere. Ma la più grande forza del decoro risiede in questa parte della quale stiamo ora trattando, cioè nella temperanza. Se sono infatti da lodare i movimenti del corpo, quando sono corrispondenti alla natura, tanto più sono da lodare quelli dell'animo, quando si accordano al medesimo modo con la natura.

[101] Duplex est enim vis animorum atque natura; una pars in appetitu posita est, quae est *orme* Graece, quae hominem huc et illuc rapit, altera in ratione, quae docet et explanat, quid faciendum fugiendumque sit. Ita fit, ut ratio praesit, appetitus obtemperet. Omnis autem actio vacare debet temeritate et neglegentia nec vero agere quicquam, cuius non possit causam probabilem reddere; haec est enim fere discriptio officii.

[102] Efficiendum autem est, ut appetitus rationi oboediant eamque neque praecurrant nec propter pigritiam aut ignaviam deserant sintque tranquilli atque omni animi perturbatione careant; ex quo elucebit omnis constantia omnisque moderatio. nam qui appetitus longius evagantur et tamquam exultantes sive cupiendo sive fugiendo non satis a ratione retinentur, ii sine dubio finem et modum transeunt. relinquunt enim et abiciunt oboedientiam nec rationi parent, cui sunt subiecti lege naturae; a quibus non modo animi perturbantur, sed etiam corpora. licet ora ipsa cernere iratorum aut eorum, qui aut libidine aliqua aut metu commoti sunt aut voluptate nimia gestiunt; quorum omnium vultus, voces, motus statusque mutantur.

101. Due sono, infatti, le potenze naturali dell'animo: l'una è riposta nell'istinto (i Greci la chiamano ὁρμή[75]), che trascina l'uomo qua e là; l'altra risiede nella ragione, che insegna e dimostra quello che è necessario compiere e quello che è da evitare. Avviene così che la ragione comanda e l'istinto ubbidisce. Ogni nostra azione deve essere in modo assoluto priva di temerità e di negligenza; non dobbiamo far nulla per cui non possiamo fornire una plausibile ragione. Questa, ad onor del vero, è quasi la definizione stessa del dovere.

102. Per prima cosa è indispensabile fare in modo che gli istinti ubbidiscano alla ragione, senza precederla né lasciarla da parte per accidia o per viltà, ma se ne stiano tranquilli, liberi e non causino alcun turbamento. In tal modo risplenderanno in tutta la loro luce la fermezza e la temperanza. Difatti, quegli istinti che prendono la strada sbagliata e, a guisa di cavalli imbizzarriti per eccesso di bramosia o di paura, non sono tenuti abbastanza a freno dalla ragione, oltrepassano senza dubbio il limite e la misura, abbandonano e rifiutano l'ubbidienza, rivoltandosi alla ragione, alla quale pure sarebbero sottoposti per legge di natura; in tal modo, questi sfrenati istinti non soltanto turbano l'animo, ma anche il corpo. Basta osservare l'aspetto degli uomini adirati, o di quelli che sono sconvolti da qualche passione o da qualche paura, o ancora di quelli che si esaltano per la gioia eccessiva: in costoro ogni cosa si trasforma, il volto, la voce, il muoversi, il modo di stare fermi.

---

[75]Letteralmente "impulso".

[103] Ex quibus illud intellegitur, ut ad officii formam revertamur, appetitus omnes contrahendos sedandosque esse excitandamque animadversionem et diligentiam, ut ne quid temere ac fortuito, inconsiderate neglegenterque agamus. neque enim ita generati a natura sumus, ut ad ludum et iocum facti esse videamur, ad severitatem potius et ad quaedam studia graviora atque maiora. ludo autem et ioco uti illo quidem licet, sed sicut somno et quietibus ceteris tum, cum gravibus seriisque rebus satis fecerimus. ipsumque genus iocandi non profusum nec immodestum, sed ingenuum et facetum esse debet. ut enim pueris non omnem ludendi licentiam damus, sed eam, quae ab honestatis actionibus non sit aliena, sic in ipso ioco aliquod probi ingenii lumen eluceat.

[104] Duplex omnino est iocandi genus, unum illiberale, petulans, flagitiosum, obscenum, alterum elegans, urbanum, ingeniosum, facetum, quo genere non modo Plautus noster et Atticorum antiqua comoedia, sed etiam philosophorum Socraticorum libri referti sunt, multaque multorum facete dicta, ut ea, quae a sene Catone collecta sunt, quae vocantur ἀποφθέγματα. Facilis igitur est distinctio ingenui et illiberalis ioci. alter est, si tempore fit, ut si remisso animo, homine dignus, alter ne libero quidem, si rerum turpitudo adhibetur et verborum obscenitas. Ludendi etiam est quidam modus retinendus, ut ne nimis omnia profundamus elatique voluptate in aliquam turpitudinem delabamur. Suppeditant autem et campus noster et studia venandi honesta exempla ludendi.

103. Da ciò si comprende, per ritornare al nostro concetto del dovere, che è necessario frenare ed acquietare tutti gli istinti, spronando la nostra vigile attenzione così che non si faccia nulla a caso e in modo temerario, nulla senza riflessione e con negligenza. Infatti non siamo stati generati dalla natura tali da sembrare fatti per il gioco e per lo scherzo, ma piuttosto per mantenere un contegno dignitoso e per occupazioni più serie e più importanti. È senza dubbio consentito lasciarsi andare talvolta al gioco e allo scherzo, ma, come è il caso del sonno e degli altri riposi, ovvero quando avremo compiuto i nostri gravi ed importanti doveri. Il tipo stesso di scherzo, ad ogni modo, non deve apparire eccessivo o smodato, ma onesto e garbato. Così come non concediamo ai bambini ogni libertà nei giochi, ma soltanto quella che non è contraria alle azioni che non offenda l'onestà, alla stessa maniera anche nello scherzo deve risplendere un barbaglio di animo gentile.

104. Vi sono, insomma, due tipologie di scherzi: una volgare, aggressiva, scandalosa, oscena; l'altra elegante, garbato, ingegnoso, fine. Di questa seconda specie sono zeppi non solo il nostro Plauto e l'antica commedia attica[76], bensì anche i libri dei filosofi socratici[77]; e di questa specie sono molte facezie di molti, come, per esempio, quelle che furono raccolte da Catone il Vecchio e che sono intitolati ἀποφθέγματα[78] È facile, dunque, distinguere lo scherzo nobile da quello volgare: il primo è degno anche dell'uomo più austero, se è fatto a tempo debito, come, per esempio, quando lo spirito si allenta; l'altro non è neppure degno di un uomo libero, se all'indecenza dei pensieri si sommi l'oscenità delle parole.

---

[76]Il noto commediografo latino Tito Maccio Plauto (250 ca. - 184 a.C.); principale esponente della commedia attica antica fu invece Aristofane (448 – 385 a.C.), genere caratterizzato dagli attacchi personali e dalla satira politico-sociale.

[77]Si riferisce ai dialoghi filosofici composti secondo il metodo di Socrate ad opera di alcuni suoi allievi come Platone, Senofonte ed Eschine, contrassegnato da una garbata ironia.

[78]Letteralmente "sentenze"; Catone aveva composto le sue *Sentenze* o *Facezie* raccogliendole dai testi più disparati.

[105] Sed pertinet ad omnem officii quaestionem semper in promptu habere, quantum natura hominis pecudibus reliquisque beluis antecedat; illae nihil sentiunt nisi voluptatem ad eamque feruntur omni impetu, hominis autem mens discendo alitur et cogitando, semper aliquid aut anquirit aut agit videndique et audiendi delectatione ducitur. quin etiam, si quis est paulo ad voluptates propensior, modo ne sit ex pecudum genere (sunt enim quidam homines non re, sed nomine) sed si quis est paulo erectior, quamvis voluptate capiatur, occultat et dissimulat appetitum voluptatis propter verecundiam.

[106] Ex quo intellegitur corporis voluptatem non satis esse dignam hominis praestantia eamque contemni et reici oportere, sin sit quispiam, qui aliquid tribuat voluptati, diligenter ei tenendum esse eius fruendae modum. Itaque victus cultusque corporis ad valitudinem referatur et ad vires, non ad voluptatem. Atque etiam, si considerare volumus, quae sit in natura excellentia et dignitas, intellegemus, quam sit turpe diffluere luxuria et delicate ac molliter vivere, quamque honestum parce, continenter, severe, sobrie.

105. Anche nei divertimenti è opportuno osservare una certa misura, per non esagerare e, inebriati dal piacere, scivolare in qualche sconcezza. Il nostro Campo di Marte e gli esercizi della caccia offrono degli esempi di onesti divertimenti[79]. In ogni questione morale, è opportuno tenere sempre presente la grande superiorità della natura umana rispetto a tutti gli animali, domestici e selvatici. Essi non avvertono altro che il piacere dei sensi, e verso di esso sono trascinati da un cieco istinto; la mente dell'uomo, invece, trova il suo alimento nell'apprendere e nel meditare: essa o indaga o medita, ed è guidata dalla gioia del vedere e dell'udire. Anzi, se un uomo è per temperamento piuttosto incline ai piaceri, a meno che non appartenga della razza dei bruti (alcuni sono infatti uomini non di fatto, ma solamente di nome), basta che egli sia d'animo un po' elevato, per quanto dominato dal piacere, per nascondere e dissimulare, per un senso del pudore, questa sua bramosia.

106. Da ciò si comprende che il piacere dei sensi non è sufficientemente degno dell'uomo nobile e che, al contrario, conviene disprezzarlo e tenerlo alla larga; se vi fosse tuttavia qualcuno che conceda qualche spazio al piacere, impieghi ogni cura nell'usarne con saggia moderazione. Perciò il cibo e la cura della persona abbiano per fine, non il piacere, ma la buona salute ed il vigore delle forze. In verità, solo che si voglia riflettere un po' intorno all'eccellenza e alla dignità della natura umana, comprenderemo quanto sia vergognosa una vita che sguazza nel lusso e si sprofonda nelle mollezze e, al contrario, quanto sia bella una vita modesta e frugale, austera e sobria.

[107] Intellegendum etiam est duabus quasi nos a natura indutos esse

---

[79]Il Campo Marzio era adoperato dai Romani come teatro di varie attività ludiche, intese come una preparazione all'attività bellica. La caccia, invece, era tenuta in maggiore considerazione nel mondo greco che in quello latino.

personis; quarum una communis est ex eo, quod omnes participes sumus rationis praestantiaeque eius, qua antecellimus bestiis, a qua omne honestum decorumque trahitur et ex qua ratio inveniendi officii exquiritur, altera autem quae proprie singulis est tributa. ut enim in corporibus magnae dissimilitudines sunt, alios videmus velocitate ad cursum, alios viribus ad luctandum valere, itemque in formis aliis dignitatem inesse, aliis venustatem, sic in animis existunt maiores etiam varietates.

107. Oltre a ciò, è necessario riflettere che la natura ci ha, per così dire, forniti di due caratteri: l'uno è comune a tutti, per cui tutti siamo partecipi della ragione, cioè di quella superiorità grazie alla quale sopravanziamo gli animali: superiorità da cui deriva ogni tipo di onestà e di decoro, e da cui si desume il metodo che conduce alla scoperta del dovere; l'altro, invece, è quello che la natura ha assegnato in modo specifico alle singole persone. Difatti, così come fra i corpi vi sono grandi differenze (alcuni, per l'agilità, sono evidentemente adatti alla corsa, altri, per la robustezza, alla lotta, e similmente, per ciò che riguarda l'aspetto fisico, alcuni hanno in sé la bellezza, altri ancora la grazia), così negli animi appaiono differenze anche più grandi.

[108] Erat in L. Crasso, in L. Philippo multus lepos, maior etiam magisque de industria in C. Caesare, L. filio; at isdem temporibus in M. Scauro et in M. Druso adulescente singularis severitas, in C. Laelio multa hilaritas, in eius familiari Scipione ambitio maior, vita tristior. de Graecis autem dulcem et facetum festivique sermonis atque in omni oratione simulatorem, quem εἴρωνα Graeci nominarunt, Socratem accepimus, contra Pythagoram et Periclem summam auctoritatem consecutos sine ulla hilaritate. Callidum Hannibalem ex Poenorum, ex nostris ducibus Q. Maximum accepimus, facile celare, tacere, dissimulare, insidiari, praeripere hostium consilia. In quo genere Graeci Themistoclem et Pheraeum Iasonem ceteris anteponunt, in primisque versutum et callidum factum Solonis, qui, quo et tutior eius vita esset et plus aliquanto rei publicae prodesset, furere se simulavit.

108. In Lucio Crasso[80] e in Lucio Filippo[81] vi era molta arguzia, ma ne possedeva ancor più, e di tipo più ricercato, Gaio Cesare, il figlio di Lucio[82]; ma in quei medesimi tempi Marco Scauro ed il giovane Marco Druso[83] possedevano una straordinaria austerità; Gaio Lelio, invece, molta giocondità, mentre maggiore era l'ambizione e più serio il comportamento del suo amico Scipione. Fra i Greci, poi, sappiamo che Socrate era affabile e gioviale ed un piacevole conversatore, e, in ogni discorso, maestro in quella particolare simulazione d'ignoranza che i Greci chiamano εἴρωνα[84] Viceversa, Pitagora e Pericle[85] conseguirono somma autorità, pur ostentando la massima serietà. Astuto fu (com'è noto), tra i condottieri cartaginesi Annibale, tra i nostri Quinto [Fabio] Massimo, esperti entrambi nell'arte di celare, tacere, dissimulare, tendere insidie, prevenire e sventare i piani del nemico. Per questo rispetto i Greci antepongono Temistocle e Giasone di Fere[86] a tutti gli altri, ed esaltano in particolar modo lo scaltro e ingegnoso espediente di Solone, il quale, per meglio tutelare la sua vita e per giovare maggiormente alla sua patria, si finse pazzo.

---

[80]Lucio Licinio Crasso (140 – 91 a.C.), console nel 95 e censore nel 92 a.C., fu uno dei maggiori oratori dell'epoca e Cicerone ne fece uno dei personaggi di spicco nel suo *De oratore*.

[81]Lucio Marcio Filippo, console nel 91 a.C., osteggiò i progetti del tribuno della plebe Druso, ed era celebre per le sue doti di oratore.

[82]Gaio Giulio Cesare Strabone Vopisco, edile nel 90 a.C., fu ucciso assieme al fratello Lucio, console in quello stesso 90 a.C., nel corso delle stragi mariane dell'97 a.C. Il suo più giovane e celebre parente, Caio Giulio Cesare, si ispirò a lui nelle sue prime orazioni.

[83]Marco Livio Druso (detto il Giovane per distinguerlo dall'omonimo padre, collega di Tiberio Gracco) fu tribuno della plebe nel 91 a.C., riprendendo un programma popolare di distribuzione di terre in Campania, assegnazione di grano a bisognosi a prezzi calmierati e concessione della cittadinanza romana agli Italici ma venne assassinato in quel medesimo anno, evento che fece divampare la Guerra Sociale.

[84]Letteralmente "ironia".

[85]Il notissimo capo della democrazia ateniese dal 444 al 429 a.C., anno in cui morì nel corso della pestilenza che colpì l'Attica.

[86]Giasone, tiranno di Fere e signore dell'intera Tessaglia verso il 374 a.C., morì assassinato nel 370 a.C.

[109] Sunt his alii multum dispares, simplices et aperti, qui nihil ex occulto, nihil de insidiis agendum putant, veritatis cultores, fraudis inimici, itemque alii, qui quidvis perpetiantur, cuivis deserviant, dum quod velint consequantur, ut Sullam et M. Crassum videbamus. quo in genere versutissimum et patientissimum Lacedaemonium Lysandrum accepimus, contraque Callicratidan, qui praefectus classis proximus post Lysandrum fuit. Itemque in sermonibus alium [quemque], quamvis praepotens sit, efficere, ut unus de multis esse videatur, quod in Catulo, et in patre et in filio, idemque in Q. Mucio, † Mancia vidimus. Audivi ex maioribus natu, hoc idem fuisse in P. Scipione Nasica, contraque patrem eius, illum qui Ti. Gracchi conatus perditos vindicavit, nullam comitatem habuisse sermonis, [ne Xenocratem quidem severissimum philosophorum,] ob eamque rem ipsam magnum et clarum fuisse. Innumerabiles aliae dissimilitudines sunt naturae morumque, minime tamen vituperandorum.

109. Molto diversi da costoro vi sono altri, semplici e schietti, i quali credono che non si debba compiere nulla di nascosto, nulla per inganno, amanti della verità, nemici della frode; e altri ancora vi sono, disposti a sopportare qualunque affronto e a inchinarsi a qualunque persona, pur di raggiungere il proprio intento, come vedevamo fare a Silla e a Marco Crasso. Per questo rispetto, illustre per scaltrezza e per pazienza fu – com'è noto – lo spartano Lisandro; del tutto all'opposto fu Callicratida, che succedette a Lisandro nel comando dell'armata. Parimenti, anche nelle conversazioni familiari, qualcuno, per potente che sia, non ottiene altro risultato che apparire uno dei tanti. Lo abbiamo notato nei due Catuli, padre e figlio[87], ed anche in Quinto Mucio Mancia[88]. Ho sentito dire dai nostri vecchi che Publio Scipione Nasica possedeva la stessa disinvoltura; al contrario, il padre di lui, quello che represse gli infausti tentativi di Tiberio Gracco, non aveva alcuna affabilità nel parlare; così come non la ebbe nemmeno Senocrate[89], filosofo rigidissimo, il quale, appunto per questa mancanza di affabilità, fu grande e famoso. Sussistono inoltre innumerevoli altre differenze di natura e di costumi, non però meritevoli di alcun biasimo.

---

[87]I due Quinto Lutazio Catulo, omonimi, erano infatti padre e figlio. Il primo, console nel 102 a.C., di fronte ai Cimbri optò per una ritirata, mentre invece il collega Caio Mario batteva sonoramente i Teutoni ad *Aquae Sextiae*; l'anno successivo con le loro forze riunite ebbero ragione dei Cimbri a Vercelli. Cicerone sostiene che Catulo padre fosse un buon conoscitore della letteratura greca e latina, nonché compositore di epigrammi erotici. Morì nell'87 a.C., vittima delle proscrizioni mariane. Catulo figlio (console nel 78 a.C. e censore nel 75 a.C.) tenne alcuni discorsi contro le leggi di Gabinio e di Manilio (rispettivamente nel 67 e nel 66 a.C.) che conferivano poteri straordinari a Pompeo.

[88]Personaggio altrimenti sconosciuto.

[89]Senocrate (396 – 312 a.C.) fu discepolo di Platone e di Aristotele, per poi subentrare a Speusippo nella direzione dell'Accademia.

[110] Admodum autem tenenda sunt sua cuique, non vitiosa, sed tamen propria, quo facilius, decorum illud, quod quaerimus, retineatur. Sic enim est faciendum, ut contra universam naturam nihil contendamus, ea tamen conservata propriam nostram sequamur, ut etiamsi sint alia graviora atque meliora, tamen nos studia nostra nostrae naturae regula metiamur; neque enim attinet naturae repugnare nec quicquam sequi, quod assequi non queas. ex quo magis emergit quale sit decorum illud, ideo quia nihil decet invita Minerva, ut aiunt, id est adversante et repugnante natura.

[111] Omnino si quicquam est decorum, nihil est profecto magis quam aequabilitas [cum] universae vitae, tum singularum actionum, quam conservare non possis, si aliorum naturam imitans, omittas tuam. Ut enim sermone eo debemus uti, qui innatus est nobis, ne, ut quidam, Graeca verba inculcantes iure optimo rideamur, sic in actiones omnemque vitam nullam discrepantiam conferre debemus.

[112] Atque haec differentia naturarum tantam habet vim, ut non numquam mortem sibi ipse consciscere alius debeat, alius [in eadem causa] non debeat. Num enim alia in causa M. Cato fuit, alia ceteri, qui se in Africa Caesari tradiderunt? atqui ceteris forsitan vitio datum esset, si se interemissent, propterea quod lenior eorum vita et mores fuerant faciliores; Catoni cum incredibilem tribuisset natura gravitatem, eamque ipse perpetua constantia roboravisset semperque in proposito susceptoque consilio permansisset, moriendum potius quam tyranni vultus aspiciendus fuit.

110. Ciascun uomo deve coltivare le sue qualità naturali, purché, beninteso, siano buone, non le cattive, per poter più facilmente conservare quel decoro di cui andiamo investigando. Infatti ciò avverrà se non compiremo nulla contro la natura umana in generale e, nel pieno rispetto di essa, dobbiamo seguire la nostra particolare, in modo che, anche se altri abbiano altre attitudini più serie e migliori, noi misuriamo le nostre in base alla nostra natura: non è opportuno, difatti, contrastare la propria natura od inseguire qualcosa che non si può raggiungere. Da questo appare più chiara la vera essenza del decoro, appunto perché, come suol dirsi, «nulla è lecito se fatto a dispetto di Minerva»[90], cioè, nel nostro caso, della natura.

111. Ma, se al mondo vi è una cosa decorosa fra tutte, nessuna certamente è tale più della coerenza, sia nella vita presa nel suo insieme che nelle singole azioni; noi non potremmo conservare tale coerenza, se, imitando la natura altrui, omettessimo la nostra. Come noi dobbiamo far uso di quella lingua che ci è materna, per non essere giustamente derisi, come accade a certi personaggi che vi inseriscono [a sproposito] parole greche[91], così non dobbiamo introdurre alcuna discrepanza nelle nostre azioni e nella nostra vita.

112. E questa diversità di nature ha in sé una tal forza che talvolta un uomo è costretto a darsi la morte, mentre un altro, nelle stesse condizioni, non deve. Forse che Marco Catone si trovò in condizione diversa da quella di coloro che in Africa si arresero a Cesare?[92] Eppure, mentre a costoro si sarebbe fatta una colpa se si fossero uccisi, perché la loro vita era stata meno austera e meno rigidi i loro costumi, a Catone, invece, che aveva avuto in dono da natura una straordinaria austerità, da lui rafforzata con una incessante costanza, e che era sempre rimasto inamovibile nel suo intento, il dovere impose di morire piuttosto che vedere il viso del tiranno.

---

[90]Espressione proverbiale latina, che mette in guardia dall'accingersi ad opere intellettuali senza l'appoggio della dea della sapienza, Minerva (Atena per i Greci).

[91]Lo stesso discorso potrebbe valere oggigiorno per l'inserimento selvaggio di parole inglesi nell'italiano al punto da renderlo, nei casi estremi, quasi incomprensibile e al limite del ridicolo.

[92]Marco Porcio Catone (detto l'Uticense per il suicidio consumatosi ad Utica) nacque nel 95 a.C., pronipote di Catone il Censore. Uomo austero ai limiti del fanatismo, fu tribuno della plebe nel 63 a.C., contribuendo alla condanna a morte dei catilinari con un discorso infuocato. Capo del partito aristocratico, si schierò con Pompeo nella guerra civile contro Cesare. Dopo la sconfitta dei repubblicani a Farsalo (48 a.C.), organizzò i resti dell'armata pompeiana in Africa ma, a seguito della disfatta di Tapso, si suicidò ad Utica per non dover sottostare all'umiliante perdono da parte di Cesare. Cicerone ne compose un elogio ma Cesare rispose con un libello satirico piuttosto polemico, l'*Anticatone*, giuntoci in frammenti.

[113] Quam multa passus est Ulixes in illo errore diuturno, cum et mulieribus, si Circe et Calypso mulieres appellandae sunt, inserviret et in omni sermone omnibus affabilem [et iocundum] esse se vellet! Domi vero etiam contumelias servorum ancillarumque pertulit, ut ad id aliquando, quod cupiebat, veniret. At Aiax, quo animo traditur, milies oppetere mortem quam illa perpeti maluisset. Quae contemplantes expendere oportebit, quid quisque habeat sui, eaque moderari nec velle experiri, quam se aliena deceant; id enim maxime quemque decet, quod est cuiusque maxime suum.

[114] [Suum] quisque igitur noscat ingenium acremque se et bonorum et vitiorum suorum iudicem praebeat, ne scaenici plus quam nos videantur habere prudentiae. Illi enim non optumas, sed sibi accomodatissimas fabulas eligunt; qui voce freti sunt, Epigonos Medumque, qui gestu Melanippam, Clytemestram, semper Rupilius, quem ego memini, Antiopam, non saepe Aesopus Aiacem. ergo histrio hoc videbit in scena, non videbit sapiens vir in vita? Ad quas igitur res aptissimi erimus, in iis potissimum elaborabimus. sin aliquando necessitas nos ad ea detruserit, quae nostri ingenii non erunt, omnis adhibenda erit cura, meditatio, diligentia, ut ea, si non decore, at quam minime indecore facere possimus, nec tam est enitendum, ut bona, quae nobis data non sint, sequamur, quam ut vitia fugiamus.

113. Quante tribolazioni sopportò Ulisse, in quel suo lungo e pericoloso errare, riducendosi persino a servire delle donne – se donne si possono chiamare Circe e Calipso[93] – e cercando di mostrarsi affabile e cortese con tutti in ogni suo discorso! Nella sua casa, poi, sopportò perfino le offese dei servi e delle ancelle, pur di raggiungere finalmente il suo scopo. Invece Aiace[94], con quel carattere che la tradizione gli attribuisce, mille volte avrebbe voluto affrontare la morte piuttosto che sopportare quelle umilianti ingiurie. Per queste ragioni e per questi esempi, conviene che ciascuno esamini attentamente la propria natura e la indirizzi ad un buon fine, senza voler sperimentare quanto gli si addica quella degli altri: a ciascuno, infatti, tanto più conviene il suo carattere in quanto gli è cosa propria.

114. Che ognuno, dunque, conosca bene la propria indole, facendosi giudice attento e severo delle sue virtù e dei suoi difetti, affinché non sembri che gli attori abbiano più saggezza di noi. Gli attori, infatti, scelgono non i drammi migliori, ma quelli più adatti alle loro forze: coloro che si affidano nella voce, preferiscono gli *Epigoni* e il *Medo*, coloro che confidano nella mimica, la *Melanippa e la Clitemestra*; Rupilio, lo rammento bene, recitava sempre l'*Antiopa*, mentre Esopo optava di rado per l'*Aiace*[95]. Un istrione, dunque, saprà valutare ciò che gli converrà su la scena, ed il sapiente non lo vedrà nella vita? Dedichiamoci dunque con cura a quelle cose alle quali siamo più adatti. E se talvolta la necessità, sviandoci dal nostro cammino, ci spingerà a cose non conformi alla nostra indole, sarà opportuno allora adoperare ogni cura, ogni più meditata diligenza per poterle compiere, se non proprio onorevolmente, almeno con la minore sconvenienza possibile. Non dobbiamo pertanto sforzarci di conseguire quelle doti che la natura ci ha negato, quanto piuttosto di fuggire quei difetti che essa ci ha dato.

---

[93]Circe era infatti una maga e Calipso una ninfa, quindi entrambe esseri semidivini.

[94]Intende Aiace Telamonio, eroe greco alla guerra di Troia; sconfitto con l'astuzia da Achille in una contesa per il possesso delle armi del defunto Achille, impazzì, fece strage di un gregge di pecore e, in preda alla vergogna, si tolse la vita.

[95]Gli *Epigoni* e *Clitemnestra* erano i titoli di altrettante tragedie di Accio, oggi perdute; il *Medo* e l'*Antiopa* erano opera di Pacuvio, mentre la *Melanippa* si doveva alla penna di Ennio. Rupilio era un rinomato attore vissuto ai tempi della giovinezza di Cicerone, non celebre però quanto Esopo, menzionato subito dopo, amico di Cicerone stesso.

[115] Ac duabus iis personis, quas supra dixi, tertia adiungitur, quam casus aliqui aut tempus imponit, quarta etiam, quam nobismet ipsis iudicio nostro accommodamus. nam regna, imperia, nobilitatem, honores, divitiae, opes eaque, quae sunt his contraria, in casu sita temporibus gubernantur; ipsi autem gerere quam personam velimus, a nostra voluntate proficiscitur. Itaque se alii ad philosophiam, alii ad ius civile, alii ad eloquentiam applicant, ipsarumque virtutum in alia alius mavult excellere.

[116] Quorum vero patres aut maiores aliqua gloria praestiterunt, ii student plerumque eodem in genere laudis excellere, ut Q. Mucius P. filius in iure civili, Pauli filius Africanus in re militari. quidam autem ad eas laudes quas a patribus acceperunt, addunt aliquam suam, ut hic idem Africanus eloquentia cumulavit bellicam gloriam, quod idem fecit Timotheus, Cononis filius, qui cum belli laude non inferior fuisset quam pater, ad eam laudem doctrinae et ingenii gloriam adiecit. fit autem interdum, ut nonnulli omissa imitatione maiorum suum quoddam institutum consequantur, maximeque in eo plerumque elaborant ii, qui magna sibi proponunt obscuris orti maioribus.

115. A dire la verità, a quei due caratteri di cui ho parlato più sopra, se ne aggiunge un terzo, che ci è imposto dal caso o dalle circostanze; e ancora un quarto, che noi stessi ci adattiamo a nostro arbitrio. Perché i regni, i comandi, i vari gradi di nobiltà, gli onori, le ricchezze, la potenza, così come anche i loro contrari, sono in balìa del caso e dipendono dalle circostanze; ma quella parte che noi stessi intendiamo rappresentare nella vita, è dovuta dalla nostra volontà. Ecco perché alcuni si dedicano alla filosofia, altri al diritto civile, altri all'eloquenza, e anche nel campo delle virtù morali, vi è chi preferisce primeggiare in una e chi in un'altra.

116. A dire la verità, coloro i cui padri o avi si segnalarono in qualche genere di gloria, si sforzano per lo più di eccellere in quello stesso genere, come, ad esempio, Quinto Mucio, figlio di Publio[96], nel diritto civile, e l'Africano, figlio di Paolo[97], nell'arte bellica. Alcuni, tuttavia, alle glorie ereditate dai padri, ne aggiunsero qualcuna tutta loro, come, per esempio, il medesimo Africano congiunse la gloria delle armi con quella dell'eloquenza; e lo stesso fece Timoteo, figlio di Conone[98], il quale, non inferiore al padre nella gloria militare, vi aggiunse quella della cultura e dell'ingegno. Del resto, accade talvolta che alcuni, lasciando da parte l'imitazione dei loro avi, perseguano un loro particolare scopo, e per lo più mettono in ciò ogni diligenza soprattutto quelli che, nati da una schiatta oscura, si prefiggono un ideale alto e nobile.

---

[96]Quinto Mucio Scevola (140 – 82 a.C.), detto il Pontefice per differenziarlo da Quinto Mucio Scevola l'Augure, suo cugino; fu Pontefice Massimo nel 115 a.C., questore nel 110, tribuno della plebe nel 106 a.C. ed edile, occasione in cui celebrò giochi sfarzosi fu pretore nel 98 e console nel 95, promulgando assieme al collega Lucio Licinio Crasso la Legge Licinia-Mucia, che imponeva una serie di limiti inderogabili al conseguimento della cittadinanza romana da parte egli Italici. Giurista di gran fama, fu autore di una trattazione sul diritto civile in 18 libri. Fu proconsole d'Asia nel 94 a.C., promulgando un editto che funse da base per quelli dei governatori che lo seguirono (Cicerone incluso, quando toccò a lui il governo della Cilicia), per poi essere massacrato dai mariani durante la guerra civile, nell'82 a.C. nel santuario di Vesta. In gioventù Cicerone stesso fu suo discepolo.

[97]Scipione Emilano, figlio di Emilio Paolo e poi adottato da Cornelio Scipione.

[98]Conone, ammiraglio ateniese, sconfisse gli Spartani a Cnido nel 394 a.C. e fece ricostruire le mura di Atene. Suo figlio Timoteo comandò felicemente le armate ateniesi in varie operazioni belliche di conquista, divenendo discepolo di Isocrate e morendo a Calcide nel 354 a.C.

[117] Haec igitur omnia, cum quaerimus quid deceat, complecti animo et cogitatione debemus; in primis autem constituendum est, quos nos et quales esse velimus et in quo genere vitae, quae deliberatio est omnium difficillima. Ineunte enim adulescentia, cum est maxima inbecillitas consilii, tum id sibi quisque genus aetatis degendae constituit, quod maxime adamavit. Itaque ante implicatur aliquo certo genere cursuque vivendi, quam potuit, quod optimum esset, iudicare.

[118] Nam quod Herculem Prodicus dicit, ut est apud Xenophontem, cum primum pubesceret, quod tempus a natura ad deligendum, quam quisque viam vivendi sit ingressurus, datum est, exisse in solitudinem atque ibi sedentem diu secum multumque dubitasse, cum duas cerneret vias, unam Voluptatis, alteram Virtutis, utram ingredi melius esset, hoc Herculi, «Iovis satu edito» potuit fortasse contingere, nobis non item, qui imitamur quos cuique visum est atque ad eorum studia institutaque impellimur. Plerumque autem parentium praeceptis imbuti ad eorum consuetudinem moremque deducimur; alii multitudinis iudicio feruntur, quaeque maiori parti pulcherrima videntur, ea maxime exoptant; nonnulli tamen sive felicitate quadam sive bonitate naturae sine parentium disciplina rectam vitae secuti sunt viam.

[119] Illud autem maxime rarum genus est eorum, qui aut excellenti ingenii magnitudine aut praeclara eruditione atque doctrina aut utraque re ornati spatium etiam deliberandi habuerunt, quem potissimum vitae cursum sequi vellent; in qua deliberatione ad suam cuiusque naturam consilium est omne revocandum. Nam cum in omnibus quae aguntur, ex eo, quomodo quisque natus est, ut supra dictum est, quid deceat, exquirimus, tum in tota vita constituenda multo est ei rei cura maior adhibenda, ut constare in perpetuitate vitae possimus nobismet ipsis nec in ullo officio claudicare.

117. Quando indaghiamo su cosa sia il decoro, dobbiamo tenere presenti tutte queste considerazioni ma in primo luogo dobbiamo stabilire chi e quali vogliamo essere e quale genere di vita intendiamo seguire, deliberazione quest'ultima che è la più difficile fra tutte. Perché, entrando nella giovinezza, quando più debole è la forza della ragione, ciascuno si sceglie quel modo di vivere di cui si è maggiormente incapricciato, ragion per cui si trova invischiato in una certa modalità di vita, ancora prima di aver potuto giudicare quale sia la migliore.

118. Narra Prodico[99], come si legge in Senofonte[100], che Ercole, entrato nella prima giovinezza e dovendo scegliere il cammino che ognuno doveva percorrere nel corso della vita, giunse in un luogo solitario e che quivi sedendo – si aprivano dinanzi a lui due strade, una del Piacere, l'altra della Virtù – ristette lungamente e intensamente, riflettendo fra sé quale delle due fosse meglio imboccare. Ebbene, questa consapevole e libera scelta del proprio stato poté forse toccare in sorte a un Ercole, nato dal seme di Giove, ma non può certo capitare allo stesso modo a noi, che di solito imitiamo coloro che attraggono il nostro spirito e che ci inducono a seguire ciecamente le loro inclinazioni e il loro costume di vita; la maggior parte delle volte, poi, impregnati dagli insegnamenti ricevuti dai nostri genitori, siamo dolcemente condotti ad assumere i loro costumi e le loro abitudini. Altri si lasciano trascinare dal giudizio della massa e bramano con il più ardente desiderio quelle cose che alla maggior parte degli uomini sembrano infinitamente desiderabili. Soltanto pochi, o per felicità di fortuna o per bontà di natura, seguono il retto cammino della vita, pur senza la scuola e la guida dei genitori.

119. Ma la specie più rara è quella di coloro che, dotati di un profondo e vasto ingegno, o di un' ottima cultura e dottrina, o anche dell'una e dell'altra cosa insieme, hanno pure il tempo e l'agio di scegliere liberamente quel particolare genere di vita a cui il loro genio naturale li conduce; ed appunto in questa scelta ciascuno deve scrutare e penetrare la propria natura con la più vigile attenzione. Perché, se in ogni singola azione il decoro si determina, come dicevo poc'anzi, dalla corrispondenza di essa al carattere di ciascuno, così, nell'ordinamento di tutta la vita, con tanto maggior cura bisogna ricercare tale armonia, così che possiamo, durante tutto il corso dell'esistenza, essere coerenti con noi stessi e non venir meno ad alcun dovere.

---

[99]Celeberrimo sofista, nato nell'isola di Ceo, si stabilì lungamente ad Atene, dove conobbe Socrate.
[100]Si riferisce a SENOFONTE, *Memorabili*, II, 1, 21.

[120] Ad hanc autem rationem quoniam maximam vim natura habet, fortuna proximam, utriusque omnino habenda ratio est in deligendo genere vitae, sed naturae magis; multo enim et firmior est et constantior, ut fortuna nonunquam tamquam ipsa mortalis cum immortali natura pugnare videatur. Qui igitur ad naturae suae non vitiosae genus consilium vivendi omne contulerit, is constantiam teneat (id enim maxime decet) nisi forte se intellexerit errasse in deligendo genere vitae. Quod si acciderit (potest autem accidere) facienda morum institutorumque mutatio est. Eam mutationem si tempora adiuvabunt, facilius commodiusque faciemus; sin minus, sensim erit pedetemptimque facienda, ut amicitias, quae minus delectent et minus probentur, magis decere censent sapientes sensim diluere quam repente praecidere.

[121] Commutato autem genere vitae omni ratione curandum est ut id bono consilio fecisse videamur. Sed quoniam paulo ante dictum est imitandos esse maiores, primum illud exceptum sit ne vitia sint imitanda, deinde si natura non feret, ut quaedam imitari possit (ut superioris filius Africani, qui hunc Paulo natum adoptavit, propter infirmitatem valetudinis non tam potuit patris similis esse, quam ille fuerat sui) si igitur non poterit sive causas defensitare sive populum contionibus tenere sive bella gerere, illa tamen praestare debebit, quae erunt in ipsius potestate, iustitiam, fidem, liberalitatem, modestiam, temperantiam, quo minus ab eo id, quod desit, requiratur. Optima autem hereditas a patribus traditur liberis omnique patrimonio praestantior gloria virtutis rerumque gestarum, cui dedecori esse nefas et vitium iudicandum est.

120. E poiché la regola della vita dipende dalla natura, e subito dopo viene la Fortuna, bisogna certamente tenere conto sia dell'una che dell'altra nella scelta del genere di esistenza, ma più della natura, che è molto più salda e costante, così che talvolta sembra che la Fortuna, in quanto mortale, giunga a conflitto con l'immortale natura. Chi dunque avrà conformato il proprio tenore di vita alla propria natura, purché non viziosa, resti coerente ad esso (proprio in ciò consiste il maggior decoro), tranne quando non si renda conto di avere errato nella scelta della carriera. In tal caso, che facilmente può capitare, bisogna mutare il sistema di vita. E questo cambiamento sarà tanto più facile e comodo se le circostanze aiutano, altrimenti lo si faccia a poco a poco e a passo a passo, in modo che le amicizie, che a giudizio dei saggi non ci piacciono e non ci soddisfano, sia possibile allentarle a poco a poco anziché troncarle improvvisamente.

121. Ma, dopo aver cambiato il genere di vita, bisogna in ogni modo cercare che di noi si dica: «L'ha fatto con giusta ragione». Ho detto poco prima che dobbiamo imitare i nostri antenati. Aggiungo due riserve. La prima: non dobbiamo imitarne i difetti. La seconda: può darsi che la nostra natura non ci consenta di imitarne certe virtù, come il figlio dell'Africano Maggiore, colui che adottò l'altro Africano, figlio di Paolo, non poté, per la malferma salute, imitare tanto a suo padre, quanto questi aveva a sua volta imitato il padre suo; in tal caso, chi non può, o difendere cause nel Foro, o arringare il popolo nelle assemblee, o far guerre, dovrà almeno dare prova di quelle virtù che saranno in suo potere, quali la giustizia, la lealtà, la generosità, la moderazione, la temperanza, cosicché tanto meno si esiga da lui ciò che gli difetta. Ma la migliore eredità che i padri possano trasmettere ai figli, eredità più preziosa di ogni patrimonio, è la gloria della virtù e delle belle imprese: macchiarla, è delitto ed empio.

[122] Et quoniam officia non eadem disparibus aetatibus tribuuntur aliaque sunt iuvenum, alia seniorum, aliquid etiam de hac distinctione dicendum est. Est igitur adulescentis maiores natu vereri exque iis deligere optimos et probatissimos, quorum consilio atque auctoritate nitatur; ineuntis enim aetatis inscitia senum constituenda et regenda prudentia est. Maxime autem haec aetas a libidinibus arcenda est exercendaque in labore patientiaque et animi et corporis, ut eorum et in bellicis et in civilibus officiis vigeat industria. Atque etiam cum relaxare animos et dare se iucunditati volent, caveant intemperantiam, meminerint verecundiae, quod erit facilius, si in eiusmodi quidem rebus maiores natu nolent interesse.

[123] Senibus autem labores corporis minuendi, exercitationes animi etiam augendae videntur, danda vero opera, ut et amicos et iuventutem et maxime rem publicam consilio et prudentia quam plurimum adiuvent. Nihil autem magis cavendum est senectuti quam ne languori se desidiaeque dedat; luxuria vero cum omni aetati turpis, tum senectuti foedissima est. Sin autem etiam libidinum intemperantia accessit, duplex malum est, quod et ipsa senectus dedecus concipit et facit adulescentium impudentiorem intemperantiam.

[124] Ac ne illud quidem alienum est, de magistratuum, de privatorum, [de civium], de peregrinorum officiis dicere. Est igitur proprium munus magistratus intellegere se gerere personam civitatis debereque eius dignitatem et decus sustinere, servare leges, iura discribere, ea fidei suae commissa meminisse. Privatum autem oportet aequo et pari cum civibus iure vivere neque summissum et abiectum neque se efferentem, tum in re publica ea velle, quae tranquilla et honesta sint; talem enim solemus et sentire bonum civem et dicere.

122. Dato però che le diverse età non hanno gli stessi doveri, ma alcuni sono i doveri che si addicono ai giovani, altri quelli propri dei vecchi, conviene dunque dire qualche cosa riguardo a questa distinzione. È dovere dei giovani rispettare gli anziani, scegliendo tra essi i più rinomati e stimati, per appoggiarsi al loro consiglio e alla loro autorevolezza; poiché l'inesperienza giovanile ha bisogno di essere sostenuta e guidata dalla saggezza dei vecchi. E soprattutto bisogna tenere lontani i giovani dai piaceri dei sensi, ed esercitarli nel tollerare le fatiche e le tribolazioni dell'animo e del corpo, così che possano adempiere con vigorosa operosità ai loro doveri militari e civili. Ed anche allorché vorranno rilassare lo spirito e abbandonarsi alla gioia, badino ad astenersi dall'intemperanza e si rammentino del pudore, cosa che riuscirà loro tanto più facile se non impediranno che a momenti ricreativi di tal genere possano assistere gli anziani.

123. In quanto agli anziani, essi dovranno diminuire le fatiche del corpo ed aumentare gli esercizi della mente, e dovranno impegnarsi ad aiutare gli amici, la gioventù e, soprattutto, la patria con i loro consigli e la saggezza, per quanto sia loro più possibile. D'altra parte, non c'è cosa da cui la vecchiaia debba più rifuggire che non l'abbandonarsi ad una languida inerzia; se poi la lussuria è brutta ad ogni età, nella vecchiaia è motivo di somma vergogna; se poi vi si aggiunge anche l'intemperanza nei piaceri, il male risulta duplice, perché la vecchiaia, mentre disonora se stessa, rende più sfacciata l'intemperanza dei giovani.

124. Ma non è neppure fuori luogo dire qualcosa sui doveri dei magistrati, dei privati cittadini e degli stranieri. Compito particolare del magistrato, dunque, è di comprendere che egli rappresenta lo Stato, e deve perciò sostenerne la dignità e il decoro; deve fare rispettare le leggi ed amministrare la giustizia, rammentando sempre che tutto ciò è affidato alla sua lealtà. In quanto al [cittadino] privato, conviene che egli viva in perfetta uguaglianza di diritti con i suoi concittadini, né umiliato e avvilito né prepotente e superbo; e oltre a ciò badi che nello Stato vigano ordine ed onestà: tale è colui che noi, di solito, stimiamo e definiamo un buon cittadino.

[125] Peregrini autem atque incolae officium est nihil praeter suum negotium agere, nihil de alio anquirere minimeque esse in aliena re publica curiosum. Ita fere officia reperientur, cum quaeretur quid deceat et quid aptum sit personis, temporibus, aetatibus. Nihil est autem quod tam deceat, quam in omni re gerenda consilioque capiendo servare constantiam.

[126] Sed quoniam decorum illud in omnibus factis, dictis, in corporis denique motu et statu cernitur idque positum est in tribus rebus, formositate, ordine, ornatu ad actionem apto, difficilibus ad eloquendum, sed satis erit intellegi, in his autem tribus continetur cura etiam illa, ut probemur iis, quibuscum apud quosque vivamus, his quoque de rebus pauca dicantur. Principio corporis nostri magnam natura ipsa videatur habuisse rationem, quae formam nostram reliquamque figuram, in qua esset species honesta, eam posuit in promptu, quae partes autem corporis ad naturae necessitatem datae aspectum essent deformem habiturae atque foedum, eas contexit atque abdidit.

[127] Hanc naturae tam diligentem fabricam imitata est hominum verecundia. Quae enim natura occultavit, eadem omnes, qui sana mente sunt, removent ab oculis ipsique necessitati dant operam ut quam occultissime pareant; quarumque partium corporis usus sunt necessarii, eas neque partes neque earum usus suis nominibus appellant, quodque facere turpe non est, modo occulte, id dicere obscenum est. Itaque nec actio rerum illarum aperta petulantia vacat nec orationis obscenitas.

125. È poi dovere, dello straniero, sia esso di passaggio o residente, di badare soltanto ai fatti propri, non immischiandosi negli affari degli altri e non mettendo lingua nella politica di uno Stato che non è il suo. Questi sono grosso modo i doveri che si ritrovano ricercando quale sia l'essenza del decoro in rapporto alle persone, alle circostanze e alle età. Ma il sommo grado del decoro consiste pur sempre nel mantenere la coerenza in ogni azione e in ogni decisione.

126. Ordunque, questo decoro di cui parliamo e che si manifesta in ogni azione e in ogni parola, e perfino nel muoversi e nell'atteggiamento della persona, è riposto in tre cose, difficili a spiegare bene, ma tali che basta darne un'idea: nella bellezza, nell'ordine e nell'eleganza adatta all'azione. E in queste tre cose è compreso anche il segreto di piacere a coloro con i quali o presso i quali viviamo. Ebbene, anche di queste cose converrà discutere brevemente. Innanzitutto è chiaro che la natura mise una grande cura nel plasmare il nostro corpo: mise in evidenza il volto e tutte quelle parti che sono decorose a vedersi, mentre celò e nascose quelle che, destinate alle necessità naturali, avrebbero avuto un aspetto brutto e vergognoso.

127. Il pudore dell'uomo imitò questa così diligente costruzione della natura. Quelle parti che la natura nascose, tutti gli uomini sani di mente le sottraggono alla vista, cercando di soddisfare le necessità naturali nel modo più occulto possibile; e quanto a quelle parti del corpo che servono a certe necessarie funzioni, noi non chiamiamo col loro nome né quelle parti né le funzioni loro: in generale, ciò che non è brutto a farsi, purché si faccia in segreto, è osceno a dirsi. Pertanto, se il fare quelle cose apertamente è indizio di spudoratezza, non è certo indizio di pudore il parlarne senza ritegno.

[128] Nec vero audiendi sunt Cynici aut se qui fuerunt Stoici paene cynici qui reprehendunt et irrident, quod ea, quae turpia non sint, verbis flagitiosa ducamus, illa autem, quae turpia sunt, nominibus appellemus suis. Latrocinari, fraudare, adulterare re turpe est, sed dicitur non obscene; liberis dare operam re honestum est, nomine obscenum; pluraque in eam sententiam ab eisdem contra verecundiam disputantur. Nos autem naturam sequamur et ab omni, quod abhorret ab oculorum auriumque approbatione fugiamus; status, incessus, sessio, accubitio, vultus, oculi, manuum motus teneat illud decorum.

[129] Quibus in rebus duo maxime sunt fugienda, ne quid effeminatum aut molle et ne quid durum aut rusticum sit. Nec vero histrionibus oratoribusque concedendum est, ut is haec apta sint, nobis dissoluta. Scaenicorum quidem mos tantam habet vetere disciplina verecundiam, ut in scaenam sine subligaculo prodeat nemo; verentur enim, ne, si quo casu evenerit, ut corporis partes quaedam aperiantur, aspiciantur non decore. Nostro quidem more cum parentibus puberes filii, cum soceris generi non lavantur. Retinenda igitur est huius generis verecundia, praesertim natura ipsa magistra et duce.

[130] Cum autem pulchritudinis duo genera sint, quorum in altero venustas sit, in altero dignitas, venustatem muliebrem ducere debemus, dignitatem virilem. Ergo et a forma removeatur omnis viro non dignus ornatus, et huic simile vitium in gestu motuque caveatur. Nam et palaestrici motus sunt saepe odiosiores et histrionum nonnulli gestus ineptiis non vacant, et in utroque genere quae sunt recta et simplicia laudantur. Formae autem dignitas coloris bonitate tuenda est, color exercitationibus corporis. Adhibenda praeterea munditia est non odiosa neque exquisita nimis, tantum quae fugiat agrestem et inhumanam neglegentiam. Eadem ratio est habenda vestitus, in quo, sicut in plerisque rebus, mediocritas optima est.

128. E in verità non bisogna dare credito ai Cinici, o a quegli Stoici che furono quasi Cinici, i quali ci riprendono e ci deridono perché giudichiamo vergognose solo a nominarle certe cose che in realtà non sono vergognose, mentre chiamiamo con i loro nomi altre cose che in realtà sono veramente spregevoli. Per esempio, il rubare, il frodare, il falsificare, sono cose realmente spregevoli, ma si possono nominare senza scadere nell'osceno; invece il dare alla luce dei figli, cosa in sé onesta, è osceno chiamarla con il suo nome; e parecchi altri argomenti adducono gli stessi filosofi in appoggio a tale opinione contro il così detto pregiudizio del pudore. No, noi dobbiamo prendere per guida la natura ed evitare tutto ciò che può offendere le orecchie: lo stare in piedi e il camminare, il modo di stare a tavola, il volto, lo sguardo, il gesto conservino il più dignitoso decoro.

129. In queste cose dobbiamo soprattutto stare attenti a due difetti, ovvero dall'ostentare una mollezza effeminata oppure una villania scontrosa. A dire il vero non si deve ammettere che queste norme, obbligatorie per gli istrioni e per gli oratori, siano a noi indifferenti. Certo, il costume degli attori comporta, per antica austerità morale, un così delicato pudore che nessuno osa presentarsi sulla scena senza biancheria intima per timore che, se per qualche incidente, certe parti del corpo si scoprano, e la loro vista non offenda il decoro. E così, secondo il nostro costume, i figli grandi non fanno il bagno assieme al padre, né il genero con il suocero. Bisogna, dunque, osservare la pudicizia anche in queste circostanze, tanto più che la natura stessa ne è maestra e guida.

130. Esistono due specie di bellezza: l'una ha in sé la grazia, l'altra la dignità. Dobbiamo pertanto apprezzare la grazia come propria della donna e la dignità come propria dell'uomo. Si tenga dunque lontano dalla nostra persona ogni ornamento indegno dell'uomo; ci si astenga da un simile difetto anche nei gesto e nei movimenti. Difatti, come certe movenze degli atleti sono sovente piuttosto affettate, così alcuni gesti di attori peccano di eccessivo manierismo; sia nell'uno che nell'altro caso si lodano invece la semplicità e la naturalezza. La nobiltà del sembiante si manterrà con la freschezza del colorito, e quest'ultimo grazie agli esercizi fisici. Si ami inoltre la pulizia, non ostentata né ricercata, ma sufficiente per evitare una rude ed inurbana trasandatezza. Dobbiamo avere la stessa cura anche nel vestire; in questo come nella maggior parte delle cose, la via di mezzo è la migliore.

[131] Cavendum autem est, ne aut tarditatibus utamur [in] ingressu mollioribus, ut pomparum ferculis similes esse videamur, aut in festinationibus suscipiamus nimias celeritates, quae cum fiunt, anhelitus moventur, vultus mutantur, ora torquentur; ex quibus magna significatio fit non adesse constantiam. Sed multo etiam magis elaborandum est, ne animi motus a natura recedant, quod assequemur, si cavebimus ne in perturbationes atque exanimationes incidamus et si attentos animos ad decoris conservationem tenebimus.

[132] Motus autem animorum duplices sunt; alteri cogitationis, alteri appetitus. Cogitatio in vero exquirendo maxime versatur, appetitus impellit ad agendum. Curandum est igitur, ut cogitatione ad res quam optimas utamur, appetitum rationi oboedientem praebeamus. Et quoniam magna vis orationis est eaque duplex, altera contentionis, altera sermonis, contentio disceptationibus tribuatur iudiciorum, contionum, senatus, sermo in circulis, disputationibus, congressionibus familiarium versetur, sequatur etiam convivia. Contentionis praecepta rhetorum sunt, nulla sermonis, quamquam haud scio an possint haec quoque esse. Sed discentium studiis inveniuntur magistri, huic autem qui studeant sunt nulli, rhetorum turba referta omnia; quamquam, quae verborum sententiarumque praecepta sunt, eadem ad sermonem pertinebunt.

131. Persino nel camminare ci vuole una certa misura: quando si è in cammino, non si deve mantenere un passo troppo lento e languido, come chi va in processione, e quando si ha fretta, non si vada di corsa, affinché il respiro non diventi affannoso, il volto si alteri e la bocca si storca, tutti segni evidenti che non c'è in noi una fermezza di carattere. Ma molto di più ancora dobbiamo badare che i moti dell'animo non discordino dalla natura, il che ci sarà possibile, se ci asterremo dal cadere in turbamento e smarrimento, e se terremo l'animo sempre vigile ed attento a mantenere il decoro.

132. I moti dell'animo, poi, sono di due specie: quelli del pensiero e quelli del sentimento; il pensiero ha per fine supremo la ricerca della verità; il sentimento ci spinge all'azione. Dobbiamo perciò tentare di rivolgere il pensiero al conseguimento dei più alti e nobili ideali, e di rendere docile il sentimento al controllo della ragione. Il discorso riveste una grande importanza, ed è distinto in due tipi: quello della trattazione oratoria e quello della conversazione familiare. Il discorso oratorio sia riservato alle discussioni che si fanno nei tribunali e nelle assemblee del popolo o del Senato; il discorso familiare si usi nei circoli, nelle dispute, nei conciliaboli fra amici ed entri anche nei conviti. Per quanto riguarda l'oratorio, esistono i precetti dei retori, per il familiare non vi è alcun precetto; ritengo, tuttavia, che se ne possano dare anche per questo. In realtà è la passione dei discepoli che crea e moltiplica i maestri; a questo discorrere familiare nessuno presta attenzione, tutto il mondo si assiepa intorno ai retori. Non esistono però dei precetti intorno alle parole e ai pensieri? Ebbene, che questi precetti si estendano anche al parlare familiare.

[133] Sed cum orationis indicem vocem habeamus, in voce autem duo sequamur, ut clara sit, ut suavis, utrumque omnino a natura petundum est, verum alterum exercitatio augebit, alterum imitatio presse loquentium et leniter. Nihil fuit in Catulis, ut eos exquisito iudicio putares uti litterarum, quamquam erant litterati; sed et alii; hi autem optime uti lingua Latina putabantur. Sonus erat dulcis, litterae neque expressae, neque oppressae, ne aut obscurum esset aut putidum, sine contentione vox nec languens nec canora. Uberior oratio L. Crassi nec minus faceta, sed bene loquendi de Catulis opinio non minor. Sale vero et facetiis Caesar, Catuli patris frater, vicit omnes, ut in illo ipso forensi genere dicendi contentiones aliorum sermone vinceret. In omnibus igitur his elaborandum est, si in omni re quid deceat exquirimus.

[134] Sit ergo hic sermo, in quo Socratici maxime excellunt, lenis minimeque pertinax, insit in eo lepos. Nec vero, tamquam in possessionem suam venerit, excludat alios, sed cum reliquis in rebus tum in sermone communi vicissitudinem non iniquam putet. Ac videat in primis, quibus de rebus loquatur, si seriis, severitatem adhibeat, si iocosis leporem. In primisque provideat, ne sermo vitium aliquod indicet inesse in moribus; quod maxime tum solet evenire, cum studiose de absentibus detrahendi causa aut per ridiculum aut severe, maledice contumelioseque dicitur.

133. Ma dato che, come strumento del discorso, possediamo la voce, nella voce stessa dobbiamo ricercare due qualità: la chiarezza e la dolcezza. L'una e l'altra dote la si deve richiedere dalla natura; ma l'una si accrescerà con l'esercizio e l'altra con l'imitazione di coloro che parlano con pronuncia precisa e pacata. Non c'era nulla nei Catuli che li facesse giudicare dotati di uno squisito gusto letterario; erano colti, sì, ma come tanti altri; eppure essi avevano fama di parlare magnificamente il latino: il tono della loro voce era dolce; le sillabe non erano né strascicate né soffocate, così che non c'era neppure un'ombra né di affettazione, né di oscurità; la voce usciva dalla loro bocca senza sforzo, né languida né cantilenante. Più ricco, e non meno piacevole, era il discorrere di Lucio Crasso[101] ma non minore fama di ottimi parlatori ebbero i Catuli. Nelle arguzie e nelle facezie, poi, Cesare, fratello di Catulo padre, superò tutti, così che perfino nella eloquenza forense egli, col suo discorrere familiare, aveva la meglio sul solenne parlare degli altri. In tutte queste cose noi dobbiamo porre attenzione, se vogliamo conseguire in tutto e per tutto il decoro.

134. Sia dunque il linguaggio questo familiare, in cui si segnalano soprattutto i Socratici[102], placido e mite, e non petulante; abbia in sé la grazia, e non escluda gli altri tipi di discorso, come se questo fosse il padrone assoluto del campo; anzi, come in ogni altra cosa, così specialmente nel conversare comune è giusto l'avvicendarsi degli interlocutori. È cosa opportuna che chi parli rifletta dapprima sui temi di cui deve discorrere: se questi sono seri, si adoperi un linguaggio austero; se scherzosi, la spiritosaggine. E prima di ogni cosa, badi che il suo discorrere non tradisca mai qualche suo intimo difetto morale, come solitamente capita quando, a bella posta e a scopo di diffamazione, si fa della maldicenza offensiva a spese di persone assenti, o con aria scherzosa, o con cipiglio severo.

---

[101] Lucio Licinio Crasso, uno dei maggiori oratori antecedenti a Cicerone, era nato nel 140 a.C., fu console nel 95 a.C. e censore nel 92 a.C., morendo l'anno successivo. Il Nostro ne fece uno dei principali personaggi del dialogo *De oratore*.

[102] Ovvero gli autori che avevano riportato le conversazioni filosofiche di Socrate, in special modo Platone e Senofonte.

[135] Habentur autem plerumque sermones aut de domesticis negotiis aut de re publica aut de artium studiis atque doctrina. Danda igitur opera est, ut, etiamsi aberrare ad alia coeperit, ad haec revocetur oratio, sed utcumque aderunt; neque enim isdem de rebus nec omni tempore nec similiter delectamur. Animadvertendum est etiam, quatenus sermo delectationem habeat, et ut incipiendi ratio fuerit, ita sit desinendi modus.

[136] Sed quomodo in omni vita rectissime praecipitur, ut perturbationes fugiamus, id est motus animi nimios rationi non obtemperantes, sic eiusmodi motibus sermo debet vacare, ne aut ira existat aut cupiditas aliqua aut pigritia aut ignavia aut tale aliquid appareat, maximeque curandum est, ut eos, quibuscum sermonem conferemus, et vereri et diligere videamur. Obiurgationes etiam nonnumquam incidunt necessariae, in quibus utendum est fortasse et vocis contentione maiore et verborum gravitate acriore, id agendum etiam, ut ea facere videamur irati. Sed ut ad urendum et secandum, sic ad hoc genus castigandi raro invitique veniemus, nec unquam nisi necessario, si nulla reperietur alia medicina, sed tamen ira procul absit, cum qua nihil recte fieri, nihil considerate potest.

[137] Magnam autem partem clementi castigatione licet uti, gravitate tamen adiuncta, ut et severitas adhibeatur et contumelia repellatur, atque etiam illud ipsum, quod acerbitatis habet obiurgatio, significandum est ipsius id causa, qui obiurgetur, esse susceptum. Rectum est autem etiam in illis contentionibus, quae cum inimicissimis fiunt, etiam si nobis indigna audiamus, tamen gravitatem retinere, iracundiam pellere; quae enim cum aliqua perturbatione fiunt, ea nec constanter fieri possunt neque is, qui adsunt, probari. Deforme etiam est de se ipsum praedicare, falsa praesertim, et cum inrisione audientium imitari militem gloriosum.

135. Offrono per lo più materia al conversare familiare gli affari privati, la politica, l'arte, la scienza. Se il discorso inizia a scivolare verso altri argomenti, si cerchi di ricondurlo al tema principale, ma sempre in accordo con il gusto dei presenti: poiché noi non ci compiacciamo né in ogni momento né in modo uguale delle medesime cose. È necessario porre attenzione fino a che punto il discorso riesca piacevole ed interessante e, così come c'è stata una buona ragione per cominciarlo, così si trovi una bella maniera per terminarlo.

136. Un giusto e sapiente precetto vuole che noi, in ogni momento della vita, evitiamo i turbamenti dell'animo, cioè quei moti incomposti che si oppongono alla ragione. Ebbene, anche il discorso familiare dev'essere assolutamente libero da tali moti, perché non non si manifesti collera né alcun'altra passione, e perché non ne traspaia né fiacchezza né viltà di cuore né altro simile difetto. Soprattutto dobbiamo cercare di mostrare apertamente il nostro rispetto e il nostro affetto per quelli assieme ai quali conversiamo. Talvolta sono necessari anche i rimproveri, e nel farli bisogna forse adoperare una intensità di voce maggiore ed una più aspra gravità di parole; bisogna perfino atteggiarsi in modo da sembrare adirati. Ma, come i medici solo nei casi estremi ricorrono al ferro e al fuoco, così noi ricorreremo a questa specie di rimproveri, solo di rado e a malincuore, e non mai se non per necessità, quando, cioè, non si trovi nessun altro rimedio; ma anche allora stia lungi da noi l'ira, con la quale non si può far nulla né di giusto né di assennato.

137. Nella maggior parte dei casi è sufficiente fare un dolce rimprovero, non disgiunto da una certa sostenutezza, di modo che si adoperi la severità senza scendere fino all'insulto. Ed anche quel tanto di amaro che il rimprovero comporta, bisogna far comprendere che lo abbiamo adoperato per amore di colui che si rimprovera. E anche in quei contrasti, che sorgono tra noi e i nostri più fieri nemici, se pure ci capiti di udire cose indegne di noi, dobbiamo mantenere tuttavia una dignitosa compostezza, soffocando lo sdegno. Tutto ciò che si fa trascinati dall'impeto d'una passione, non può né rispettare la coerenza né ottenere lode dai presenti. Una bruttissima cosa è anche il vantare i propri meriti, soprattutto se non veri, ed imitare il soldato millantatore[103], provocando le risa di chi ci ascolta.

---

[103] Si riferisce a Pirgopolinice, il protagonista della commedia di Plauto, il *Miles gloriosus*.

[138] Et quoniam omnia persequimur, volumus quidem certe, dicendum est etiam, qualem hominis honorati et principis domum placeat esse, cuius finis est usus, ad quem accommodanda est aedificandi descriptio et tamen adhibenda commoditatis dignitatisque diligentia. Cn. Octavio, qui primus ex illa familia consul factus est, honori fuisse accepimus, quod praeclaram aedificasset in Palatio et plenam dignitatis domum, quae cum vulgo viseretur, suffragata domino, novo homini, ad consulatum putabatur. Hanc Scaurus demolitus accessionem adiunxit aedibus. Itaque ille in suam domum consulatum primus attulit, hic, summi et clarissimi viri filius, in domum multiplicatam non repulsam solum rettulit, sed ignominiam etiam et calamitatem.

[139] Ornanda enim est dignitas domo, non ex domo tota quaerenda, nec domo dominus, sed domino domus honestanda est, et, ut in ceteris habenda ratio non sua solum, sed etiam aliorum, sic in domo clari hominis, in quam et hospites multi recipiendi et admittenda hominum cuiusque modi multitudo, adhibenda cura est laxitatis. Aliter ampla domus dedecori saepe domino fit, si est in ea solitudo, et maxime, si aliquando alio domino solita est frequentari. Odiosum est enim, cum a praetereuntibus dicitur: «O domus antiqua, heu quam dispari dominare domino» quod quidem his temporibus in multis licet dicere.

138. Io desidero, o almeno desidererei, trattare compiutamente di ogni cosa; conviene perciò dire anche quale dev'essere, a mio parere, la casa di un uomo che gli onori e i meriti hanno posto in alto. Scopo principale della casa è l'utilità pratica; e appunto a questa deve conformarsi la struttura generale dell'edificio; bisogna tuttavia tener conto a un tempo della comodità e della dignità. A Gneo Ottavio[104], che, primo della sua famiglia, fu eletto console, tornò, com'è noto, a grande onore l'avere edificato sul Palatino una bellissima e dignitosissima casa; e poiché tutti andavano a vederla, si credeva che quella avesse aiutato il suo padrone, uomo nuovo, ad arrivare al consolato. Scauro[105] la demolì per farne un'appendice al suo palazzo. Fu così che, mentre quello portò per primo nella sua casa il consolato, questi, figlio di un grande e illustre personaggio, riportò nella sua casa più volte ingrandita non solo la sconfitta elettorale, ma anche il disonore e la disgrazia[106].

139. E giustamente, poiché la dignità della persona deve trovare nella casa il suo ornamento, non deve però ricercare in essa la sua prima ed ultima ragione di essere. Non la casa deve conferire decoro al padrone, bensì il padrone alla casa. E come in tutte le cose si deve tener conto non solo di sé, ma anche degli altri, così trattandosi della casa di un personaggio illustre, nella quale bisogna ricevere molti ospiti e ammettere molta gente d'ogni sorta, si procuri che essa abbia una giusta ampiezza; altrimenti, una casa troppo vasta, se rimane vuota e deserta, risulta indecorosa per il padrone, tanto più se, in altro tempo e con altro padrone, era di solito molto frequentata. Fa pena sentire dire dai passanti: «O casa antica, in che razza di mani cadesti!»[107], cosa che in questi tempi si può dire a proposito di molti.

---

[104] Gneo Ottavio trionfò in veste di pretore e di prefetto della flotta su Perseo, ultimo re di Macedonia, nel 168 a.C. Nel 165 a.C. fu console, venendo asassinato nel 162 a.C. durante un'ambasceria a Laodicea.

[105] Marco Emilio Scauro, figlio dell'omonimo *princeps Senatus* citato da Cicerone al capitolo 76 di questa stessa opera, venne eletto pretore per poi candidarsi al consolato nel 54 a.C. Accusato una prima volta di concussione, fu difeso da Cicerone ma, due anni dopo, imputato nuovamente, fu mandato in esilio.

[106] Tutti consideravano il palazzo di Scauro scandaloso per la sua ostentata opulenza.

[107] ANONIMO, *Tragedia Incerta*, 184 Ribbeck².

[140] Cavendum autem est, praesertim si ipse aedifices, ne extra modum sumptu et magnificentia prodeas, quo in genere multum mali etiam in exemplo est. Studiose enim plerique praesertim in hanc partem facta principum imitantur, ut L. Luculli, summi viri, virtutem quis? at quam multi villarum magnificentiam imitati! Quarum quidem certe est adhibendus modus ad mediocritatemque revocandus. Eademque mediocritas ad omnem usum cultumque vitae transferenda est. Sed haec hactenus.

[141] In omni autem actione suscipienda tria sunt tenenda, primum ut appetitus rationi pareat, quo nihil est ad officia conservanda accommodatius, deinde ut animadvertatur, quanta illa res sit, quam efficere velimus, ut neve maior neve minor cura et opera suscipiatur, quam causa postulet. Tertium est, ut caveamus, ut ea, quae pertinent ad liberalem speciem et dignitatem, moderata sint. Modus autem est optimus decus ipsum tenere, de quo ante diximus, nec progredi longius. Horum tamen trium praestantissimum est appetitum obtemperare rationi.

[142] Deinceps de ordine rerum et de opportunitate temporum dicendum est. Haec autem scientia continentur ea, quam Graeci *eutaxin* nominant, non hanc, quam interpretamur modestiam, quo in verbo modus inest, sed illa est *eutaxia*, in qua intellegitur ordinis conservatio. Itaque, ut eandem nos modestiam appellemus, sic definitur a Stoicis, ut modestia sit scientia rerum earum, quae agentur aut dicentur, loco suo collocandarum. Ita videtur eadem vis ordinis et collocationis fore; nam et ordinem sic definiunt, compositionem rerum aptis et accommodatis locis. Locum autem actionis opportunitatem temporis esse dicunt; tempus autem actionis opportunum Graece *eukairia*, Latine appellatur occasio. Sic fit, ut modestia haec, quam ita interpretamur, ut dixi, scientia sit opportunitatis idoneorum ad agendum temporum.

140. E bisogna guardarsi, specialmente se uno si edifica per sé la sua casa, dall'eccedere nella spesa e nella magnificenza: in questo campo il cattivo esempio è contagioso e pernicioso. I più, infatti, specialmente a questo riguardo, si sforzano di imitare gli atti esteriori dei grandi. Chi, ad esempio, imitò l'intima virtù del grande Lucio Lucullo? [108] Quanti, invece, non imitarono la magnificenza delle sue ville! Ma almeno in fatto di ville si osservi la modestia, e ci si attenga alla giusta misura; e la giusta misura, la si applichi anche a tutti i bisogni e a tutti i comodi della vita. Ma intorno ciò si è detto abbastanza.

141. Nell'intraprendere un'azione, qualunque sia, bisogna osservare costantemente tre norme: prima, che il sentimento obbedisca alla ragione (e questo è il miglior modo per adempiere i nostri doveri); poi, che si determini esattamente l'importanza della cosa che si vuole effettuare, per non assumersi cura e fatica maggiore o minore di quel che la cosa richiede; infine, procurare che tutto ciò che riguarda l'aspetto e la dignità di un uomo libero, non oltrepassi la giusta misura. E misura perfetta è mantenere rigorosamente quel decoro, del quale ho parlato innanzi, senza spingersi troppo oltre. Di queste tre norme, peraltro, la più importante è che il sentimento obbedisca alla ragione.

142. Ora dobbiamo parlare dell'ordine, in cui si devono disporre, e del tempo, in cui si devono compiere, le nostre azioni. Questi due concetti sono compresi in quella facoltà che i Greci chiamano εὐταξία (cioè *buon ordine);* non già quella che noi rendiamo con la voce *moderazione* (parola in cui è inclusa la nozione di *modo,* nel senso di *misura),* ma quella *eutaxia,* che significa *osservanza dell'ordine.* Del resto, a chiamarla anche col nome di *moderazione,* ce ne danno pieno diritto gli Stoici, i quali la definiscono come la facoltà di collocare nel loro giusto luogo tutte quelle cose che si devono fare o dire. Appare così chiaramente che i due termini *ordine* e *collocazione* sono equivalenti. In verità, gli Stoici definiscono e deducono questi concetti così: *l'ordine è* l'arte di collocare e disporre le cose nel *luogo* e più adatto; ma il *luogo* dell'azione non è *che l'opportunità* del tempo; e il tempo opportuno per l'azione è quello che i Greci chiamano εὐκαιρία e che noi chiamiamo *occasione.* Ne segue che questa *moderazione,* interpretata così come ho detto, è l'arte di conoscere e di scegliere il tempo opportuno per ogni nostra azione.

---

[108] Lucio Licinio Lucullo, vincitore di Mitridate e console nel 74 a.C.

[143] Sed potest eadem esse prudentiae definitio, de qua principio diximus, hoc autem loco de moderatione et temperantia et harum similibus virtutibus quaerimus. Itaque quae erant prudentiae propria suo loco dicta sunt; quae autem harum virtutum, de quibus iam diu loquimur, quae pertinent ad verecundiam et ad eorum approbationem, quibuscum vivimus, nunc dicenda sunt.

[144] Talis est igitur ordo actionum adhibendus, ut, quemadmodum in oratione constanti, sic in vita omnia sint apta inter se et convenientia; turpe enim valdeque vitiosum in re severa convivio digna aut delicatum aliquem inferre sermonem. Bene Pericles, cum haberet collegam in praetura Sophoclem poetam iique de communi officio convenissent et casu formosus puer praeteriret dixissetque Sophocles: «O puerum pulchrum, Pericle!». «At enim praetorem, Sophocle, decet non solum manus sed etiam oculos abstinentes habere». Atqui hoc idem Sophocles si in athletarum probatione dixisset, iusta reprehensione caruisset. Tanta vis est et loci et temporis. Ut si qui, cum causam sit acturus, in itinere aut in ambulatione secum ipse meditetur, aut si quid aliud attentius cogitet, non reprehendatur, at hoc idem si in convivio faciat, inhumanus videatur inscitia temporis.

143. Ma la stessa definizione si può assegnare anche a quella prudenza di cui abbiamo parlato inizialmente, mentre qui, in questo punto, si va ad esaminare la moderazione, la temperanza e altre virtù simili. Perciò, se i caratteri e le proprietà della prudenza sono stati descritti a suo luogo, ora dobbiamo descrivere i caratteri e le proprietà di queste virtù delle quali già da tempo discorriamo e che hanno attinenza con la verecondia e che tendono ad ottenere l'approvazione di quelle persone con assieme a cui viviamo.

144. Dobbiamo dunque imporre alle nostre azioni un ordine tale che per esso, come in un discorso composto in modo armonioso, così nella nostra vita tutte le azioni e tutte le parole siano in pieno e perfetto accordo tra di loro. È una cosa assai turpe e molto sconveniente introdurre in un argomento serio motti e lazzi degni di un banchetto, o peggio ancora, qualche discorso frivolo ed osceno. Su tale argomento rispose bene Pericle: egli aveva per collega nel comando dell'esercito il poeta Sofocle[109]. Un giorno si riunirono a convegno i due uomini per cose inerenti il loro comune ufficio. Essendo passato per caso dinanzi a loro un bellissimo giovinetto, Sofocle esclamò: «Oh, che bel ragazzo, Pericle!». Al che l'altro [ribatté]: «No, no, Sofocle; un comandante deve saper tenere a freno non solo le mani, ma anche gli occhi». Eppure, se Sofocle avesse detto quelle stesse parole durante una rassegna di atleti, non avrebbe meritato nessun rimprovero. Tanta è l'importanza del luogo e del tempo. Così, se uno, dovendo trattare una causa, vi si preparasse in viaggio o a passeggio, o se si sprofondasse in qualche altra meditazione, non sarebbe biasimato; ma se facesse la medesima cosa nel corso di un convito, passerebbe da maleducato, non avendo il senso dell'opportunità.

---

[109] È il noto tragediografo Sofocle (496 – 405 a.C., che per l'occasione fu nominato tra gli strateghi che conducevano la guerra contro l'isola di Samo, sotto il comando supremo di Pericle).

[145] Sed ea, quae multum ab humanitate discrepant, ut si qui in foro cantet aut si qua est alia magna perversitas, facile apparet nec magnopere admonitionem et praecepta desiderat; quae autem parva videntur esse delicta neque a multis intellegi possunt, ab iis est diligentius declinandum. Ut in fidibus aut tibiis quamvis paulum discrepent, tamen id a sciente animadverti solet, sic videndum est in vita ne forte quid discrepet, vel multo etiam magis, quo maior et melior actionum quam sonorum concentus est.

[146] Itaque ut in fidibus musicorum aures vel minima sentiunt, sic nos, si acres ac diligentes iudices esse volumus animadversores[que] vitiorum, magna saepe intellegemus ex parvis. Ex oculorum optutu, superciliorum aut remissione aut contractione, ex maestitia, ex hilaritate, ex risu, ex locutione, ex reticentia, ex contentione vocis, ex summissione, ex ceteris similibus facile iudicabimus, quid eorum apte fiat, quid ab officio naturaque discrepet. Quo in genere non est incommodum, quale quidque eorum sit, ex aliis iudicare, ut, si quid dedeceat in illis, vitemus ipsi; fit enim nescio quomodo ut magis in aliis cernamus, quam in nobismet ipsis, si quid delinquitur. Itaque facillume corriguntur in discendo, quorum vitia imitantur emendandi causa magistri.

[147] Nec vero alienum est ad ea deligenda, quae dubitationem afferunt, adhibere doctos homines vel etiam usu peritos et, quid iis de quoque officii genere placeat exquirere. Maior enim pars eo fere deferri solet, quo a natura ipsa deducitur. In quibus videndum est, non modo quid quisque loquatur, sed etiam quid quisque sentiat atque etiam de qua causa quisque sentiat. Ut enim pictores et ii qui signa fabricantur et vero etiam poetae suum quisque opus a vulgo considerari vult, ut si quid reprehensum sit a pluribus, id corrigatur, iique et secum et ab aliis, quid in eo peccatum sit exquirunt, sic aliorum iudicio permulta nobis et facienda et non facienda et mutanda et corrigenda sunt.

145. Tuttavia quegli atti che discordano molto dalla buona educazione
– come, ad esempio, se uno si mettesse a cantare in piazza, o
commettesse qualche altra grave stravaganza – saltano subito agli occhi,
e non hanno gran bisogno di ammonimenti e di precetti; dobbiamo
invece guardarci con maggior cura da quelle sconvenienze che
appaiono di piccola entità e sono percepite da pochi. Come nel suono
delle cetre o dei flauti, anche la più piccola stonatura è di solito avvertita
dal buon intenditore, allo stesso modo dobbiamo fare sì che nella nostra
vita non vi sia mai alcuna incongruenza, anzi tanto più ne abbiamo il
dovere quanto l'accordo delle azioni è più importante e più bello che
non quello dei suoni.

146. E così, come nel suono della cetra, le orecchie dei musicisti
avvertono anche le più lievi stonature, anche noi, se vogliamo essere
acuti e diligenti osservatori dei vizi umani, saremo in grado di rilevare
grandi difetti da piccoli indizi. Dallo sguardo degli occhi, da un
distendere o aggrottare le sopracciglia, dalla tristezza, dall'allegria, dal
sorriso, dal parlare, dal tacere, da un alzare o abbassare il tono di voce,
da questi e da altri simili atteggiamenti, ci sarà facile giudicare quale di
essi si accordi e quale invece discordi dal dovere e dalla natura. Per
questo rispetto, è molto utile osservare negli altri il particolar valore di
ciascuno di quei gesti, cosicché possiamo evitare ciò che è sconveniente:
è vero, purtroppo, che, se c'è qualche mancanza o difetto, noi lo
scorgiamo in modo più acuto negli altri che in noi stessi. Ecco perché
si correggono tanto più facilmente quegli scolari, i cui maestri ne
imitano i difetti, allo scopo di correggerli.

147. E non sarà inopportuno, per fare una buona scelta tra casi dubbiosi,
ricorrere al consiglio di persone istruite, o anche solo esperte della vita,
cercando di conoscere il loro giudizio su ogni particolare dovere. La
maggior parte degli uomini, infatti, ha per guida il suo istinto naturale.
In tutti costoro, dunque, giova osservare non soltanto le parole, bensì
pure i sentimenti di ciascuno, e, di questi sentimenti, le ragioni
specifiche. Proprio come i pittori e gli scultori, e in verità anche i poeti,
sottopongono ciascuno la propria l'opera al giudizio del pubblico, allo
scopo di correggere quei tratti in cui concordano le critiche di molti,
riservandosi di esaminare poi tra sé e con altri in che consista ciò che
non garba ai più, così vi sono moltissime cose che noi dobbiamo fare o
non fare, e anche mutare o correggere secondo il giudizio degli altri.

[148] Quae vero more agentur institutisque civilibus, de his nihil est praecipiendum; illa enim ipsa praecepta sunt, nec quemquam hoc errore duci oportet, ut siquid Socrates aut Aristippus contra morem consuetudinemque civilem fecerint locutive sint, idem sibi arbitretur licere; magnis illi et divinis bonis hanc licentiam assequebantur. Cynicorum vero ratio tota est eicienda; est enim inimica verecundiae, sine qua nihil rectum esse potest, nihil honestum.

[149] Eos autem, quorum vita perspecta in rebus honestis atque magnis est, bene de re publica sentientes ac bene meritos aut merentes sic ut aliquo honore aut imperio affectos observare et colere debemus, tribuere etiam multum senectuti, cedere iis, qui magistratum habebunt, habere dilectum civis et peregrini in ipsoque peregrino privatimne an publice venerit. Ad summam, ne agam de singulis, totius generis hominum conciliationem et consociationem colere, tueri, servare debemus.

148. Non è necessario dare alcun precetto per quelle condotte che si conformano ai costumi e alle usanze cìvili, perché quei costumi e quelle usanze valgono già di per sé come precetti; e nessuno deve cadere nell'errore di credere che, se Socrate o Aristippo[110], con l'azione o con la parola, si misero talvolta contro i costumi e le usanze cittadine, la stessa possibilità sia concessa a lui: essi ottenevano questa libertà per rispetto delle loro grandi ed eccelse virtù. Il sistema di vita dei Cinici[111], però, è da respingere totalmente: esso è nemico del ritegno, senza il quale non sussiste né rettitudine né onestà.

149. Quelli, poi, la cui esistenza si è distinta per oneste e grandi azioni, quelli che sono mossi da un vero amore per la patria, e hanno acquisito e acquisiscono tuttora benemerenze, tutti costoro noi li dobbiamo rispettare e riverire non meno che se fossero investiti di qualche carica militare o civile. Dobbiamo anche rendere omaggio alla vecchiaia, mostrare deferenza nei confronti dei magistrati, distinguere fra cittadino e forestiero e, nel forestiero stesso, guardare se sia giunto come privato oppure in veste ufficiale. In una parola, per non entrare in troppi particolari, noi dobbiamo rispettare, difendere e sostenere tutto ciò che promuove e aiuta la fratellanza e l'armonia di tutto il genere umano.

---

[110]Aristippo di Cirene, discepolo di Socrate, fondatore della scuola cirenaica (inizio del IV sec. a.C.), secondo cui il bene supremo risiedeva nel piacere. In conformità ai suoi precetti, si abbandonò a stravaganze che lo resero celebre.

[111] La scuola cinica fu fondata alla fine del V sec. a.C. dal filosofo Antistene di Atene, che teneva le sue lezioni nel ginnasio chiamato "Cinosarge" (da cui il nome della sua scuola). I cinici sostenevano la necessità del ritorno alla natura, che li portava a disprezzare ogni legge e convenzione sociale.

[150] Iam de artificiis et quaestibus, qui liberales habendi, qui sordidi sint, haec fere accepimus. Primum improbantur ii quaestus, qui in odia hominum incurrunt, ut portitorum, ut feneratorum. Illiberales autem et sordidi quaestus mercennariorum omnium, quorum operae, non quorum artes emuntur; est enim in illis ipsa merces auctoramentum servitutis. Sordidi etiam putandi, qui mercantur a mercatoribus, quod statim vendant; nihil enim proficiant, nisi admodum mentiantur; nec vero est quicquam turpius vanitate. Opificesque omnes in sordida arte versantur; nec enim quicquam ingenuum habere potest officina. Minimeque artes eae probandae, quae ministrae sunt voluptatum: «Cetarii, lanii, coqui, fartores, piscatores», ut ait Terentius; adde huc, si placet, unguentarios, saltatores, totumque ludum talarium.

[151] Quibus autem artibus aut prudentia maior inest aut non mediocris utilitas quaeritur ut medicina, ut architectura, ut doctrina rerum honestarum, eae sunt iis, quorum ordini conveniunt, honestae. Mercatura autem, si tenuis est, sordida putanda est; sin magna et copiosa, multa undique apportans multisque sine vanitate inpertiens, non est admodum vituperanda; atque etiam si satiata quaestu vel contenta potius, ut saepe ex alto in portum, ex ipso se portu in agros possessionesque contulit, videtur iure optimo posse laudari. Omnium autem rerum, ex quibus aliquid adquiritur, nihil est agri cultura melius, nihil uberius, nihil dulcius, nihil homine libero dignius. De qua quoniam in Catone Maiore satis multa diximus, illim assumes quae ad hunc locum pertinebunt.

150. Parliamo, infine, delle professioni e dei guadagni. Quali di essi sono da reputarsi nobili e quali ignobili? Ecco, all'incirca, quanto la tradizione ci insegna. Anzitutto, si disapprovano quei guadagni che suscitano l'odio della gente, come quelli degli esattori e degli usurai. Ignobili e abbietti, poi, sono i guadagni di tutti quei mercenari che vendono, non l'opera della mente, ma il lavoro del braccio: in essi la mercede è per se stessa il prezzo della loro servitù. Abbietti sono da reputarsi anche coloro che acquistano dai grossi mercanti cose da rivendere subito al minuto: costoro non farebbero alcun guadagno se non dicessero tante bugie; e il mentire è la più grande vergogna del mondo. Tutti gli artigiani, inoltre, esercitano un mestiere volgare: non c'è ombra di nobiltà in una bottega. Ancora più in basso sono quei mestieri che servono al piacere: «Pescivendoli, macellai, cuochi, salsicciai, pescatori», per dirla con Terenzio[112]; aggiungi pure, se non ti dispiace, i profumieri, i ballerini e tutta la combriccola dei mimi e delle mime.

151. Tutte quelle professioni, invece, che richiedono maggiore intelligenza e che procurano inestimabile profitto, come la medicina, l'architettura e l'insegnamento delle arti liberali, sono professioni onorevoli per coloro al cui ceto si addicono. Quanto al commercio, se è in piccolo, è da considerarsi degradante; ma se è in grande, poiché con esso si importano da ogni parte molte merci e sono distribuite a molti senza frode, non è poi tanto da biasimarsi. Anzi, se il mercante, sazio o, per dir meglio, contento dei suoi guadagni, come spesso dall'alto mare si trasferisce nel porto, così ora dal porto si ritira nei suoi possedimenti in campagna, merita evidentemente ogni lode. Ma fra tutte le occupazioni, da cui si può trarre qualche profitto, la più nobile, la più feconda, la più dilettevole, la più degna di un vero uomo e di un libero cittadino è l'agricoltura. Di essa ho parlato abbastanza nel mio *Catone Maggiore*[113], e tu potrai apprendere da quel libro ciò che riguarda quest'argomento.

---

[112] TERENZIO, *L'eunuco*, v. 257.

[113] Riferimento al lungo elogio dell'agricoltura che Cicerone aveva posto nel suo dialogo *Cato Maior de senectute*, del 44 a.C.

[152] Sed ab iis partibus, quae sunt honestatis, quem ad modum officia ducerentur, satis eitum videtur. Eorum autem ipsorum, quae honesta sunt, potest incidere saepe contentio et comparatio, de duobus honestis utrum honestius, qui locus a Panaetio est praetermissus. Nam cum omnis honestas manet a partibus quattuor, quarum una sit cognitionis, altera communitatis, tertia magnanimitatis, quarta moderationis, haec in deligendo officio saepe inter se comparentur necesse est.

[153] Placet igitur aptiora esse naturae ea officia, quae ex communitate, quam ea, quae ex cognitione ducantur, idque hoc argumento confirmari potest, quod, si contigerit ea vita sapienti, ut omnium rerum affluentibus copiis [quamvis] omnia, quae cognitione digna sint, summo otio secum ipse consideret et contempletur, tamen si solitudo tanta sit, ut hominem videre non possit, excedat e vita. Princepsque omnium virtutum illa sapientia, quam *sophian* Graeci vocant – prudentiam enim, quam Graeci *phronesin* dicunt, aliam quandam intellegimus, quae est rerum expetendarum fugiendarumque scientia; illa autem sapientia, quam principem dixi, rerum est divinarum et humanarum scientia, in qua continetur deorum et hominum communitas et societas inter ipsos; ea si maxima est, ut est, certe necesse est, quod a communitate ducatur officium, id esse maximum. Etenim cognitio contemplatioque [naturae] manca quodam modo atque inchoata sit, si nulla actio rerum consequatur. Ea autem actio in hominum commodis tuendis maxime cernitur; pertinet igitur ad societatem generis humani; ergo haec cognitioni anteponenda est.

152. Mi pare di avere spiegato a sufficienza in che modo i doveri derivino da quelle virtù che costituiscono ciò che è l'onesto. Ma può spesso accadere che, anche quelle azioni che sono oneste vengano in conflitto o a confronto tra di loro: di due azioni oneste, qual è la più onesta? Questione che Panezio tralasciò completamente. In verità, poiché l'onestà nasce interamente da quattro fonti, delle quali la prima consiste nell'amore del sapere, la seconda nel sentimento dell'umana fratellanza, la terza nella fortezza, la quarta nella temperanza, ne viene di necessità che queste virtù, nella scelta del dovere, vengano spesso a confronto tra di loro.

153. Ora appunto io credo che siano più conformi alla natura quei doveri che derivano dal sentimento della socialità che non quelli che derivano dalla sapienza; e lo si può comprovare con quest'argomento, che, se il sapiente avesse in sorte una vita tale che, affluendogli in grande abbondanza ogni bene, potesse meditare e contemplare tra sé in santa pace le più alte e nobili verità, tuttavia, se la solitudine fosse così grande da non vedere mai il volto di un altro essere umano, finirebbe con il rinunciare alla vita. Poi, quella sapienza, signora di tutte le virtù, che i Greci chiamano σοφία[114] da non confondersi con la *prudenza*, che i Greci chiamano φρόνησις e che io definirei la conoscenza di ciò che si deve cercare o fuggire); quella sapienza, dunque, che ho chiamato signora, altro non è che la scienza delle cose divine e umane e in sé comprende gli scambievoli rapporti tra gli dèi e gli uomini e le relazioni degli uomini tra di loro. Ora, se questa virtù è, com'è senza dubbio, la maggiore fra tutte, ne viene di necessità che il dovere, che deriva dalla convivenza umana, è fra tutti il maggiore. Ed invero la conoscenza e la contemplazione dell'universo è, in certo qual modo, manchevole e imperfetta se nessuna azione pratica la segue. Ma l'azione pratica si esplica soprattutto nella difesa dei beni comuni a tutti gli uomini; riguarda, dunque, la convivenza del genere umano. L'azione, pertanto, è da anteporre alla scienza.

---

[114] "Sapienza".

[154] Atque id optimus quisque re ipsa ostendit et iudicat. Quis enim est tam cupidus in perspicienda cognoscendaque rerum natura, ut, si ei tractanti contemplantique res cognitione dignissimas subito sit allatum periculum discrimenque patriae, cui subvenire opitularique possit, non illa omnia relinquat atque abiciat, etiamsi dinumerare se stellas aut metiri mundi magnitudinem posse arbitretur? atque hoc idem in parentis, in amici re aut periculo fecerit.

[155] Quibus rebus intellegitur, studiis officiisque scientiae praeponenda esse officia iustitiae, quae pertinent ad hominum utilitatem, qua nihil homini esse debet antiquius. Atque illi ipsi, quorum studia vitaque omnis in rerum cognitione versata est, tamen ab augendis hominum utilitatibus et commodis non recesserunt. Nam et erudierunt multos, quo meliores cives utilioresque rebus suis publicis essent, ut Thebanum Epaminondam Lysis Pythagoreus, Syracosium Dionem Plato multique multos, nosque ipsi, quicquid ad rem publicam attulimus, si modo aliquid attulimus, a doctoribus atque doctrina instructi ad eam et ornati accessimus.

[156] Neque solum vivi atque praesentes studiosos discendi erudiunt atque docent, sed hoc idem etiam post mortem monumentis litterarum assequuntur. Nec enim locus ullus est praetermissus ab iis, qui ad leges, qui ad mores, qui ad disciplinam rei publicae pertineret, ut otium suum ad nostrum negotium contulisse videantur. Ita illi ipsi doctrinae studiis et sapientiae dediti ad hominum utilitatem suam intelligentiam prudentiamque potissimum conferunt; ob eamque etiam causam eloqui copiose, modo prudenter, melius est quam vel acutissime sine eloquentia cogitare, quod cogitatio in se ipsa vertitur, eloquentia complectitur eos, quibuscum communitate iuncti sumus.

154. E per l'appunto gli uomini migliori lo dimostrano con il giudizio e attraverso i fatti. Chi è così appassionato per lo studio e per la conoscenza dell'universo, che se, mentre è tutto intento a contemplare altissime verità, gli giunge improvvisamente la notizia che è in estremo pericolo la sua patria, alla quale egli può arrecare un pronto e valido soccorso, non abbandoni all'istante ogni cosa, anche se si riprometta di poter contare le stelle ad una ad una o misurare la grandezza del mondo? E altrettanto farebbe se si trovasse nel bisogno o nel pericolo il padre o l'amico.

155. Da tutto ciò si comprende che agli studi e ai doveri della scienza si devono anteporre i doveri della giustizia, i quali hanno per fine la fratellanza umana, che deve essere il supremo ideale dell'uomo. Dirò di più: perfino coloro che dedicarono tutti i loro studi e tutta la loro vita al sapere, non rinunciarono però a promuovere la prosperità e la felicità degli esseri umani. A dire il vero, essi educarono molti a essere migliori cittadini e più utili alla loro patria, come appunto fece il pitagorico Liside[115] col tebano Epaminonda; come fece Platone col siracusano Dione[116] così molti altri con molti altri; e anch'io, quel po' di bene che ho fatto alla mia patria, se pure ne ho fatto, lo si deve all'essere io entrato nella vita pubblica ammaestrato dai filosofi[117] e ben dotato di dottrina.

156. E questi uomini, non solo finché sono vivi e presenti, istruiscono ed ammaestrano gli spiriti avidi di sapere, ma anche dopo morti ottengono il medesimo effetto con le loro immortali scritture. Essi non tralasciarono alcun argomento che riguardasse le leggi, la morale, il buon governo dello Stato, così che può dirsi che dedicarono i loro studi privati al bene della nostra vita pubblica. Così anche quei sapienti, consacratisi agli studi scientifici e filosofici, recano principalmente al bene comune il contributo del loro ingegno e della loro saggezza. E per la stessa ragione, anche l'eloquenza, a patto che sia illuminata dal pensiero, vale più di una speculazione quanto mai acuta, ma incapace di esprimersi; perché la speculazione si chiude in se stessa, mentre l'eloquenza abbraccia tutti coloro che sono uniti e resi fratelli da un legame comune.

---

[115] Il filosofo pitagorico Liside, di Taranto, esercitò una forte influenza sul condottiero tebano Epaminonda.

[116] Dione, parente di Dionigi I, tiranno di Siracusa, entrò in contrasto con il despota e fu cacciato dall'isola (o, secondo alcuni, venduto come schiavo).

[117] Cicerone ebbe, fra i suoi maestri, i filosofi Antioco di Ascalona, Posidonio di Apamea e Filone di Larissa, nonché il retore Molone di Rodi.

[157] Atque ut apium examina non fingendorum favorum causa congregantur, sed cum congregabilia natura sint, fingunt favos, sic homines, ac multo etiam magis, natura congregati adhibent agendi cogitandique sollertiam. Itaque, nisi ea virtus, quae constat ex hominibus tuendis, id est ex societate generis humani, attingat cognitionem rerum, solivaga cognitio et ieiuna videatur, itemque magnitudo animi remota communitate coniunctioneque humana feritas sit quaedam et immanitas. Ita fit, ut vincat cognitionis studium consociatio hominum atque communitas.

[158] Nec verum est quod dicitur a quibusdam propter necessitatem vitae, quod ea, quae natura desideraret, consequi sine aliis atque efficere non possemus, idcirco initam esse cum hominibus communitatem et societatem; quodsi omnia nobis, quae ad victum cultumque pertinent, quasi virgula divina, ut aiunt, suppeditarentur, tum optimo quisque ingenio negotiis omnibus omissis totum se in cognitione et scientia collocaret. Non est ita. Nam et solitudinem fugeret et socium studii quaereret, tum docere, tum discere vellet, tum audire, tum dicere. Ergo omne officium, quod ad coniunctionem hominum et ad societatem tuendam valet, anteponendum est illi officio, quod cognitione et scientia continetur.

[159] Illud forsitan quaerendum sit, num haec communitas, quae maxime est apta naturae ea sit etiam moderationi modestiaeque semper anteponenda. non placet; sunt enim quaedam partim ita foeda, partim ita flagitiosa, ut ea ne conservandae quidem patriae causa sapiens facturus sit. Ea Posidonius collegit permulta, sed ita taetra quaedam, ita obscena, ut dictu quoque videantur turpia. Haec igitur non suscipiet rei publicae causa, ne res publica quidem pro se suscipi volet. Sed hoc commodius se res habet, quod non potest accidere tempus, ut intersit rei publicae quicquam illorum facere sapientem.

157. Anzi, così come le api non si raccolgono in sciami per costruire favi, ma costruiscono favi perché sono naturalmente socievoli, così, e tanto più, gli uomini, appunto perché uniti in società per naturale istinto, mettono in comune la loro capacità di operare e di pensare. Perciò, se quella virtù che consiste nella tutela degli uomini, cioè nell'alleanza del genere umano, non informasse la conoscenza, la conoscenza sembrerebbe una cosa solitaria e squallida; e così la fortezza, separata dalla fratellanza umana, non sarebbe altro che crudeltà e ferocia.

158. Dunque avviene che il sentimento della fratellanza umana sia superiore all'amore del sapere. E non è vero quel che dicono certi filosofi: «La società umana ha avuto origine dalle necessità della vita, perché noi, senza l'aiuto degli altri, non potremmo né ottenere né provvedere quel che la natura richiede. E se, come suol dirsi, una bacchetta magica ci procurasse tutte quelle cose che servono ai bisogni e agli agi della vita, ogni uomo di più felice ingegno lascerebbe da parte ogni altro affare per dedicarsi tutto alla speculazione e alla scienza». Ma no, non è così: costui fuggirebbe la solitudine e si cercherebbe un compagno di studi; vorrebbe insegnare e imparare, vorrebbe ascoltare e parlare. Ogni dovere, dunque, che valga a preservare la società e la fratellanza degli uomini si deve anteporre a quel dovere che è inerente all'attività del pensiero.

159. Ora, ci si potrebbe domandare: questo sentimento di fratellanza, che più d'ogni altro è conforme alla natura umana, è anche da anteporsi sempre alla moderazione e alla temperanza? Io rispondo di no. Ci sono certe azioni così infami, così criminose che un uomo saggio non si sognerebbe mai di commettere neppure per salvare la propria patria. Posidonio[118] ne raccolse moltissimi esempi, ma alcuni così sconci, così osceni che appaiono turpi anche solo a dirsi. Di questi, dunque, l'uomo saggio non si aggraverà la coscienza neppure per amore della patria; e del resto nemmeno la patria vorrà che qualcuno si disonori per amor suo. Ma, per fortuna, la cosa è tanto più agevole in quanto è del tutto improbabile che l'interesse dello Stato esiga un tale sacrificio dal sapiente.

---

[118] Posidonio di Apamea, filosofo, etnografo e storico, nato verso il 135 a.C. e discepolo di Panezio ad Atene. Impose in seguito allo Stoicismo una svolta mistica e religiosa, stabilendo una propria scuola a Rodi, dove lo stesso Cicerone seguì le sue lezioni e divenne amico di Pompeo Magno.

[160] Quare hoc quidem effectum sit, in officiis deligendis id genus officiorum excellere, quod teneatur hominum societate. [Etenim cognitionem prudentiamque sequetur considerata actio; ita fit, ut agere considerate pluris sit quam cogitare prudenter]. Atque haec quidem hactenus. Patefactus enim locus est ipse, ut non difficile sit in exquirendo officio quid cuique sit praeponendum videre. In ipsa autem communitate sunt gradus officiorum, ex quibus quid cuique praestet intellegi possit, ut prima diis immortalibus, secunda patriae, tertia parentibus, deinceps gradatim reliquis debeantur.

[161] Quibus ex rebus breviter disputatis intellegi potest non solum id homines solere dubitare, honestumne an turpe sit, sed etiam duobus propositis honestis utrum honestius sit. Hic locus a Panaetio est, ut supra dixi, praetermissus. Sed iam ad reliqua pergamus.

160. Resti dunque ben stabilito il seguente principio: nella scelta dei doveri, prevalga quella specie di doveri che è connaturato con la società umana. E sarà razionale quell'azione che seguirà conoscenza e saggezza; solo così avverrà che l'agire con riflessione valga più del pensiero accorto. Ma su ciò tanto basti. Il punto essenziale è chiarito, sì che non è difficile, indagando la legge morale, vedere la gerarchia dei doveri. Ma anche nell'ambito della convivenza umana vi è una gradualità di doveri, dalla quale si può comprendere la loro rispettiva preminenza. Così, i primi doveri sono verso gli dèi immortali, i secondi verso la patria, i terzi verso i genitori, e gli altri, gradatamente verso gli altri.

161. Da questa breve discussione, si deduce come gli uomini ordinariamente si pongano non soltanto il problema se un'azione sia onesta o disonesta, ma anche, quale delle due sia più onesta, una volta messi di fronte a due azioni oneste. Questione che, come ho detto in precedenza, fu trascurata da Panezio Ma oramai è tempo di passare ad altri argomenti.

Libro Secondo

[1] Quemadmodum officia ducerentur ab honestate, Marce fili, atque ab omni genere virtutis, satis explicatum arbitror libro superiore. Sequitur ut haec officiorum genera persequar, quae pertinent ad vitae cultum et ad earum rerum, quibus utuntur homines, facultatem, ad opes, ad copias [; in quo tum quaeri dixi, quid utile, quid inutile, tum ex utilibus quid utilius aut quid maxime utile]. De quibus dicere adgrediar, si pauca prius de instituto ac de iudicio meo dixero.

[2] Quamquam enim libri nostri complures non modo ad legendi, sed etiam ad scribendi studium excitaverunt, tamen interdum vereor ne quibusdam bonis viris philosophiae nomen sit invisum mirenturque in ea tantum me operae et temporis ponere. Ego autem quam diu res publica per eos gerebatur, quibus se ipsa commiserat, omnes meas curas cogitationesque in eam conferebam. Cum autem dominatu unius omnia tenerentur neque esset usquam consilio aut auctoritati locus, socios denique tuendae rei publicae summos viros amisissem, nec me angoribus dedidi, quibus essem confectus, nisi iis restitissem, nec rursum indignis homine docto voluptatibus.

[3] Atque utinam res publica stetisset quo coeperat statu nec in homines non tam commutandarum quam evertendarum rerum cupidos incidisset! Primum enim, ut stante re publica facere solebamus, in agendo plus quam in scribendo operae poneremus, deinde ipsis scriptis non ea, quae nunc, sed actiones nostras mandaremus, ut saepe fecimus. Cum autem res publica, in qua omnis mea cura, cogitatio, opera poni solebat, nulla esset omnino, illae scilicet litterae conticuerunt forenses et senatoriae.

1. In qual modo i doveri derivino dall'onesto, o Marco figlio mio, e da ogni genere di virtù, penso di averlo abbastanza spiegato nel libro precedente. Ne consegue la trattazione di questi generi di doveri che riguardano il tenor di vita e il possesso di quei mezzi di cui si servono gli uomini, la potenza e le richezze; [a tal riguardo allora ho detto che ci si chiede che cosa è utile e cosa inutile, e tra due cose utili quale sia la più utile o cosa sia massimamente utile] . Inizierò a trattare di tali argomenti; dopo aver detto poche cose sulle mie intenzioni e sul mio criterio.

2. Benché, infatti, i miei libri abbiano stimolato parecchi non solo a leggerli ma anche a scrivere, tuttavia temo talora che ad alcuni uomini dabbene il nome di filosofia sia odioso e si meraviglino che io dedichi ad essa tanta applicazione e tanto tempo. In verità io, per tutto il tempo in cui lo Stato era governato da coloro ai quali da se stesso si era affidato, gli dedicavo ogni mia preoccupazione e pensiero; ma quando tutto il potere fu accentrato nelle mani di un solo uomo e non essendovi più posto per il consiglio e per l'autorità, avendo perso infine quanti erano stati miei colleghi nel proteggere la repubblica, tutti ottimi uomini, io non mi abbandonai al dolore, che mi avrebbe travolto, se non avessi resistito, ma d'altra parte non mi diedi ai piaceri, che sono indegni di un uomo dotto.

3. Ah, se fosse rimasta in piedi la repubblica nello stato in cui aveva incominciato ad essere e non si fosse imbattuta in uomini desiderosi non tanto di mutare la situazione quanto di sovvertìrla! In primo luogo mì sarei dedicato più all'azione - come solevo fare quando vigeva ancora la repubblica - che non allo scrivere, e poi avrei affidato agli scritti stessi non queste osservazioni, ma le nostre azioni - come spesso ha fatto. Ma quando finì di esistere lo Stato, nel quale solevo riporre ogni mia cura, pensiero c attività, tacque anche quella mia forense e senatoria.

[4] Nihil agere autem cum animus non posset, in his studiis ab initio versatus aetatis existimavi honestissime molestias posse deponi, si me ad philosophiam retulissem Cui cum multum adulescens discendi causa temporis tribuissem posteaquam honoribus inservire coepi meque totum rei publicae tradidi, tantum erat philosophiae loci, quantum superfuerat amicorum et rei publicae tempori. Id autem omne consumebatur in legendo, scribendi otium non erat.

[5] Maximis igitur in malis hoc tamen boni assecuti videmur, ut ea litteris mandaremus, quae nec erant satis nota nostris et erant cognitione dignissima. Quid enim est, per deos, optabilius sapientia, quid praestantius, quid homini melius, quid homine dignius? Hanc igitur qui expetunt, philosophi nominantur, nec quicquam aliud est philosophia, si interpretari velis, praeter studium sapientiae. Sapientia autem est, ut a veteribus philosophis definitum est, rerum divinarum et humanarum causarumque, quibus eae res continentur, scientia, cuius studium qui vituperat haud sane intellego quidnam sit quod laudandum putet.

[6] Nam sive oblectatio quaeritur animi requiesque curarum, quae conferri cum eorum studiis potest, qui semper aliquid anquirunt, quod spectet et valeat ad bene beateque vivendum? sive ratio constantiae virtutisque ducitur, aut haec ars est aut nulla omnino, per quam eas assequamur. Nullam dicere maximarum rerum artem esse, cum minimarum sine arte nulla sit, hominum est parum considerate loquentium atque in maximis rebus errantium. Si autem est aliqua disciplina virtutis, ubi ea quaeretur, cum ab hoc discendi genere discesseris. Sed haec cum ad philosophiam cohortamur, accuratius disputari solent, quod alio quodam libro fecimus. Hoc autem tempore tantum nobis declarandum fuit, cur orbati rei publicae muneribus, ad hoc nos studium potissimum contulissemus.

4. Ma poiché il mio spirito non poteva rímanere inattivo ho ritenuto, poìché sono stato versato in questi studi sia dalla fanciullezza, che avrei potuto alleviare nel modo più onorevole il mio affanno se mi fossi rivolto alla filosofia. Da giovane le avevo dedicato molto tempo per imparare, ma quando incominciai a dedicarmi alla carriera politica e mi diedi tutto alla cura dello Stato, per la filosofia non c'era altro tempo se non quanto avanzava dagli amici e dallo Stato; e questo lo trascorrevo tutto leggendo, e non ne avevo un po' libero per scrivere.

5. Dunque in queste sciagure così gravi, questo bene almeno mi sembra di aver conseguito, di affidare agli scritti quelle teorie filosofiche che non erano abbastanza note ai nostri concittadiní ed erano assai degne di conoscenza. Che cosa c'è infatti - per gli dèi - di più desiderabile della saggezza, che cosa di più nobile e di più adatto all'uomo, che cosa di più degno di lui? Dunque coloro che la ricercano sono chiamati filosofi, e la filosofìa altro non è, se tu vuoi attenerti al significato etimologico, che amore della sapienza; ma la sapienza è - secondo la definizione degli antichi filosofi - la scienza del divino e dell'umano e dei nessi causali che li regolano; e se qualcuno biasima lo studio di tale scienza, invero non riesco a comprendere quale sia cosa quella che egli possa stimare degna di lode.

6. E se si ricerca il diletto dell'animo e la tranquillità degli affanni, quale diletto e qua le tranquillìtà si possono paragonare con la co stante applicazione di coloro che ricercano sempre qualche cosa che riguardi e valga per vivere bene e felicemente? Se si ricerca la norma della coerenza e della virtù, o è questa l'arte filosofica per mezzo della quale poterle perseguire o non ve ne è affatto alcuna. Il sostenere che non esista alcuna scienza dei massimi problemi, mentre dei minimi non ve ne è alcuno senza la sua specifica regola, è considerazione degna di uomini chc parlano senza riflettere e che sbagliano proprio sui massimi problemi. Se esiste una disciplina della virtù, dove la ricercheremmo, qualora ci allontanassimo da questo genere di studi? Ma queste tesi di solito sono più accuratamente dibattute, quando esortiamo alla filosofia; ciò che abbiamo fatto in un altro libro. Ma a questo punto volevo soltanto dichiarare, perchè privato delle cariche dello Stato mi fossi rivolto soprattutto a questo studio.

[7] Occuritur autem nobis, et quidem a doctis et eruditis quaerentibus, satisne constanter facere videamur, qui, cum percipi nihil posse dicamus, tamen et aliis de rebus disserere soleamus et hoc ipso tempore praecepta officii persequamur. Quibus vellem satis cognita esset nostra sententia. Non enim sumus ii, quorum vagetur animus errore nec habeat umquam quid sequatur. Quae enim esset ista mens vel quae vita potius, non modo disputandi, sed etiam vivendi ratione sublata? Nos autem, ut ceteri alia certa, alia incerta esse dicunt, sic ab his dissentientes alia probabilia, contra alia dicimus.

[8] Quid est igitur, quod me impediat ea, quae probabilia mihi videantur, sequi, quae contra improbare atque adfirmandi arrogantiam vitantem fugere temeritatem, quae a sapientia dissidet plurimum? Contra autem omnia disputantur a nostris, quod hoc ipsum probabile elucere non possit, nisi ex utraque parte causarum esset facta contentio. Sed haec explanata sunt in Academicis nostris satis, ut arbitror, diligenter. Tibi autem, mi Cicero, quamquam in antiquissima nobilissimaque philosophia Cratippo auctore versaris iis simillimo, qui ista praeclara pepererunt, tamen haec nostra, finituma vestris, ignota esse nolui. Sed iam ad instituta pergamus.

[9] Quinque igitur rationibus propositis officii persequendi, quarum duae ad decus honestatemque pertinerent, duae ad commoda vitae, copias, opes, facultates, quinta ad eligendi iudicium, si quando ea, quae dixi, pugnare inter se viderentur, honestatis pars confecta est, quam quidem tibi cupio esse notissimam. Hoc autem de quo nunc agimus, id ipsum est, quod utile appellatur. In quo verbo lapsa consuetudo deflexit de via sensimque eo deducta est, ut honestatem ab utilitate secernens constitueret esse honestum aliquid, quod utile non esset, et utile, quod non honestum, qua nulla pernicies maior hominum vitae potuit afferri.

7. Mi si obietta invero, e la richiesta è da parte di uomini dotti e eruditi, se mi sembra di agire con sufficiente coerenza, in quanto io, pur affermando che niente può esser conosciuto con certezza, tuttavia sono solito discutere intorno ad altre tesi, e proprio nello stesso momento miro a trattare i precetti del dovere. Vorrei che costoro conoscessero bene il mio pensiero. Io non sono tale che il mio animo se ne vada vagando nell'incertezza e non abbia mai una norma da seguire. Quale sarebbe codesto intelletto o piuttosto quale la nostra vita, se si eliminasse ogni regola non solo di discussione, ma anche di vita? Io, per parte mia, come alcuni sostengono esservi alcune cose certe ed altre incerte, esprimendo un'opinione diversa da questi, dico che alcune cose sono probabili, altre improbabili.

8. Quale ragione mi potrebbe impedire di seguire quelle cose che mi paiono probabili e rigettare ciò che mi sembra improbabile, e, coll'evitare le affermazioni assolute, fuggire quella presunzione che è la più lontana dalla vera sapienza? Invece la nostra scuola pone in discussione tutto, perché questo stesso probabile non potrebbe esser palese se non si facesse un confronto delle ragioni dall'una e dall'altra parte. Ma questi criteri di metodo sono stati abbastanza diligentemente chiariti, come credo, nei miei *Accademici*. E invero, o mio Cicerone, benché tu, sotto la guida di Cratippo, dal pensiero assai affine a coloro che elaborarono queste teorie famose, ti stia dedicando a questa filosofia che è una delle più antiche e nobili, tuttavia non voglio che questa mia dottrina così vicina alla tua ti sia sconosciuta. Ma proseguiamo nel nostro proposito.

9. Sono cinque, dunque, i principi f issati per la ricerca del dovere, dei quali due riguardano il conveniente e l'onesto, due i beni della vita, le ricchezze, il potere, le risorse, il quinto il criterio di scelta, nel caso in cui quelle norme sopra menzionate sembrino contrastare tra di loro; la parte riguardante l'onestà è terminata; proprio essa desidero che ti sia notissima. Il tema del quale ora trattiamo è quello stesso che si chiama utile; per questo termine l'uso comune, scivolando, deviò dalla retta via e a poco a poco giunse a tal punto che, dividendo nettamente l'onesto dall'utile, definì onesto ciò che non era utile e utile ciò non era onesto; nessun danno maggiore di questo poteva mai essere apportato alla vita umana.

[10] Summa quidem auctoritate philosophi severe sane atque honeste haec tria genera confusa cogitatione distinguunt: quicquid enim iustum sit, id etiam utile esse censent, itemque quod honestum, idem iustum, ex quo efficitur, ut, quicquid honestum sit, idem sit utile. Quod qui parum perspiciunt, ii saepe versutos homines et callidos admirantes, malitiam sapientiam iudicant. Quorum error eripiendus est opinioque omnis ad eam spem traducenda, ut honestis consiliis iustisque factis, non fraude et malitia se intellegant ea, quae velint, consequi posse.

[11] Quae ergo ad vitam hominum tuendam pertinent, partim sunt inanima, ut aurum, argentum, ut ea, quae gignuntur e terra, ut alia generis eiusdem, partim animalia, quae habent suos impetus et rerum appetitus. Eorum autem rationis expertia sunt, alia ratione utentia. Expertes rationis equi, boves, reliquae pecudes, apes, quarum opere efficitur aliquid ad usum hominum atque vitam. Ratione autem utentium duo genera ponunt, deorum unum, alterum hominum. Deos placatos pietas efficiet et sanctitas; proxime autem et secundum deos homines hominibus maxime utiles esse possunt.

[12] Earumque item rerum, quae noceant et obsint, eadem divisio est. Sed quia deos nocere non putant, iis exceptis homines hominibus obesse plurimum arbitrantur. Ea enim ipsa, quae inanima diximus, pleraque sunt hominum operis effecta, quae nec haberemus, nisi manus et ars accessisset, nec iis sine hominum administratione uteremur. Neque enim valitudinis curatio neque navigatio, neque agricultura neque frugum fructuumque reliquorum perceptio et conservatio sine hominum opera ulla esse potuisset.

10. Certo i filosofi, con la loro grandissima autorità, distinguono in astratto, con rigore ed onestà, queste tre categorie confuse (nella realtà): qualsiasi cosa, difatti, sia giusta, pensano che sia anche utile, e allo stesso modo ciò che è onesto anche giusto; da ciò si deduce che qualsiasi cosa sia onesta è anche utile. Coloro che comprendono poco le distinzioni filosofiche, grandi ammiratori degli uomini astuti e furbi, giudicano la furberia come sapienza. L'errore di costoro deve essere estirpato ed ogni opinione si deve rivolgere alla speranza di far loro comprendere che essi possono conseguire ciò che vogliono, con intenti onesti e con azioni giuste, non con l'inganno e la malizia.

11. Le cose che riguardano la conservazione della vita umana sono in parte inanimate, come l'oro, l'argento, i prodotti della terra ed altre del medesimo genere, in parte sono animate, ed hanno i propri istinti e appetiti. Tra queste, parte è priva di ragione, parte, invece, ne è for nita. Privi di ragione sono i cavalli. i buoi, gli altri animali domestici, le api, il cui lavoro produce alcuni vantaggi per l'uomo e la sua vita. Due sono le classi di coloro che sono forniti di ragione, una è quella degli dèi, l'al tra è quella degli uomini. Il sentimento di pietà e di reverenza ci renderà propizi gli dèi; ma dopo i numi e seguendo subito dopo di essi gli uomini, possono essere soprattutto utili agli uomini.

12. La stessa divisione si può applicare a quelle cose che ci nuocciono e ostacolano. Ma poiché si crede che gli dèi non facciano il male, si ritiene che - messi da parte quelli - gli uomini costituiscano il più grande ostacolo per gli uomini. Infatti quelle stesse cose che abbiamo detto inanimate, sono per la maggior parte il prodotto del lavoro umano, che non avremmo se non ci fossero state le mani e la mente, e non le potremmo nemmeno usare senza l'ausilio degli uomini. Senza l'opera dell'uomo non sarebbero possibili la medicina, la navigazione, l'agricoltura, il raccolto e la conservazione delle messi e di tutti gli altri frutti.

[13] Iam vero et earum rerum quibus abundaremus, exportatio, et earum quibus egeremus invectio certe nulla esset, nisi iis muneribus homines fungerentur. Eademque ratione nec lapides ex terra exciderentur ad usum nostrum necessarii, nec ferrum, aes, aurum, argentum effoderetur penitus abditum sine hominum labore et manu. Tecta vero, quibus et frigorum vis pelleretur et calorum molestiae sedarentur, unde aut initio generi humano dari potuissent aut postea subvenire, si aut vi tempestatis aut terrae motu aut vetustate cecidissent, nisi communis vita ab hominibus harum rerum auxilia petere didicisset?

[14] Adde ductus aquarum, derivationes fluminum, agrorum inrigationes, moles oppositas fluctibus, portus manu factos, quae unde sine hominum opere habere possemus? Ex quibus multisque aliis perspicuum est, qui fructus quaeque utilitates ex rebus iis, quae sint inanima, percipiantur, eas nos nullo modo sine hominum manu atque opera capere potuisse. Qui denique ex bestiis fructus aut quae commoditas, nisi homines adiuvarent, percipi posset? Nam et qui principes inveniendi fuerunt, quem ex quaque belua usum habere possemus, homines certe fuerunt, nec hoc tempore sine hominum opera aut pascere eas aut domare aut tueri aut tempestivos fructus ex iis capere possemus; ab eisdemque et eae, quae nocent, interficiuntur et, quae usui possunt esse, capiuntur.

[15] Quid enumerem artium multitudinem, sine quibus vita omnino nulla esse potuisset? Qui enim aegris subveniretur, quae esset oblectatio valentium, qui victus aut cultus, nisi tam multae nobis artes ministrarent quibus rebus exculta hominum vita tantum distat a victu et cultu bestiarum. Urbes vero sine hominum coetu non potuissent nec aedificari nec frequentari, ex quo leges moresque constituti, tum iuris aequa discriptio certaque vivendi disciplina; quas res et mansuetudo animorum consecuta et verecundia est effectumque, ut esset vita munitior atque ut dando et accipiendo mutandisque facultatibus et commodis nulla re egeremus.

13. Inoltre l'esportazione di quei prodotti dei quali abbondiamo e l'importazione di quelli di cui scarseggiamo non sarebbero possibili, se gli uomini non si dedicassero a questi compiti. Per lo stesso motivo non si estrarrebbero dalla terra le pietre necessarie al nostro uso, né il ferro, il bronzo, l'oro e l'argento nascosto nel profondo si estrarrebbero senza la fatica e la mano dell'uomo. Le case, inoltre, con le quali scacciare la violenza del freddo e temperare la molestia del caldo, come avrebbero potuto essere fornite sin da principio al genere umano o si sarebbero, poi, potute ricostruire se fossero cadute per la violenza di una tempesta o di un terremoto o per la loro stessa vecchiaia, se la vita associata non avesse appreso a chiedere aiuto agli uomini contro tali calamità?

14. Aggiungi gli acquedotti, le deviazioni dei fiumi, le irrigazioni dei campi, le dighe contro i flutti, i porti creati dall'uomo, tutte queste opere come potremmo averle senza il lavoro dell'uomo? Da questi e da molti altri esempi è evidente che quei frutti e quei vantaggi che si traggono dalle cose inanimate, non li avremmo mai potuti ottenere senza il lavoro manuale dell'uomo. Infine, quale frutto o qual vantaggio si sarebbe potuto ricavare dalle bestie, se gli uomini non ci aiutassero? Infatti furono certamente uomini coloro che per primi trovarono quale uso si potesse avere da ciascun animale, e ora senza l'opera dell'uomo non potremmo farli pascolare o domarli o custodirli o prenderne il frutto al momento opportuno; e sono gli uomini che uccidono gli animali dannosi e che catturano quelli che ci possono essere utili.

15. A che scopo enumerare il gran numero delle arti, senza le quali la vita dell'uomo non potrebbe affatto sussistere? Quale aiuto si darebbe ai malati, quale sollievo avrebbero i sani, quali potrebbero essere il vitto e il tenore di vita, se tante arti non ci fornissero quei mezzi dai quali la vita dell'uomo resa civile tanto lontana dal vitto e dal modo di vivere delle bestie? Le città, poi, senza l'unione degli uomini non avrebbero potuto essere né edificate né popolate: di lì furono stabilite le leggi e i costumi, l'equa ripartizione dei diritti e dei doveri e una regola sicura di vita. Da ciò derivarono mitezza d'animo e pudore; ne risultarono anche una maggiore sicurezza di vita e il non essere sprovvisti di nulla, col dare e con l'avere, con lo scambio e il prestito dei beni.

[16] Longiores hoc loco sumus quam necesse est. Quis est enim, cui non perspicua sint illa, quae pluribus verbis a Panaetio commemorantur, neminem neque ducem bello nec principem domi magnas res et salutares sine hominum studiis gerere potuisse. Commemoratur ab eo Themistocles, Pericles, Cyrus, Agesilaos, Alexander, quos negat sine adiumentis hominum tantas res efficere potuisse. Utitur in re non dubia testibus non necessariis. Atque ut magnas utilitates adipiscimur conspiratione hominum atque consensu, sic nulla tam detestabilis pestis est, quae non homini ab homine nascatur. Est Dicaearchi liber de interitu hominum, Peripatetici magni et copiosi, qui collectis ceteris causis eluvionis, pestilentiae, vastitatis, beluarum etiam repentinae multitudinis, quarum impetu docet quaedam hominum genera esse consumpta, deinde comparat, quanto plures deleti sint homines hominum impetu, id est bellis aut seditionibus, quam omni reliqua calamitate.

[17] Cum igitur hic locus nihil habeat dubitationis, quin homines plurimum hominibus et prosint et obsint, proprium hoc statuo esse virtutis, conciliare animos hominum et ad usus suos adiungere. Itaque, quae in rebus inanimis quaeque in usu et tractatione beluarum fiunt utiliter ad hominum vitam, artibus ea tribuuntur operosis, hominum autem studia, ad amplificationem nostrarum rerum prompta ac parata, virorum praestantium sapientia et virtute excitantur.

16. Ma noi ci siamo dilungati su questo argomento più a lungo di quanto non fosse necessario. Chi è, infatti, colui al quale non siano evidenti quelle considerazioni sulle quali Panezio si dilungava con tante parole, cioè che nessun generale in guerra e nessun capo in pace abbia potuto mai compiere grandi e salutari imprese senza l'aiuto degli altri uomini? Egli ricorda Temistocle, Pericle, Ciro[119], Agesilao[120], Alessandro, e dice che essi non avrebbero potuto compiere imprese così grandi senza l'aiuto degli uomini. Ma egli fa ricorso, in una tesi indubitabile, a testimoni non necessari. Come si ottengono grandi vantaggi con la collaborazione degli uomini e il loro consenso, così non vi è sciagura più funesta che non provenga all'uomo da un altro uomo. *Sulla morte degli uomini* è il titolo di un libro di Dícearco[121], peripatetico famoso ed eloquente, che, dopo aver raccolto tutte le altre cause, come le alluvioni, pestilenze, devastazioni. e anche gli improvvisi assalti delle belve (i cui assalti – egli ricorda – distrussero alcune stirpi umane) mette, poi, a confronto il numero di gran lunga maggiore degli uomini annientati dalla violenza degli altri uomini, cioè in guerre e in rivolte, che non da ogni altra calamità.

17. Dal momento che questo punto non lascia sussistere alcun motivo di dubbio che gli uomini aiutino, ma anche ostacolino moltissimo gli altri uomini, ritengo proprietà della virtù conciliare gli animi degli uomini e trarli ai propri vantaggi. Perciò quegli utili che si ricavano dalle cose inanimate e quelli che si ricavano dall'uso e dall'utilizzazione degli animali per la vita dell'uomo sono dispensati dalle arti manuali, mentre la saggezza e la virtù degli uomini superiori stimolano l'interesse degli altri uomini, pronto e disposto ad accrescere il benessere comune.

---

[119] Ciro II il Giovane, principe spartano che sostenne Licurgo di Sparta contro gli Ateniesi; si rivoltò al fratello Artaserse, re di Persia, contro cui marciò alla testa di un numeroso esercito di mercenari greci (tra cui lo storico Senofonte) ma fu ucciso nella battaglia di Cunassa nel 401 a.C. Senofonte prese allora il comando dell'armata greca e le vicende della sua marcia di ritorno attraverso l'Asia sono da lui narrate nell'*Anabasi*.

[120] Re di Sparta verso il 400 a.C., combatté con successo in Asia Minore tra il 396 ed il 394 a.C., sconfiggendo poi una coalizione antispartana a Coronea, in Beozia.

[121] Dicearco di Messina, discepolo di Aristotele e amico di Teofrasto, con il quale disputò se avesse più valore la vita attiva o quella contemplativa.

[18] Etenim virtus omnis tribus in rebus fere vertitur, quarum una est in perspiciendo, quid in quaque re verum sincerumque sit, quid consentaneum cuique, quid consequens, ex quo quaeque gignantur, quae cuiusque rei causa sit, alterum cohibere motus animi turbatos, quos Graeci *pathe* nominant, appetitionesque, quas illi *hormas*, oboedientes efficere rationi, tertium iis, quibuscum congregemur, uti moderate et scienter, quorum studiis ea, quae natura desiderat, expleta cumulataque habeamus, per eosdemque, si quid importetur nobis incommodi, propulsemus ulciscamurque eos, qui nocere nobis conati sint, tantaque poena adficiamus, quantam aequitas humanitasque patiatur.

[19] Quibus autem rationibus hanc facultatem assequi possimus, ut hominum studia complectamur eaque teneamus, dicemus, neque ita multo post, sed pauca ante dicenda sunt. Magnam vim esse in fortuna in utramque partem, vel secundas ad res vel adversas, quis ignorat? Nam et cum prospero flatu eius utimur, ad exitus pervehimur optatos et cum reflavit, affligimur. Haec igitur ipsa fortuna ceteros casus rariores habet, primum ab inanimis procellas, tempestates, naufragia, ruinas, incendia, deinde a bestiis ictus, morsus, impetus. Haec ergo, ut dixi, rariora.

18. Infatti ogni virtù è riposta, genericamente, in tre aspetti: il primo consiste nel vedere che cosa sia sincero e vero in qualsiasi azione, che cosa sia conveniente a ciascuno, quanto sia conseguente e quanto derivi da ciascuna cosa, quale ne sia la causa; il secondo consiste nel frenare le tumultuose passioni dell'animo, che i Greci chiamano πάϑη[122] e rendere obbedienti alla ragione gli istinti, come essi soprannominano ὁρμαί[123]; il terzo consiste nel comportarsi in maniera moderata e riflessiva verso coloro coi quali conviviamo, a finché, col loro aiuto, possiamo ottenere in grande abbondanza quello che la natura richiede, ma anche per respingere, per mezzo di quegli stessi, quanto eventualmente ci rechi danno e per vendicarci di coloro che abbiano tentato di nuocerci, e per infligger loro una pena in quella misura che lo consentano la giustizia ed il senso d'umanità.

19. Diremo, poi, - e tra non molto - in quali modi possiamo conseguire la capacità di conquistare e mantenere l'interesse degli uomini; ma prima devo dire poche cose. Chi ignora la gran forza della fortuna in un senso e nell'altro, così nelle avversità come nella prosperità? Infatti quando godiamo del suo soffio favorevole, perveniamo alle mete desiderate, e quando ci soffia contro siamo sballottati. Gli altri casi della fortuna, dunque, sono più rari, in primo luogo quelli dipendenti dalle cose inanimate, come procelle, tempeste, naufragi, distruzioni, incendi, poi quelli causati dalle belve, colpi, morsi, assalti.

---

[122] "Perturbazioni".
[123] "Impulsi".

[20] At vero interitus exercituum, ut proxime trium, saepe multorum clades imperatorum, ut nuper summi et singularis viri, invidiae praeterea multitudinis atque ob eas bene meritorum saepe civium expulsiones, calamitates, fugae, rursusque secundae res, honores, imperia, victoriae, quamquam fortuita sunt, tamen sine hominum opibus et studiis neutram in partem effici possunt. Hoc igitur cognito dicendum est, quonam modo hominum studia ad utilitates nostras allicere atque excitare possimus. Quae si longior fuerit oratio cum magnitudine utilitatis comparetur; ita fortasse etiam brevior videbitur.

[21] Quaecumque igitur homines homini tribuunt ad eum augendum atque honestandum, aut benivolentiae gratia faciunt, cum aliqua de causa quempiam diligunt, aut honoris, si cuius virtutem suspiciunt quemque dignum fortuna quam amplissima putant, aut cui fidem habent et bene rebus suis consulere arbitrantur, aut cuius opes metuunt, aut contra, a quibus aliquid exspectant, ut cum reges popularesve homines largitiones aliquas proponunt, aut postremo pretio ac mercede ducuntur, quae sordidissima est illa quidem ratio et inquinatissima et iis, qui ea tenentur, et illis, qui ad eam confugere conantur.

[22] Male enim se res habet, cum quod virtute effici debet, id temptatur pecunia. Sed quoniam non numquam hoc subsidium necessarium est, quemadmodum sit utendum eo dicemus, si prius iis de rebus, quae virtuti propriores sunt, dixerimus. Atque etiam subiciunt se homines imperio alterius et potestati de causis pluribus. Ducuntur enim aut benivolentia aut beneficiorum magnitudine aut dignitatis praestantia aut spe sibi id utile futurum aut metu ne vi parere cogantur aut spe largitionis promissisque capti aut postremo, ut saepe in nostra re publica videmus, mercede conducti.

20. Ma tutti questi accidenti sono - come ho detto - piuttosto rari. Ma stragi di eserciti - come recentemente di tre - frequenti uccisioni di generali, come poco fa di quel sommo ed eccezionale uomo, inoltre l'odiosità della folla e a causa di ciò le frequenti espulsioni di cittadini meritevoli, le disgrazie, le fughe e, d'altra parte, gli avvenimenti favorevoli, le cariche civili, i comandi militari, le vittorie, benché siano fortuite, tuttavia non possono accadere né in un, caso né nell 'altro senza i mezzi e le intenzioni degli uomini. Assodato questo si deve dire in qual modo possiamo risvegliare e attrarre gli interessi degli uomini verso il nostro utile. Se il discorso sarà troppo lungo, lo si confronti con la grandezza dell'utile; così, forse, sembrerà anche troppo breve.

21. Qualsiasi servigio l'uomo presti all'uomo per aumentarne il prestigio e la dignità, o è reso per benevolenza amandosi qualcuno per qualche motivo, o a fine di onore, allorché si osserva il valore di qualcuno e lo si ritiene degno della miglior fortuna possibile; oppure lo si fa a qualcuno in cui si ha fiducia, e cosi si crede di ben provvedere ai propri interessi, o a qualcuno la cui potenza incute timore, o, invece, a qualcuno da cui ci si aspetta qualche favore (come quando i re e i demagoghi promettono qualche elargizione), o, da ultimo, l'uomo può essere attratto dal lucro e dalla mercede, motivo, invero, quanto mai vergognoso ed abietto sia per chi si faccia prendere da esso, sia per chi tenti di ricorrervi.

22. È cosa negativa, difatti, allorché si ottiene col denaro quello che si dovrebbe ottenere con la virtù. Ma poiché questo mezzo è talvolta necessario, dirà in quale modo ci si debba servire di esso, dopo aver parlato di quelle azioni che sono più vicine alla virtù. Inoltre gli uomini si sottomettono al volere e al potere di un altro uomo per più d'un motivo; sono spinti a ciò o dalla benevolenza o dalla grandezza dei benefici, o dalla superiorità del rango sociale o dalla speranza di ottenere qualche utile o per paura d'essere costretti ad obbedire con la violenza o allettati dalla speranza d'un donativo e da varie promesse o, infine, indotti dal denaro, come spesso abbiamo visto nel nostro Stato.

[23] Omnium autem rerum nec aptius est quicquam ad opes tuendas ac tenendas quam diligi nec alienius quam timeri. Praeclare enim Ennius 'Quem metuunt oderunt; quem quisque odit, perisse expetit'. Multorum autem odiis nullas opes posse obsistere, si antea fuit ignotum, nuper est cognitum. Nec vero huius tyranni solum, quem armis oppressa pertulit civitas ac paret cum maxime mortuo interitus declarat, quantum odium hominum valeat ad pestem, sed reliquorum similes exitus tyrannorum, quorum haud fere quisquam talem interitum effugit. Malus enim est custos diuturnitatis metus contraque benivolentia fidelis vel ad perpetuitatem.

[24] Sed iis, qui vi oppressos imperio coercent, sit sane adhibenda saevitia, ut eris in famulos, si aliter teneri non possunt; qui vero in libera civitate ita se instruunt, ut metuantur, iis nihil potest esse dementius. Quamvis enim sint demersae leges alicuius opibus, quamvis timefacta libertas, emergunt tamen haec aliquando aut iudiciis tacitis aut occultis de honore suffragiis. Acriores autem morsus sunt intermissae libertatis quam retentae. Quod igitur latissime patet neque ad incolumitatem solum, sed etiam ad opes et potentiam valet plurimum, id amplectamur, ut metus absit, caritas retineatur. Ita facillime quae volemus et privatis in rebus et in re publica consequemur. Etenim qui se metui volent, a quibus metuentur, eosdem metuant ipsi necesse est.

23. Fra tutti questi mezzi nessuno è più adatto a difendere e a conservare il potere dell'essere amati e nessuno è più contrario dell'essere temuti. Benissimo, infatti, dice Ennio, «odiano colui che temono, e colui che ciascuno odia desidera che perisca»[124]. Si è visto poco tempo fa, se prima non lo si sapeva, che nessun potere può resistere all'odio di molti. E non solo di questo tiranno, che la città sopportò, pur oppressa dalle sue armi, la morte dimostra quanto l'odio degli uomini valga a far cadere in rovina, ma anche la fine simile degli altri tiranni, quasi nessuno dei quali riuscì a sfuggire ad una simile morte. La paura, difatti, è una cattiva sorvegliante di un prolungato dominio, mentre la benevolenza è fedele custode e lo fa durare addirittura in eterno.

24. Coloro che esercitano il comando opprimendo i cittadini con la forza, impieghino pure la crudeltà, come i padroni nei confronti degli schiavi, se non possono governarli in nessun altro modo. Ma quelli che, in una libera città, si pre parano a farsi temere, raggiungono il massimo delle follia. Benché le leggi siano conculcate dalla potenza di un uomo e la libertà sia intimidita, tuttavia sia le une che l'altra emergono di quando in quando o in taciti giudizi o nelle elezioni segrete per qualche carica. Più penetranti sono i morsi della libertà perduta che non di quella costantemente mantenuta. Accogliamo questa considerazione, che ha una vastissima applicazione e non vale solo per l'incolumità dei cittadini, ma soprattutto per la ricchezza e la potenza, e cioè di tener lontano il timore e conservare la benevolenza dei cittadini. Così con grandissima facilità otterremo ciò che vorremo sia negli affari privati che nella vita pubblica. Giacché coloro che vogliono essere temuti, necessariamente devono essi stessi, a loro volta, a temere quegli stessi dei quali dovrebbero essere temuti.

---

[124] ENNIO, *Scenica* 402 Vahlen^2 (allusione a Cesare).

[25] Quid enim censemus superiorem illum Dionysium quo cruciatu timoris angi solitum, qui cultros metuens tonsorios candente carbone sibi adurebat capillum? quid Alexandrum Pheraeum quo animo vixisse arbitramur? qui, ut scriptum legimus, cum uxorem Theben admodum diligeret, tamen ad eam ex epulis in cubiculum veniens barbarum, et eum quidem, ut scriptum est, conpunctum notis Thraeciis destricto gladio iubebat anteire praemittebatque de stipatoribus suis qui scrutarentur arculas muliebres et, ne quod in vestimentis telum occultaretur, exquirerent. O miserum, qui fideliorem et barbarum et stigmatiam putaret, quam coniugem. Nec eum fefellit; ab ea est enim ipsa propter pelicatus suspicionem interfectus. Nec vero ulla vis imperii tanta est, quae premente metu possit esse diuturna.

[26] Testis est Phalaris, cuius est praeter ceteros nobilitata crudelitas, qui non ex insidiis interiit, ut is, quem modo dixi, Alexander, non a paucis, ut hic noster, sed in quem universa Agrigentinorum multitudo impetum fecit. Quid? Macedones nonne Demetrium reliquerunt universique se ad Pyrrhum contulerunt? Quid? Lacedaemonios iniuste imperantes nonne repente omnes fere socii deseruerunt spectatoresque se otiosos praebuerunt Leuctricae calamitatis? Externa libentius in tali re quam domestica recordor. Verum tamen quam diu imperium populi Romani beneficiis tenebatur, non iniuriis, bella aut pro sociis aut de imperio gerebantur, exitus erant bellorum aut mites aut necessarii, regum, populorum, nationum portus erat et refugium senatus, nostri autem magistratus imperatoresque ex hac una re maximam laudem capere studebant, si provincias, si socios aequitate et fide defendissent.

25. E che? Possiamo noi comprendere da qual tormentoso timore veniva di solito assalito il famoso Dionigi il Vecchio[125], che temendo il rasoio del barbiere si bruciava da sé la barba con un tizzone ardente? E che? Con quale animo pensiamo che sia vissuto Alessandro di Fere?[126] Costui – come si legge – pur amando molto la propria moglie, Tebe, tuttavia quando dal banchetto si recava nella sua stanza ordinava ad un barbaro, addirittura tatuato – come si narra sia usanza dei Traci, di andare avanti con la spada sguainata e si faceva precedere da alcuni sgherri, incaricati di perquisire gli scrigni della donna e di accertarsi che non fosse nascosta un' arma tra le vesti. O infelice, che riteneva più fedele un barbaro tatuato che la propria moglie! E non si sbagliò: fu ucciso per mano della moglie, per sospetto di infedeltà. Non c'è, a dire il vero, nessuna forza dal potere tanto grande che possa resistere a lungo sotto l'oppressione del timore.

26. Ne è testimone Falaride, la cui crudeltà è rimasta famosa sopra tutti; costui non morì a causa di un agguato – come l'Alessandro che ho testé rammentato – non per mano di pochi, come quel nostro tiranno; ma tutta la popolazione di Agrígento si sollevò contro di lui. E che? I Macedoni non abbandonarono Demetrio e passarono tutti insieme dalla parte di Pirro? E dunque? Forse che gli alleati non si distaccarono subito dagli Spartani, che comandavano con maniere ingiuste, e se ne stettero oziosi spettatori della disfatta di Leuttra? In un tale argomento ricordo più volentieri gli esempi stranieri che i nostri. Tuttavia per tutto il tempo che l'impero romano si resse sui benefici e non sulle offese, si conducevano le guerre o in difesa degli alleati o per lo Stato, e il loro esito era o mite o necessario; il Senato era il porto e il rifugio dei re, dei popoli e delle nazioni, e i nostri magistrati e generali si sforzavano di ottenere la maggior gloria da questo solo, se avessero difeso le pro vince e gli alleati con giustizia e lealtà.

---

[125] Dionigi (o Dionisio) I il Vecchio, nato intorno al 430 a.C., si impossessò nel 405 a.C. di Siracusa e ne divenne tiranno, morendo nel 367 a.C.

[126] Alessandro fu tiranno di Fere, in Tessaglia, dal 396 al 358 a.C. Marito della figlia del suo predecessore Giasone, di nome Tebe, fu assassinato da quest'ultima e dai suoi fratelli.

[27] Itaque illud patrocinium orbis terrae verius quam imperium poterat nominari. Sensim hanc consuetudinem et disciplinam iam antea minuebamus, post vero Sullae victoriam penitus amisimus; desitum est enim videri quicquam in socios iniquum, cum exstitisset in cives tanta crudelitas. Ergo in illo secuta est honestam causam non honesta victoria. Est enim ausus dicere hasta posita, cum bona in foro venderet et bonorum virorum et locupletium et certe civium, praedam se suam vendere. Secutus est, qui in causa impia, victoria etiam foediore, non singulorum civium bona publicaret, sed universas provincias regionesque uno calamitatis iure comprehenderet.

[28] Itaque vexatis ac perditis exteris nationibus ad exemplum amissi imperii portari in triumpho Massiliam vidimus et ex ea urbe triumphari, sine qua numquam nostri imperatores ex transalpinis bellis triumpharunt. Multa praeterea commemorarem nefaria in socios, si hoc uno quicquam sol vidisset indignius. Iure igitur plectimur. Nisi enim multorum impunita scelera tulissemus, numquam ad unum tanta pervenisset licentia, a quo quidem rei familiaris ad paucos, cupiditatum ad multos improbos venit hereditas.

[29] Nec vero umquam bellorum civilium semen et causa deerit, dum homines perditi hastam illam cruentam et meminerint et sperabunt, quam P. Sulla cum vibrasset dictatore propinquo suo, idem sexto tricensimo anno post a sceleratiore hasta non recessit, alter autem, qui in illa dictatura scriba fuerat, in hac fuit quaestor urbanus. Ex quo debet intellegi talibus praemiis propositis numquam defutura bella civilia. Itaque parietes modo urbis stant et manent, iique ipsi iam extrema scelera metuentes, rem vero publicam penitus amisimus. Atque in has clades incidimus, (redeundum est enim ad propositum), dum metui quam cari esse et diligi malumus. Quae si populo Romano iniuste imperanti accidere potuerunt, quid debent putare singuli? Quod cum perspicuum sit benivolentiae vim esse magnam, metus imbecillam, sequitur ut disseramus, quibus rebus facillime possimus eam, quam volumus, adipisci cum honore et fide caritatem.

27. Perciò quello si poteva chiamare con maggiore verità patrocinio del mondo che impero. A poco a poco già da tempo avevamo attenuato questa consuetudine e questa condotta, ma dopo la vittoria di Silla essa scomparve del tutto. Cessò, infatti, di apparire ingiusto ogni danno contro gli alleati, dopo che erano state commesse crudeltà tanto grandi verso i cittadini. Nel caso di Silla, dunque, una vittoria poco onesta tenne dietro ad una causa onesta. Infatti egli osò dire, vendendo - dopo aver piantato l'asta - nel foro i beni di onesti cittadini, ricchi e, pur sempre, cittadini, che egli vendeva il suo bottino. Gli tenne dietro uno che, per un'empia causa, con una vittoria ancor più turpe, non solo vendeva i beni dei singoli cittadini, ma comprendeva sotto un unico diritto di sciagura tutte le provincie e le regioni.

28. Perciò, tormentate e devastate le nazioni straniere, abbiamo visto come esempio del perduto impero, portare nel trionfo l'effigie di Marsiglia e trionfare su quella città, senza la quale i nostri generali non avrebbero mai potuto riportare il trionfo delle guerre transalpine. Potrei ricordare, inoltre, molte scelleratezze commesse contro gli alleati, se il sole ne avesse visto qualcuna più indegna di questa sola. A ragione, dunque, siamo colpiti. Se non avessimo lasciate impunite le disoneste azioni di molti, non sarebbe mai toccata ad uno solo una così grande sfrenatezza; ma da costui l'eredità del patrimonio giunse a pochi, della cupidigia a molti disonesti.

29. Non mancheranno mai la radice e il motivo delle guerre civili, finché gli uomini perversi ricorderanno quell'asta sanguinosa e spereranno in essa. L'aveva vibrata Publio Silla mentre era dittatore un suo parente, e dopo trentasei anni non si ritrasse da un'asta ancor più scellerata. Quell'altro Silla, che in quella prima dittatura era stato scrivano, in questa fu questore urbano. Da ciò si può comprendere che le guerre civili non mancheranno mai, allorché si propongono tali premi. Perciò solamente le mura della città rimangono in piedi e perdurano, ed esse pure, ormai, col timore di estremi crimini, ma la repubblica l'abbiamo interamente perduta. E se tali mali poterono accadere al popolo romano per un ingiusto esercizio del potere, che cosa devono aspettarsi i singoli cittadini? Pur essendo evidente che la forza della benevolenza sia grande, quella della paura debole, resta da trattare con quali mezzi possiamo conseguire nel modo più facile quell'affetto che noi vogliamo, insieme con l'onore e la lealtà.

[30] Sed ea non pariter omnes egemus; nam ad cuiusque vitam institutam accommodandum est, a multisne opus sit an satis sit a paucis diligi. Certum igitur hoc sit, idque et primum et maxime necessarium familiaritates habere fidas amantium nos amicorum. haec enim est una res prorsus, ut non multum differat inter summos et mediocres viros, eaque utrisque est propemodum comparanda.

[31] Honore et gloria et benivolentia civium fortasse non aeque omnes egent, sed tamen, si cui haec suppetunt, adiuvant aliquantum cum ad cetera, tum ad amicitias comparandas. Sed de amicitia alio libro dictum est, qui inscribitur Laelius; nunc dicamus de gloria, quamquam ea quoque de re duo sunt nostri libri, sed attingamus, quandoquidem ea in rebus maioribus administrandis adiuvat plurimum. Summa igitur et perfecta gloria constat ex tribus his: si diligit multitudo, si fidem habet, si cum admiratione quadam honore dignos putat. Haec autem, si est simpliciter breviterque dicendum, quibus rebus pariuntur a singulis, eisdem fere a multitudine. Sed est alius quoque quidam aditus ad multitudinem, ut in universorum animos tamquam influere possimus.

[32] Ac primum de illis tribus, quae ante dixi, benevolentiae praecepta videamus; quae quidem capitur beneficiis maxime, secundo autem loco voluntate benefica benivolentia movetur, etiamsi res forte non suppetit; vehementer autem amor multitudinis commovetur ipsa fama et opinione liberalitatis, beneficentiae, iustitiae, fidei omniumque earum virtutum, quae pertinent ad mansuetudinem morum ac facilitatem. Etenim illud ipsum, quod honestum decorumque dicimus, quia per se nobis placet animosque omnium natura et specie sua commovet maximeque quasi perlucet ex iis, quas commemoravi, virtutibus, idcirco illos, in quibus eas virtutes esse remur, a natura ipsa diligere cogimur. Atque hae quidem causae diligendi gravissimae; possunt enim praeterea nonnullae esse leviores.

30. Non tutti ne abbiamo ugualmente bisogno: deve essere proporzionato al modo in cui ciascuno regola la propria vita, se gli sia necessario l'esser amato da molti o da pochi. Si tenga ben saldo questo suggerimento, che è il primo ed il più importante, e cioè di avere la familiarità e la fedeltà degli amici che ci amano e ci ammirano. Questo è sicuramente il solo aspetto in cui non ci sia molta differenza tra gli uomini grandi e quelli mediocri: ambedue se lo devono procurare nella stessa misura.

31. Non tutti, forse, hanno bisogno allo stesso modo dell'onore, della gloria e della benevolenza dei cittadini ma, tuttavia, se qualcuno è dotato di queste qualità, esse lo aiuteranno sensibilmente a procurarsi, oltre a tutto il resto, le amicizie. Intorno all'amicizia si è parlato in un altro libro che si intitola *Lelio*; ora parliamo della gloria, sebbene anche su questo argomento ci siano due miei libri, ma ne accenniamo dal momento che giova moltissimo nell'occuparsi dei più alti affari. La suprema e perfetta gloria consta di tre elementi: se la moltitudine ci ama, se ha in noi fiducia, se, insieme con l'ammirazione, ci stima degni di un qualche onore. Orbene - per dirla in breve e semplicemente - suscitiamo nella moltitudine questi sentimenti quasi con quegli stessi mezzi coi quali li facciamo nascere nelle singole persone, Ma vi è anche un altro accesso alla simpatia della folla, per poter esercitare una certa influenza sull'animo di tutti.

32. In primo luogo tra quei tre aspetti di cui ho parlato vediamo i consigli che riguardano la benevolenza. Questa, invero, la si guadagna soprattutto coi benefici, in secondo luogo essa è mossa dalla volontà di beneficare, anche se, per caso, il risultato non corrisponda. L'amore della folla, invero, è suscitato in maniera profonda dalla stessa fama e dall'opinione di generosità, beneficenza, giustizia e lealtà e da tutte quelle virtù che riguardano la mitezza di costumi e l'affabilità. Infatti, poiché quella stessa virtù, che chiamiamo onesto e conveniente, ci piace per se stessa e commuove l'animo di tutti con la sua natura ed il suo aspetto esteriore, e soprattutto quasi brilla tra quelle virtù che ho ricordato, proprio per questa ragione la natura stessa ci spinge ad amare coloro nei quali, secondo noi, esistono quelle virtù. Queste, invero, sono le cause più importanti dell'affetto; possono esisterne, inoltre, parecchie più lievi.

[33] Fides autem ut habeatur duabus rebus effici potest, si existimabimur adepti coniunctam cum iustitia prudentiam. Nam et iis fidem habemus, quos plus intellegere quam nos arbitramur quosque et futura prospicere credimus et cum res agatur in discrimenque ventum sit, expedire rem et consilium ex tempore capere posse; hanc enim utilem homines existimant veramque prudentiam. Iustis autem et fidis hominibus, id est bonis viris, ita fides habetur, ut nulla sit in iis fraudis iniuriaeque suspicio. Itaque his salutem nostram, his fortunas, his liberos rectissime committi arbitramur.

[34] Harum igitur duarum ad fidem faciendam iustitia plus pollet, quippe cum ea sine prudentia satis habeat auctoritatis; prudentia sine iustitia nihil valet ad faciendam fidem. Quo enim quis versutior et callidior, hoc invisior et suspectior detracta opinione probitatis. Quam ob rem intellegentiae iustitia coniuncta quantum volet habebit ad faciendam fidem virium, iustitia sine prudentia multum poterit, sine iustitia nihil valebit prudentia.

[35] Sed ne quis sit admiratus cur, cum inter omnes philosophos constet a meque ipso saepe disputatum sit, qui unam haberet, omnes habere virtutes, nunc ita seiungam, quasi possit quisquam, qui non idem prudens sit, iustus esse, alia est illa, cum veritas ipsa limatur in disputatione, subtilitas, alia, cum ad opinionem communem omnis accommodatur oratio. Quam ob rem, ut vulgus, ita nos hoc loco loquimur, ut alios fortes, alios viros bonos, alios prudentes esse dicamus. Popularibus enim verbis est agendum et usitatis, cum loquimur de opinione populari, idque eodem modo fecit Panaetius. Sed ad propositum revertamur.

33. Due qualità possono far sì che si abbia fiducia: l'essere considerati in possesso della saggezza congiunta con la giustizia. Infatti abbiamo fiducia in quelli che riteniamo più perspicaci di noi e crediamo capaci di prevedere il futuro e di risolvere una situazione, quando essa si verifichi e si sia giunti ad un momento critico, e di poter prendere una decisione in base alle circostanze. Questa, secondo gli uomini, è la vera ed utile saggezza. In verità negli uomini giusti e leali, cioè nei galantuomini, si ripone tanta fiducia da non nutrire nei loro confronti nemmeno il sospetto di frode e di offesa. Perciò pensiamo di poter affidare con tutta sicurezza a questi la nostra salvezza, i nostri beni ed i nostri figli.

34. Di queste due qualità necessarie ad ispirare fiducia ha maggior valore la giustizia, poiché anche senza saggezza essa ha sufficiente prestigio; invece la saggezza senza giustizia non vale ad ispirar fiducia. Quanto più uno è astuto e furbo, tanto più è inviso e sospetto perché gli manca la fama dell'onestà. Per questo motivo la giustizia unita all'intelligenza potrà quanto vorrà nell'ispirar fiducia; la giustizia senza la saggezza potrà molto, mentre la saggezza senza la giustizia non varrà alcunché.

35. Qualcuno potrebbe meravigliarsi del fatto che, mentre tutti i filosofi affermano - e d'altra parte anch'io ho sostenuto tale tesi - che chi ha una virtù le possiede tutte, ora le separi così, come se qualcuno potesse esser giusto, senza essere nello stesso tempo saggio; ma altro è quella sottigliezza usata quando si definisce accuratamente in una discussione filosofica proprio la verità, altro è quella adoperata quando tutto il discorso si modella in base alle esigenze dell'opinione comune. Perciò noi ora parliamo, in questo passo, come le persone comuni, ed alcuni li chiamiamo coraggiosi, altri onesti, altri saggi. Si devono usare termini popolari e comuni nel parlare dell'opinione comune; allo stesso modo si comportò Panezio. Ma ritorniamo al tema che ci eravamo proposti.

[36] Erat igitur ex iis tribus, quae ad gloriam pertinerent, hoc tertium, ut cum admiratione hominum honore ab iis digni iudicaremur. Admirantur igitur communiter illi quidem omnia, quae magna et praeter opinionem suam animadverterunt, separatim autem in singulis, si perspiciunt nec opinata quaedam bona. Itaque eos viros suspiciunt maximisque efferunt laudibus, in quibus existimant se excellentes quasdam et singulares perspicere virtutes, despiciunt autem eos et contemnunt, in quibus nihil virtutis, nihil animi, nihil nervorum putant. Non enim omnes eos contemnunt, de quibus male existumant. Nam quos improbos, maledicos, fraudulentos putant et ad faciendam iniuriam instructos, eos contemnunt quidem neutiquam sed de iis male existumant. Quam ob rem, ut ante dixi, contemnuntur ii, qui «nec sibi nec alteri», ut dicitur, in quibus nullus labor, nulla industria, nulla cura est.

[37] Admiratione autem adficiuntur ii, qui anteire ceteris virtute putantur et cum omni carere dedecore, tum vero iis vitiis, quibus alii non facile possunt obsistere. Nam et voluptates, blandissumae dominae, maioris partis animos a virtute detorquent et, dolorum cum admoventur faces, praeter modum plerique exterrentur; vita, mors, divitiae, paupertas omnes homines vehementissime permovent. Quae qui in utramque partem excelso animo magnoque despiciunt, cumque aliqua iis ampla et honesta res obiecta est, totos ad se convertit et rapit, tum quis non admiretur splendorem pulcritudinemque virtutis?

[38] Ergo et haec animi despicientia admirabilitatem magnam facit et maxume iustitia, ex qua una virtute viri boni appellantur, mirifica quaedam multitudini videtur, nec iniuria. Nemo enim iustus esse potest, qui mortem, qui dolorem, qui exilium, qui egestatem timet, aut qui ea, quae sunt his contraria, aequitati anteponit. Maximeque admirantur eum, qui pecunia non movetur; quod in quo viro perspectum sit, hunc igni spectatum arbitrantur. Itaque illa tria quae proposita sunt ad gloriam, omnia iustitia conficit, et benivolentiam, quod prodesse vult plurimis, et ob eandem causam fidem et admirationem, quod eas res spernit et neglegit, ad quas plerique inflammati aviditate rapiuntur.

36. Dei tre aspetti riguardanti la gloria, il terzo era costituito dal fatto che noi siamo giudicati dagli uomini degni di onore e, nello stesso tempo, di ammirazione. Gli uomini, dunque, ammirano in generale quelle qualità che ritengo grandi e superiori ad ogni loro pensiero; in particolare, poi, se osservano nei singoli individui delle qualità inattese. Perciò essi guardano con ammirazione, e innalzano con grandissime lodi, quegli uomini nei quali pensano di individuare eccellenti e singolari virtù, mentre guardano con commiserazione e disprezzano quelli che, secondo il loro giudizio, non hanno alcuna virtù, alcun coraggio ed alcuna energia. Ma non disprezzano tutti coloro dei quali non hanno stima; infatti non disprezzano affatto quelli che ritengono disonesti, calunniatori, ingannatori e pronti a far offese, ma ne hanno una cattiva opinione. Perciò, come ho detto prima, vengono disprezzati quelli che non sono, come si usa dire, «ne per sé né per altri», i quali non lavorano, non sono operosi, non s'interessano di nulla.

37. Sono invece ammirati quelli che, secondo l'opinione comune, superano gli altri in virtù e sono scevri d'ogni macchia morale e da quei vizi, ai quali gli altri non possono opporre una facile resistenza. Infatti i piaceri, dolcissimi tiranni, allontanano dalla virtù l'animo della maggior parte degli uomini e, avvicinandosi le fiaccole dei dolori, i più si atterriscono esageratamente; la vita, la morte, le ricchezze, la povertà sconvolgono profondamente tutti gli uomini. che disprezzano con animo nobile e superiore queste cose, in un senso e nell'altro, e quando si presenta loro un'impresa nobile ed onesta, e li attira a sé e quasi li rapisce interamente, allora chi non ammira lo splendore e la bellezza della virtù?

38. Il disprezzo di queste cose suscita grande ammirazione; soprattutto la giustizia, l'unica virtù in base alla quale gli uomini sono chiamati onesti, appare straordinaria alla folla: e non a torto. Infatti non può essere giusto chi teme la morte, il dolore, l'esilio o chi antepone alla giustizia il contrario di queste cose. Ammirano soprattutto colui che rimane imperturbabile di fronte al denaro, e ritengono che l'uomo, in cui questa virtù sia stata accertata, abbia superato la prova del fuoco. Perciò la giustizia riunisce tutti e tre gli aspetti che ho sopra esposti per il conseguimento della gloria, ed anche la benevolenza – perché vuol giovare a moltissimi – e per il medesimo motivo la fiducia e l'ammirazione, perché disprezza e trascura quei beni verso i quali i più, eccitati da una brama senza freni, sono trasportati.

[39] Ac mea quidem sententia omnis ratio atque institutio vitae adiumenta hominum desiderat, in primisque, ut habeat quibuscum possit familiares conferre sermones; quod est difficile, nisi speciem prae te boni viri feras. Ergo etiam solitario homini atque in agro vitam agenti opinio iustitiae necessaria est, eoque etiam magis, quod eam si non habebunt, [iniusti habebuntur] nullis praesidiis saepti multis afficientur iniuriis.

[40] Atque iis etiam, qui vendunt, emunt, conducunt, locant contrahendisque negotiis implicantur, iustitia ad rem gerendam necessaria est, cuius tanta vis est, ut ne illi quidem, qui maleficio et scelere pascuntur, possint sine ulla particula iustitiae vivere. Nam qui eorum cuipiam, qui una latrocinantur, furatur aliquid aut eripit, is sibi ne in latrocinio quidem relinquit locum, ille autem, qui archipirata dicitur, nisi aequabiliter praedam dispertiat, aut interficiatur a sociis aut relinquatur. Quin etiam leges latronum esse dicuntur, quibus pareant, quas observent. Itaque propter aequabilem praedae partitionem et Bardulis Illyrius latro, de quo est apud Theopompum, magnas opes habuit et multo maiores Viriatus Lusitanus, cui quidem etiam exercitus nostri imperatoresque cesserunt, quem C. Laelius, is qui Sapiens usurpatur, praetor fregit et comminuit ferocitatemque eius ita repressit, ut facile bellum reliquis traderet. Cum igitur tanta vis iustitiae sit, ut ea etiam latronum opes firmet atque augeat, quantam eius vim inter leges et iudicia et in constituta re publica fore putamus?

39. Secondo il mio parere, ogni maniera e ordine di vita ha bisogno dell'aiuto degli uomini, in primo luogo perché si abbia con chi poter parlare familiarmente; il che è difficile, se tu non hai l'aspetto di un uomo onesto. Dunque anche all'uomo solitario e che trascorre la vita in campagna è necessaria la fama di uomo giusto, e tanto più per il fatto che, se non l'avrà, verrà considerato ingiusto non essendo protetto da alcun aiuto sarà offeso molte volte.

40. Ma anche a coloro che vendono, comprano, prendono e danno in affitto e sono occupati in trattative commerciali, la giustizia è necessaria per trattare gli affari, ed è così grande la sua potenza, che neppure quanti si pascono di scelleratezze e misfatti possono vivere senza una sua porzione, sia pur minima. Chi, infatti, ruba o strappa qualcosa ad un membro della banda di ladri cui appartiene, deve abbandonare il suo posto in quella banda; ma colui che è detto capo dei pirati, qualora non distribuisse il bottino in parti uguali, o sarebbe ucciso dai suoi compagni o verrebbe abbandonato. Che anzi si dice che esistano delle leggi proprie dei briganti, alle quali essi obbediscono ed ottemperano. Così per la sua giusta divisione del bottino il brigante illirico Barduli[127] – di cui parla Teopompo[128] – ebbe grande potenza, e di gran lunga superiore fu quella del lusitano Viriato, di fronte al quale cedettero anche i nostri eserciti ed i nostri generali. Ne fiaccò la potenza Gaio Lelio, detto il Sapiente, da pretore, e ne diminuì la ferocia, reprimendola tanto da lasciare ai suoi successori una facile guerra. Dunque, dal momento che è tanto grande la forza della giustizia che anche rafforza ed aumenta la potenza dei briganti, quanto grande penseremo che sia la sua forza nell'applicazione delle leggi, dei tribunali, in uno Stato ordinato?

---

[127] Barduli, carbonaio illirico, divenne capo di vari banditi da cui fu proclamato re. Nel 360 a.C. sconfisse ed uccise il re di Macedonia Perdicca III, ma fu sconfitto a sua volta dal di lui successore Filippo.

[128] Teopompo di Chio, storiografo del IV sec. a.C., autore di perdute *Storie Filippiche*, giunteci frammentarie.

[41] Mihi quidem non apud Medos solum, ut ait Herodotus, sed etiam apud maiores nostros iustitiae fruendae causa videntur olim bene morati reges constituti. Nam cum premeretur in otio multitudo ab iis, qui maiores opes habebant, ad unum aliquem confugiebant virtute praestantem, qui cum prohiberet iniuria tenuiores, aequitate constituenda summos cum infimis pari iure retinebat. Eademque constituendarum legum fuit causa quae regum.

[42] Ius enim semper est quaesitum aequabile; neque enim aliter esset ius. Id si ab uno iusto et bono viro consequebantur, erant eo contenti; cum id minus contingeret, leges sunt inventae, quae cum omnibus semper una atque eadem voce loquerentur. Ergo hoc quidem perspicuum est, eos ad imperandum deligi solitos, quorum de iustitia magna esset opinio multitudinis. Adiuncto vero, ut idem etiam prudentes haberentur, nihil erat, quod homines iis auctoribus non posse consequi se arbitrarentur. Omni igitur ratione colenda et retinenda iustitia est, cum ipsa per sese (nam aliter iustitia non esset), tum propter amplificationem honoris et gloriae. Sed ut pecuniae non quaerendae solum ratio est, verum etiam collocandae, quae perpetuos sumptus suppeditet, nec solum necessarios, sed etiam liberales, sic gloria et quaerenda et collocanda ratione est.

[43] Quamquam praeclare Socrates hanc viam ad gloriam proximam et quasi compendiariam dicebat esse, si quis id ageret, ut qualis haberi vellet, talis esset. Quod si qui simulatione et inani ostentatione et ficto non modo sermone sed etiam voltu stabilem se gloriam consequi posse rentur, vehementer errant. Vera gloria radices agit atque etiam propagatur, ficta omnia celeriter tamquam flosculi decidunt nec simulatum potest quicquam esse diuturnum. Testes sunt permulti in utramque partem, sed brevitatis causa familia contenti erimus una. Tiberius enim Gracchus, P. f., tam diu laudabitur, dum memoria rerum Romanarum manebit, at eius filii nec vivi probabantur bonis et mortui numerum optinent iure caesorum. Qui igitur adipisci veram gloriam volet, iustitiae fungatur officiis. Ea quae essent, dictum est in libro superiore.

41. Secondo me, non solo presso i Medi, come dice Erodoto, ma anche presso i nostri antenati sembra che, per godere della giustizia, si creassero re uomini di onesti costumi. Ma poiché la moltitudine in miseria era oppressa da quelli che avevano maggiori ricchezze, essa cercava aiuto presso qualcuno superiore per valore, il quale, proteggendo dalle offese i più deboli, ristabilita l'equità, reggeva con uguale legge i cittadini più potenti ed i più umili. E lo stesso motivo per cui si crearono i re determinò la costituzione delle leggi.

42. Si è sempre ricercato un diritto equo, che altrimenti non sarebbe un diritto. Se il popolo lo conseguiva da un solo uomo, giusto ed onesto, se ne stava tranquillo. Ma poiché questo accadeva raramente, si elaboravano leggi che parlassero sempre con una sola e medesima voce a tutti. E' chiaro che di solito si sceglievano per il governo uomini la cui fama di giustizia fosse ben grande presso la moltitudine; se vi si aggiungeva il fatto che essi godevano anche fama di uomini prudenti, non vi era niente che gli uomini non pensassero di poter conseguire sotto la loro guida. La giustizia è da conservare e da rispettare con ogni mezzo, sia per essa stessa – altrimenti non sarebbe giustizia – che per la grandezza del nostro onore e della nostra gloria. Ma come c'è un mezzo non soltanto per cercar denaro, ma anche per investirlo in modo da coprire le spese continue (non solo quelle necessarie, ma anche quelle di lusso), così la gloria si deve ricercare e sfruttare in modo ragionevole.

43. È vero che Socrate diceva, con parole assai famose, che la via più breve e quasi la scorciatoia per la gloria è quella di comportarsi in modo da essere tali, quali si voglia esser stimati; ma sbagliano in maniera molto grave quanti credono di poter ottenere una gloria duratura con la simulazione e con un vano ostentare, non solo con discorsi falsi, ma anche con l'aspetto esteriore. La vera gloria pone salde radici ed anche si accresce; ogni finzione cade rapidamente come i fiori delicati e non vi può essere alcuna simulazione duratura. i sono moltissimi esempi nell'uno e nell'altro caso, ma per brevità ci accontenteremo di quello di una sola famiglia. Si loderà Tiberio Gracco, figlio di Publio, fino a quando durerà il ricordo della romanità. Ma i suoi figli da vivi non riscuotevano l'approvazione dei buoni e da morti sono nel novero degli uccisi a giusta ragione. Colui che, dunque, vorrà conseguire la vera gloria della giustizia, compia i doveri della giustizia. E nel libro precedente si è detto quali siano.

[44] Sed ut facillime, quales simus, tales esse videamur, etsi in eo ipso vis maxima est, ut simus ii, qui haberi velimus, tamen quaedam praecepta danda sunt. Nam si quis ab ineunte aetate habet causam celebritatis et nominis aut a patre acceptam, quod tibi, mi Cicero, arbitror contigisse, aut aliquo casu atque fortuna, in hunc oculi omnium coniciuntur atque in eum, quid agat, quemadmodum vivat, inquiritur, et, tamquam in clarissima luce versetur, ita nullum obscurum potest nec dictum eius esse nec factum.

[45] Quorum autem prima aetas propter humilitatem et obscuritatem in hominum ignoratione versatur, ii, simul ac iuvenes esse coeperunt, magna spectare et ad ea rectis studiis debent contendere; quod eo firmiore animo facient, quia non modo non invidetur illi aetati verum etiam favetur. Prima est igitur adulescenti commendatio ad gloriam, si qua ex bellicis rebus comparari potest, in qua multi apud maiores nostros extiterunt; semper enim fere bella gerebantur. Tua autem aetas incidit in id bellum, cuius altera pars sceleris nimium habuit, altera felicitatis parum. Quo tamen in bello cum te Pompeius alae [alteri] praefecisset, magnam laudem et a summo viro et ab exercitu consequebare equitando, iaculando, omni militari labore tolerando. Atque ea quidem tua laus pariter cum re publica cecidit. Mihi autem haec oratio suscepta non de te est, sed de genere toto. Quam ob rem pergamus ad ea, quae restant.

44. Ma per sembrare tali quali siamo con la maggior facilità, benché in ciò stesso sia l'efficacia piu grande, e cioè nell'essere quelli che vorremmo apparire agli occhi degli altri, tuttavia si devono dare alcuni consigli. Se qualcuno sin dalla giovinezza ha un qualche titolo di celebrità e di rinomanza o ricevuto dal padre (e questo è il tuo caso credo o mio Cicerone) o per qualche fortunata circostanza, ha fissati su di sé gli occhi di tutti; s'indaga nei suoi riguardi, che cosa faccia, come viva e, come se si trovasse nella luce più piena, così non vi può essere alcuna sua parola o fatto oscuro.

45. Quelli, invece, la cui prima età, per gli umili e oscuri natali, trascorre totalmente ignorata da parte degli uomini, non appena incominciano ad esser giovani dovranno prefiggersi grandi scopi e perseguirli con onesto zelo: e ciò faranno con animo tanto più fermo, poiché quella età non solo non suscita invidia, ma anzi li favorisce. La prima raccomandazione per un giovane che aspira alla gloria consiste, dunque, nel potersi segnalare nelle imprese di guerra: e cosi molti emersero al tempo dei nostri antenati. Quasi sempre, infatti, si conducevano guerre. Ma la tua giovinezza incappò in quella guerra, in cui una fazione ebbe troppa scelleratezza, ma l'altra poca fortuna. Tuttavia in quella guerra, poiché Pompeo ti aveva posto a capo di un'ala dell'esercito, ti procurasti lodi da parte di quel sommo uomo e dell'esercito combattendo a cavallo, tirando giavellotti e sopportando ogni fatica militare. E, invero, la tua gloria cadde insieme con la repubblica. Ma io non ho intrapreso questa mia trattazione proprio per te, ma per tutti, in generale. Ritorniamo, perciò, al nostro argomento.

[46] Ut igitur in reliquis rebus multo maiora opera sunt animi quam corporis, sic eae res quas ingenio ac ratione persequimur, gratiores sunt quam illae, quas viribus. Prima igitur commendatio proficiscitur a modestia, tum pietate in parentes, in suos benivolentia. Facillume autem et in optimam partem cognoscuntur adulescentes, qui se ad claros et sapientes viros bene consulentes rei publicae contulerunt, quibuscum si frequentes sunt, opinionem adferunt populo eorum fore se similes, quos sibi ipsi delegerint ad imitandum.

[47] P. Rutilii adulescentiam ad opinionem et innocentiae et iuris scientiae P. Mucii commendavit domus. Nam L. quidem Crassus, cum esset admodum adulescens, non aliunde mutuatus est, sed sibi ipse peperit maximam laudem ex illa accusatione nobili et gloriosa, et qua aetate qui exercentur, laude adfici solent, ut de Demosthene accepimus, ea aetate L. Crassus ostendit, id se in foro optume iam facere, quod etiam tum poterat domi cum laude meditari.

[48] Sed cum duplex ratio sit orationis, quarum in altera sermo sit, in altera contentio, non est id quidem dubium, quin contentio [orationis] maiorem vim habeat ad gloriam (ea est enim, quam eloquentiam dicimus); sed tamen difficile dictu est, quantopere conciliet animos comitas adfabilitasque sermonis. Extant epistolae et Philippi ad Alexandrum et Antipatri ad Cassandrum et Antigoni ad Philippum filium, trium prudentissimorum (sic enim accepimus); quibus praecipiunt, ut oratione benigna multitudinis animos ad benivolentiam alliciant militesque blande appellando [sermone] deleniant. Quae autem in multitudine cum contentione habetur oratio, ea saepe universam excitat [gloriam]; magna est enim admiratio copiose sapienterque dicentis; quem qui audiunt, intellegere etiam et sapere plus quam ceteros arbitrantur. Si vero inest in oratione mixta modestia gravitas nihil admirabilius fieri potest, eoque magis, si ea sunt in adulescente.

46. Come in ogni altra attività le opere dello spirito sono molto superiori a quelle del corpo, così quelle imprese che ci prefiggiamo con l'ingegno e la ragione, sono più gradite di, quelle compiute con la forza fisica. Il primo passo, dunque, verso la gloria parte dalla moderazione, unita al sentimento di pietà verso i genitori e alla benevolenza verso i propri familiari. Assai facilmente si fanno riconoscere, e nel modo migliore, quei giovani che si sono affidati ad uomini famosi e sapienti e che hanno buona cura dello Stato. Se li frequentano, suscitano l'opinione nel popolo, che diventeranno simili a quelli che proprio essi si sono scelti come modelli.

47. L'essere stato nella famiglia di Publio Mucio servì come raccomandazione al giovane Publio Rutilio nel crearsi fama di onestà morale e sapienza giuridica. Invero Lucio Crasso, ancora adolescente, non mutuò la sua grandissima gloria da qualche parte, ma se la procurò da solo con quella sua requisitoria nobile e gloriosa; e, proprio in quell'età, in cui coloro che si esercitano sogliono ottenere lodi - come sappiamo di Demostene - in quell'età, dunque, Lucio Crasso dimostrò nel foro di esser già ottimamente capace di ciò che poteva realizzare anche allora in privato con lode.

48. Essendo due le specie di discorsi, di cui l'uno è familiare, l'altro oratorio, non vi è dubbio che il discorso oratorio abbia maggiore efficacia nel procurar la gloria (è quello che chiamo eloquenza); ma è difficile a dirsi quanto la cordialità e l'affabilità del parlare concilino gli animi. Esistono delle lettere di Filippo ad Alessandro, di Antipatro[129] a Cassandro e di Antigono al figlio Filippo, tutti e tre uomini assai avveduti (tale, infatti, è la tradizione); in esse consigliano di guadagnare alla benevolenza gli animi della folla con un parlare affabile e di ammansire i soldati con un parlare lusinghiero. Quei discorsi solenni che si pronunziano davanti al popolo suscitano spesso la gloria di tutti. È grande, infatti, l'ammirazione per chi parla con facondia e sapienza, e coloro che l'ascoltano lo credono più intelligente e sapiente degli altri. Se vi è nell'orazione una certa gravità mista a moderazione, non vi può esser nulla di più ammirevole,,e tanto più se quelle qualità si riscontrano in un giovane.

---

[129] Antipatro era stato nominato reggente di Macedonia da Alessandro Magno, mentre suo figlio Cassandro gli succedette come re, dopo aver ucciso la madre, il fratello, la moglie ed il figlioletto dello stesso Alessandro.

[49] Sed cum sint plura causarum genera, quae eloquentiam desiderent, multique in nostra re publica adulescentes et apud iudices et apud populum et apud senatum dicendo laudem assecuti sint, maxima est admiratio in iudiciis, quorum ratio duplex est. Nam ex accusatione et ex defensione constat, quarum etsi laudabilior est defensio, tamen etiam accusatio probata persaepe est. Dixi paulo ante de Crasso. Idem fecit adulescens M. Antonius. Etiam P. Sulpicii eloquentiam accusatio inlustravit, cum seditiosum et inutilem civem, C. Norbanum, in iudicium vocavit.

[50] Sed hoc quidem non est saepe faciendum nec umquam nisi aut rei publicae causa, ut ii, quos ante dixi, aut ulciscendi gratia, ut duo Luculli, aut patrocinii, ut nos pro Siculis, pro Sardis in Albucio Iulius. In accusando etiam M.' Aquilio L. Fufii cognita industria est. Semel igitur aut non saepe certe. Sin erit, cui faciendum sit saepius, rei publicae tribuat hoc muneris, cuius inimicos ulcisci saepius non est reprehendendum; modus tamen adsit. Duri enim hominis, vel potius vix hominis videtur periculum capitis inferre multis. Id cum periculosum ipsi est, tum etiam sordidum ad famam committere, ut accusator nominere; quod contigit M. Bruto, summo genere nato, illius filio, qui iuris civilis in primis peritus fuit.

49. Ma poiché vi sono più generi di cause, che richiedono l'eloquenza, e molti giovani nel nostro Stato hanno conseguito la gloria parlando davanti ai giudici, al popolo e al senato, la più grande ammirazione è rivolta all'eloquenza giudiziaria. Due sono le sue specie, d'accusa e di difesa, delle quali, benché sia più degna di lode la difesa, tuttavia molto spesso suscita l'approvazione anche l'accusa. Ho parlato poco fa di Crasso; lo stesso fece Marco Antonio da giovane. Anche l'eloquenza di Publio Sulpicio trasse lustro da un'accusa, quando chiamò in giudizio quel sedizioso e pericoloso cittadino Gaio Norbano[130].

50. Tuttavia questo non si deve fare spesso, né mai se non in difesa dello Stato. come nel caso di quelli di cui ho parlato prima, o per vendicarsi, come nel caso dei due Luculli, o per difendere altri, come nella mia causa in difesa dei Siciliani e come fece Giulio in difesa dei Sardi, nel caso di Albucio. Anche nell'accusa contro Manio Aquilio apparve chiara l'operosità di Lucio Fufio. Si accusi, dunque, una sola volta o, almeno, non spesso. Se invece, c'è qualcuno che debba ricorrere più spesso all'accusa, lo faccia come servizio per la patria; non si deve riprendere, difatti, il punire di frequente i suoi nemici: tuttavia ci vuole misura, perché ci si fa la fama di uomo crudele o piuttosto nemmeno di uomo, nel mettere molti in pericolo mortale. E' pericoloso per se stessi ed anche infamante procurarsi la nomea di accusatore. Ciò toccò a Marco Bruto, nato da nobilissima famiglia e figlio di quello che fu tra i migliori esperti di diritto civile.

---

[130] Tribuno della plebe nel 94 a.C., e poi console nell'83 a.C., accusato di sedizione.

[51] Atque etiam hoc praeceptum officii diligenter tenendum est, ne quem umquam innocentem iudicio capitis arcessas; id enim sine scelere fieri nullo pacto potest. Nam quid est tam inhumanum, quam eloquentiam a natura ad salutem hominum et ad conservationem datam ad bonorum pestem perniciemque convertere? Nec tamen, ut hoc fugiendum est, item est habendum religioni nocentem aliquando, modo ne nefarium impiumque defendere. Vult hoc multitudo, patitur consuetudo, fert etiam humanitas. Iudicis est semper in causis verum sequi, patroni non numquam veri simile, etiam si minus sit verum, defendere, quod scribere, praesertim cum de philosophia scriberem, non auderem, nisi idem placeret gravissimo Stoicorum Panaetio. Maxime autem et gloria paritur et gratia defensionibus, eoque maior, si quando accidit, ut ei subveniatur, qui potentis alicuius opibus circumveniri urgerique videatur, ut nos et saepe alias et adulescentes contra L. Sullae dominantis opes pro Sex. Roscio Amerino fecimus, quae, ut scis, extat oratio.

[52] Sed eitis adulescentium officiis, quae valeant ad gloriam adipiscendam, deinceps de beneficentia ac de liberalitate dicendum est, cuius est ratio duplex. Nam aut opera benigne fit indigentibus aut pecunia. Facilior est haec posterior locupleti praesertim, sed illa lautior ac splendidior et viro forti claroque dignior. Quamquam enim in utroque inest gratificandi liberalis voluntas, tamen altera ex arca, altera ex virtute depromitur, largitioque, quae fit ex re familiari, fontem ipsum benignitatis exhaurit. Ita benignitate benignitas tollitur, qua quo in plures usus sis, eo minus in multos uti possis.

51. Si deve anche diligentemente osservare questo precetto morale, di non chiamar mai in giudizio capitale un innocente: questa azione non può mai esser compiuta senza un'intenzione colpevole. Che cos'è tanto inumano quanto il rivolgere l'eloquenza, data dalla natura per la salvezza degli uomini e per la loro protezione, alla rovina e al danno delle persone oneste? E, come si deve evitare una tale macchia, ugualmente non dobbiamo farci scrupolo di difendere qualche volta un colpevole, purché non sia uno scellerato ed un empio: lo vuole il popolo, lo ammette la consuetudine e lo sollecita anche il sentimento d'umanità. Il giudice deve seguire sempre il vero nelle cause, l'avvocato talvolta difendere anche il verosimile, pur se è meno vero. Non l'avrei osato scrivere, soprattutto trattando di argomenti filosofici, se non fosse identica l'opinione di Panezio, il più serio degli Stoici. Ma soprattutto le difese procurano gloria e gratitudine, e tanto maggiore, se talora accada di venire in aiuto di qualcuno, che sembra essere assediato ed oppresso dalle ricchezze di un potente, come feci io e molte altre volte e ancora adolescente contro la potenza di Lucio Silla in difesa di Sesto Roscio Amerino[131]; questa orazione, come sai, resta tutt'ora.

52. Ma, esposti i doveri dei giovani che servono a conseguire la gloria, si deve poi parlare della beneficenza e della generosità. Ne esistono due tipi: o si reca sollievo ai bisognosi con qualche azione o col denaro. È più facile quest'ultima cosa, soprattutto per un uomo ricco, ma la prima è più nobile, più splendida, più degna di un uomo forte ed illustre. Benché in entrambe vi sia la volontà generosa di far del bene, tuttavia l'una azione scaturisce da uno scrigno, l'altra dalla virtù; inoltre l'elargire mettendo mano al patrimonio familiare esaurisce la fonte stessa della beneficenza. Cosi la beneficenza sopprime la beneficenza stessa: quanto più tu ne fai, tanto meno te ne puoi servire nei confronti di molte persone.

---

[131] Personaggio difeso vittoriosamente da Cicerone, con una celebre orazione, contro Crisogono, potente liberto di Silla.

[53] At qui opera, id est virtute et industria, benefici et liberales erunt, primum, quo pluribus profuerint, eo plures ad benigne faciendum adiutores habebunt, dein consuetudine beneficentiae paratiores erunt et tamquam exercitatiores ad bene de multis promerendum. Praeclare in epistula quadam Alexandrum filium Philippus accusat, quod largitione benivolentiam Macedonum consectetur: «Quae te, malum!» inquit, «ratio in istam spem induxit, ut eos tibi fideles putares fore, quos pecunia corrupisses? An tu id agis, ut Macedones non te regem suum, sed ministrum et praebitorem sperent fore?». Bene «ministrum et praebitorem», quia sordidum regi, melius etiam, quod largitionem «corruptelam» dixit esse; fit enim deterior, qui accipit, atque ad idem semper expectandum paratior.

[54] Hoc ille filio, sed praeceptum putemus omnibus. Quam ob rem id quidem non dubium est, quin illa benignitas, quae constet ex opera et industria, et honestior sit et latius pateat et possit prodesse pluribus. Non numquam tamen est largiendum nec hoc benignitatis genus omnino repudiandum est et saepe idoneis hominibus indigentibus de re familiari impertiendum, sed diligenter atque moderate. Multi enim patrimonia effuderunt, inconsulte largiendo. Quid autem est stultius quam. quod libenter facias, curare ut id diutius facere non possis? Atque etiam sequuntur largitionem rapinae. Cum enim dando egere coeperunt, alienis bonis manus afferre coguntur. Ita, cum benivolentiae comparandae causa benefici esse velint, non tanta studia assequuntur eorum, quibus dederunt, quanta odia eorum, quibus ademerunt.

53. Coloro che, invece, saranno generosi con l'opera, cioè con la virtù e
lo zelo, quante più persone avranno beneficato, tanto più troveranno
collaboratori nel far del bene; inoltre per l'abitudine di beneficare
saranno più preparati e quasi più esercitati a legare a sé molti coi
benefici. Con parole assai elette Filippo, in una lettera, accusa il figlio
Alessandro di volersi procurare la benevolenza dei Macedoni con i
donativi: «Quale calcolo della malora ti indusse a tale speranza, tanto
da farti credere che ti saranno fedeli quelli che tu hai corrotto col denaro?
Oppure agisci in modo che i Macedoni sperino di avere in te non il loro
re, ma il loro dispensiere e fornitore?» Disse bene «dispensiere e
fornitore», perché è vergognoso per un re; meglio ancora il fatto di aver
definito corruzione il donativo: infatti colui che lo accetta diventa
peggiore ed anche più pronto ad aspettarsela sempre.

54. Questo dice Filippo al figlio, ma noi dobbiamo giudicarlo un
consiglio valido per tutti. Perciò non c'è dubbio che quella beneficenza
che consta dell'opera e dello zelo è più onesta e si estende più
ampiamente e può giovare a più persone. Tuttavia talvolta si devono
fare delle elargizioni e questo genere di beneficenza non si deve del
tutto evitare, e spesso bisogna far parte delle proprie sostanze a persone
bisognose e meritevoli, pur con diligenza e moderazione. Molti hanno
dilapidato i loro patrimoni con l'elargire senza criterio. Che cosa c'è di
più stolto del fare di tutto per non poter compiere più a lungo ciò che si
farebbe volentieri? E le estorsioni tengono dietro alle elargizioni;
quando a forza di dare si incomincia ad aver bisogno, si è costretti a
porre mano ai beni altrui. Così, pur volendo esser benefici per
procacciarsi la benevolenza, non si ottiene tanto l'affetto di quelli ai
quali si è elargito, quanto l'odio di quelli ai quali si è tolto.

[55] Quam ob rem nec ita claudenda res est familiaris, ut eam benignitas aperire non possit, nec ita reseranda, ut pateat omnibus; modus adhibeatur isque referatur ad facultates. Omnino meminisse debemus id, quod a nostris hominibus saepissime usurpatum iam in proverbii consuetudinem venit, largitionem fundum non habere. Etenim quis potest modus esse, cum et idem, qui consueverunt et idem illud alii desiderent. Omnino duo sunt genera largorum, quorum alteri prodigi, alteri liberales; prodigi, qui epulis et viscerationibus et gladiatorum muneribus ludorum venationumque apparatu pecunias profundunt in eas res, quarum memoriam aut brevem aut nullam omnino sint relicturi, liberales autem, qui suis facultatibus aut captos a praedonibus redimunt, aut aes alienum suscipiunt amicorum aut in filiarum collocatione adiuvant aut opitulantur vel in re quaerenda vel augenda.

[56] Itaque miror, quid in mentem venerit Theophrasto, in eo libro, quem de divitiis scripsit, in quo multa praeclare, illud absurde: est enim multus in laudanda magnificentia et apparitione popularium munerum taliumque sumptuum facultatem fructum divitiarum putat. Mihi autem ille fructus liberalitatis, cuius pauca exempla posui, multo et maior videtur et certior. Quanto Aristoteles gravius et verius nos reprehendit, qui has pecuniarum effusiones non admiremur, quae fiunt ad multitudinem deleniendam. At ii, «qui ab hoste obsidentur, si emere aquae sextarium cogerentur mina, hoc primo incredibile nobis videri omnesque mirari, sed cum adtenderint, veniam necessitati dare, in his immanibus iacturis infinitisque sumptibus nihil nos magnopere mirari, cum praesertim neque necessitati subveniatur nec dignitas augeatur ipsaque illa delectatio multitudinis ad breve exiguumque tempus capiatur eaque a levissimo quoque, in quo tamen ipso una cum satietate memoria quoque moriatur voluptatis».

55. Perciò non bisogna, certo, chiudere a chiave il proprio patrimonio, si che non lo possa aprire la beneficenza, né deve essere tanto dischiuso da divenire accessibile a tutti; si adotti una misura, che sia proporzionata alle proprie possibilità economiche. Dobbiamo senza dubbio ricordarci di ciò che, ripetuto assai spesso dai nostri uomini, è entrato ormai nell'uso proverbiale: *«il donare non ha fondo»*. Infatti quale misura potrebbe esserci, quando quelli che vi sono abituati ed altri ancora desiderano la stessa cosa? Ci sono, in generalmente, due classi di donatori, i prodighi ed i generosi. I prodighi elargiscono il loro denaro in banchetti, distribuzioni di carne e giochi di gladiatori, nell'allestimento di spettacoli di caccia, in tutti quei divertimenti che lasceranno un breve ricordo o addirittura nessun ricordo; invece i generosi riscattano coi loro mezzi finanziari i prigionieri dai briganti o si accollano i debiti degli amici o li aiutano nel sistemare le figlie o danno loro delle sovvenzioni per acquistare un patrimonio o aumentarlo.

56. Perciò mi meraviglio di quel pensiero che è venuto in mente a Teofrasto nel suo libro *Sulle ricchezze*,[132] in cui ha detto molte cose egregiamente, ma è assurdo questo: è largo, infatti, di lodi per la magnificenza e lo sfarzo delle feste popolari e ritiene frutto delle ricchezze la possibilità di tali allestimenti. A me, invece, quel frutto della generosità di cui ho fornito pochi esempi sembra molto più grande e sicuro. Con quale maggiore serietà e verità Aristotele ci mette in guardia perché non ammiriamo questi sperperi di denaro, che non hanno altro scopo che adescare il popolo. Dice infatti che «se degli assediati dal nemico fossero costretti a comprare un quartino d'acqua al prezzo d'una mina, sulle prime questo ci sembrerebbe incredibile e tutti si meraviglierebbero, ma, ripensandoci, farebbero una concessione alla necessità; noi, invece, non ci meravigliamo affatto di questi eccessivi sprechi e infinite spese, tanto più che così non veniamo incontro ad alcune necessità, e non si accresce la nostra dignità, e quel gran divertimento della moltitudine per breve ed esiguo tempo, ed è goduto dalla gente di rango più basso, in cui, insieme con la sazietà, si spegne anche il ricordo del piacere».

---

[132] Testo perduto.

[57] Bene etiam colligit «haec pueris et mulierculis et servis et servorum simillimis liberis esse grata, gravi vero homini et ea, quae fiunt, iudicio certo ponderanti probari posse nullo modo». Quamquam intellego in nostra civitate inveterasse iam bonis temporibus, ut splendor aedilitatum ab optimis viris postuletur. Itaque et P. Crassus cum cognomine dives tum copiis functus est aedilicio maximo munere, et paulo post L. Crassus cum omnium hominum moderatissimo Q. Mucio magnificentissima aedilitate functus est, deinde C. Claudius App. f., multi post, Luculli, Hortensius, Silanus; omnes autem P. Lentulus me consule vicit superiores; hunc est Scaurus imitatus; magnificentissima vero nostri Pompei munera secundo consulatu; in quibus omnibus quid mihi placeat, vides.

[58] Vitanda tamen suspicio est avaritiae. Mamerco, homini divitissimo, praetermissio aedilitatis consulatus repulsam attulit. Quare et si postulatur a populo, bonis viris si non desiderantibus, ad tamen approbantibus faciundum est, modo pro facultatibus, nos ipsi ut fecimus, et si quando aliqua res maior atque utilior populari largitione adquiritur, ut Oresti nuper prandia in semitis decumae nomine magno honori fuerunt. Ne M. quidem Seio vitio datum est, quod in caritate asse modium populo dedit; magna enim se et inveterata invidia nec turpi iactura, quando erat aedilis, nec maxima liberavit. Sed honori summo nuper nostro Miloni fuit qui gladiatoribus emptis rei publicae causa, quae salute nostra continebatur, omnes P. Clodii conatus furoresque compressit.

57. E conclude anche giustamente: «Questo fa piacere ai fanciulli. alle donnicciole, agli schiavi e a quegli uomini liberi assai simili agli schiavi; ma dall'uomo serio, che riflette con fermo giudizio su ciò che accade, non possono essere in alcun modo approvate». Capisco, comunque, che nella nostra città ormai radicato, sin da tempo antico, l'esercizio in maniera assai splendida della carica di edile da parte degli uomini più illustri. Perciò Publio Crasso, ricco di nome e di sostanze, adempì al suo compito di edile con il massimo splendore, e poco dopo, con grandissima magnificenza, Lucio Crasso insieme a Quinto Mucio, il più moderato di tutti gli uomini; poi Gaio Claudio, figlio di Appio, e in seguito imolti, i Luculli, Ortensio e Silano; ma Publio Lentulo, durante il suo consolato, superò tutti i predecessori. Lo imitò Scauro; ma con la maggiore magnificenza svolse il suo compito il nostro Pompeo, durante il suo secondo consolato; ma in tutte queste cose tu vedi quale sia il mio pensiero.

58. Tuttavia bisogna anche evitare il sospetto di avarizia. Al ricchissimo Mamerco[133] il rifiuto dell'edilità procurò la sconfitta nelle elezioni per il consolato. Perciò se il popolo richiede un'elargizione, anche se gli uomini onesti non la desiderano, e tuttavia l'approvano, si deve concedere solamente in base alle proprie possibilità economiche, come ho fatto io stesso, specie ogni qualvolta con un donativo popolare si mira a raggiungere uno scopo più importante e più utile, come, or non è molto, i banchetti imbanditi lungo le vie, a titolo di donativo, recarono grande onore ad Oreste. E neppure si imputò a biasimo di Marco Seio il fatto che vendette al popolo, durante una carestia, un moggio di grano per un asse: così si liberò d'una grande e antica odiosità popolare e con una spesa onesta, dal momento che era edile, e nemmeno eccessiva. Ma poco tempo fa ebbe grandissimo onore il nostro Milone, che rintuzzò gli assalti e i furori di Publio Clodio con gladiatori assoldati per conto dello Stato, la cui salvezza dipendeva dalla mia.

---

[133] Mamerco Emilio Lepido Liviano, console nel 77 a.C.

[59] Causa igitur largitionis est, si aut necesse est aut utile. In his autem ipsis mediocritatis regula optima est. L. quidem Philippus, Q. filius, magno vir ingenio inprimisque clarus, gloriari solebat se sine ullo munere adeptum esse omnia, quae haberentur amplissima. Dicebat idem Cotta, Curio. Nobis quoque licet in hoc quodam modo gloriari; nam pro amplitudine honorum, quos cunctis suffragiis adepti sumus nostro quidem anno, quod contigit eorum nemini, quos modo nominavi, sane exiguus sumptus aedilitatis fuit.

[60] Atque etiam illae impensae meliores, muri, navalia, portus, aquarum ductus omniaque, quae ad usum rei publicae pertinent, quamquam, quod praesens tamquam in manum datur, iucundius est, tamen haec in posterum gratiora. Theatra, porticus, nova templa verecundius reprehendo propter Pompeium, sed doctissimi non probant, ut et hic ipse Panaetius, quem multum in his libris secutus sum non interpretatus, et Phalereus Demetrius, qui Periclem, principem Graeciae vituperat, quod tantam pecuniam in praeclara illa propylaea coniecerit. Sed de hoc genere toto in iis libris, quos de re publica scripsi, diligenter est disputatum. Tota igitur ratio talium largitionum genere vitiosa est, temporibus necessaria et tum ipsum et ad facultates accommodanda et mediocritate moderanda est.

[61] In illo autem altero genere largiendi, quod a liberalitate proficiscitur, non uno modo in disparibus causis adfecti esse debemus. Alia causa est eius, qui calamitate premitur, et eius, qui res meliores quaerit nullis suis rebus adversis.

[62] Propensior benignitas esse debebit in calamitosos, nisi forte erunt digni calamitate. In iis tamen, qui se adiuvari volent, non ne adfligantur, sed ut altiorem gradum ascendant, restricti omnino esse nullo modo debemus, sed in deligendis idoneis iudicium et diligentiam adhibere. Nam praeclare Ennius «Bene facta male locata male facta arbitror».

59. Il motivo dell'elargizione è la necessità o l'utilità. Anche nei riguardi di esse la regola migliore è quella del giusto mezzo[134]. Lucio Filippo, figlio di Quinto, uomo di grande ingegno e famoso sopra tutti, era solito vantarsi di aver conseguito tutte quelle cariche che sono ritenute le più importanti senza alcuna elargizione; lo stesso affermava Cotta e cosi Curione. Anch'io potrei vantarmi in qualche modo di questo; infatti in rapporti all'importanza delle cariche che ottenni con pieno suffragio, proprio nell'anno consentito dalla legge per me (il che non toccò a nessuno di quelli che ho or ora citato), fu abbastanza esigua la spesa per l'edìlità.

60. Anche più giuste sono quelle spese di pubblica utilità, come le mura, gli arsenali, i porti, gli acquedotti; benché sia più piacevole quel denaro che si dà quasi in mano, tuttavia queste opere saranno più gradite in futuro. Nel biasimare i teatri, i portici, i nuovi templi, agisco con più ritegno a causa di Pompeo, ma gli uomini saggi non approvano, come lo stesso Panezio, che io ho molto seguito in questi libri, senza però tradurlo, e Demetrio Falereo, che biasima Pericle, il primo dei Greci, per il fatto che profuse tante denaro in quei famosissimi propilei. Ma di tutto questo argomento si è trattato a lungo in quei libri che ho scritto *Sulla Repubblica*. L'intero sistema di tali elargizioni è, dunque, in se stesso dannoso, ma necessario a seconda delle circostanze, ed anche allora deve essere commisurato alle capacità economiche e regolato in base al giusto mezzo.

61. Invece in quell'altro genere di elargizione che parte dalla generosità non dobbiamo adottare un'unica regola nelle diverse occasioni. Altra è la condizione di colui che è schiacciato da una sciagura, altra è quella di colui che cerca di migliorare senza trovarsi in alcuna avversità.

62. La beneficenza dovrà essere più sollecita verso i disgraziati, a meno che non saranno degni per caso della loro disgrazia. Tuttavia verso quelli che vogliono essere aiutati, non per evitare la rovina, ma per ascendere ad un grado superiore, non dobbiamo essere in alcun modo avari, ma dobbiamo usare un oculato giudizio nella scelta degli uomini capaci. Assai saggiamente dice Ennio: «Giudico malefici i benefici mal collocati»[135].

---

[134] Altro concetto buddhista, desunto da Pirrone.
[135] ENNIO, *Scenica* 409 Vahlen².

[63] Quod autem tributum est bono viro et grato, in eo cum ex ipso fructus est, tum etiam ex ceteris. Temeritate enim remota gratissima est liberalitas, eoque eam studiosius plerique laudant, quod summi cuiusque bonitas commune perfugium est omnium. Danda igitur opera est, ut iis beneficiis quam plurimos adficiamus, quorum memoria liberis posterisque prodatur, ut iis ingratis esse non liceat. Omnes enim immemorem beneficii oderunt eamque iniuriam in deterrenda liberalitate sibi etiam fieri, eumque, qui faciat communem hostem tenuiorum putant. Atque haec benignitas etiam rei publicae est utilis, redimi e servitute captos, locupletari tenuiores; quod quidem volgo solitum fieri ab ordine nostro in oratione Crassi scriptum copiose videmus. Hanc ergo consuetudinem benignitatis largitioni munerum longe antepono; haec est gravium hominum atque magnorum, illa quasi assentatorum populi multitudinis levitatem voluptate quasi titillantium.

[64] Conveniet autem cum in dando munificum esse, tum in exigendo non acerbum in omnique re contrahenda, vendundo emendo, conducendo locando, vicinitatibus et confiniis aequum, facilem, multa multis de suo iure cedentem, a litibus vero, quantum liceat et nescio an paulo plus etiam, quam liceat, abhorrentem. Est enim non modo liberale paulum non numquam de suo iure decedere, sed interdum etiam fructuosum. Habenda autem ratio est rei familiaris, quam quidem dilabi sinere flagitiosum est, sed ita, ut inliberalitatis avaritiaeque absit suspicio. Posse enim liberalitate uti non spoliantem se patrimonio nimirum est pecuniae fructus maximus. Recte etiam a Theophrasto est laudata hospitalitas. Est enim, ut mihi quidem videtur, valde decorum patere domos hominum inlustrium hospitibus inlustribus idque etiam rei publicae est ornamento homines externos hoc liberalitatis genere in urbe nostra non egere. Est autem etiam vehementer utile iis, qui honeste posse multum volunt, per hospites apud externos populos valere opibus et gratia. Theophrastus quidem scribit Cimonem Athenis etiam in suos curiales Laciadas hospitalem fuisse; ita enim instituisse et vilicis imperavisse, ut omnia praeberentur, quicumque Laciades in villam suam devertisset.

63. Dal beneficio, dato ad un uomo onesto e grato si ricava doppio frutto e dall'individuo stesso è anche dagli altri. Se si tiene lontana l'avventatezza, la generosità è qualità graditissima, ed i più la lodano con tanto maggior zelo, per il fatto che la bontà dei cittadini più ragguardevoli diventa il rifugio comune di tutti. Ci si deve adoperare sì da concedere al maggior numero di persone possibili i benefici, il cui ricordo si trasmetta ai figli ed ai posteri, perché non sia loro lecito essere ingrati. Tutti odiano colui che è immemore del beneficio, pensano che quell'offesa nell'abbandonare la generosità sia rivolta anche contro loro stessi, e che l'ingrato sia il nemico comune degli umili. Inoltre questa generosità è utile anche allo Stato, il riscattare i prigionieri dalla schiavitù, l'arricchire i poveri; che appunto questo fu, di solito, il comportamento del nostro ordine, lo vediamo scritto, con abbondanza di esempi, nell'orazione di Crasso. Preferisco, dunque, di gran lunga questa consuetudine di generosità alla concessione di donativi; il primo tipo è proprio degli uomini seri e grandi, il secondo quasi di adulatori del popolo che, per così dire, solleticano col piacere la frivolezza della massa.

64. Converrà mostrarsi generosi nel dare e nell'esigere evitare la rigidezza e così esser giusti ed accomodanti nel trattare ogni tipo di affare, nel vendere e nel comprare, nel dare e nel prendere in affitto, negli affari di vicinato e di confine, cedendo a molti molte cose dei proprio di ritto e tenendosi lontani dalle liti per quanto sia lecito e non so se un po' di più di quanto sia lecito. Infatti non solo, è generoso, ma talvolta anche fruttuoso rinunciare un po', talora, al proprio diritto. Si deve aver cura dei patrimonio familiare, in quanto è scandaloso lasciarlo cadere in rovina, ma (lo si deve curare) in modo da tener lontano ogni sospetto d'ingenerosità e di avarizia: il poter essere generosi senza spogliarsi del proprio patrimonio è, certamente, il frutto più grande del denaro. Teofrasto loda, a giusta ragione, l'ospitalità; è assai decoroso, pure secondo il mio parere, che le case degli uomini insigni siano aperte ad ospiti insigni, ed è anche motivo di lustro per lo Stato che gli stranieri non manchino in Roma di questo genere di liberalità. È peraltro anche assai utile per coloro che vogliono onestamente acquistare un gran nome, avere molto credito e favore presso i popoli stranieri per mezzo degli ospiti. Teofrasto scrive che Cimone in Atene era ospitale anche verso i suoi compaesani Laciadi; infatti aveva impartito istruzioni ed ordini ai suoi fattori che qualunque Laciade capitasse nella sua tenuta fosse rifornito di ogni cosa.

[65] Quae autem opera, non largitione beneficia dantur, haec tum in universam rem publicam tum in singulos cives conferuntur. Nam in iure cavere, consilio iuvare atque hoc scientiae genere prodesse quam plurimis vehementer et ad opes augendas pertinet et ad gratiam. Itaque cum multa praeclara maiorum, tum quod optime constituti iuris civilis summo semper in honore fuit cognitio atque interpretatio; quam quidem ante hanc confusionem temporum in possessione sua principes retinuerunt, nunc, ut honores, ut omnes dignitatis gradus, sic huius scientiae splendor deletus est, idque eo indignius, quod eo tempore hoc contigit, cum is esset, qui omnes superiores, quibus honore par esset, scientia facile vicisset. Haec igitur opera grata multis et ad beneficiis obstringendos homines accommodata.

[66] Atque huic arti finitima est dicendi gravior facultas et gratior et ornatior. Quid enim eloquentia praestabilius vel admiratione audientium vel spe indigentium vel eorum, qui defensi sunt, gratia? Huic quoque ergo a maioribus nostris est in toga dignitatis principatus datus. Diserti igitur hominis et facile laborantis, quodque in patriis est moribus, multorum causas et non gravate et gratuito defendentis beneficia et patrocinia late patent.

[67] Admonebat me res, ut hoc quoque loco intermissionem eloquentiae, ne dicam interitum deplorarem, ni vererer, ne de me ipso aliquid viderer queri. Sed tamen videmus, quibus extinctis oratoribus, quam in paucis spes quanto in paucioribus facultas, quam in multis sit audacia. Cum autem omnes non possint, ne multi quidem, aut iuris periti esse aut diserti, licet tamen opera prodesse multis beneficia petentem, commendantem iudicibus, magistratibus, vigilantem pro re alterius, eos ipsos, qui aut consuluntur aut defendunt, rogantem; quod qui faciunt, plurimum gratiae consequuntur, latissimeque eorum manat industria.

65. Quei benefici che si fanno non con donazioni, ma con la nostra opera, tornano a vantaggio di tutto lo Stato e dei singoli cittadini. Infatti l'assistere nei processi, il consigliare e giovare a quanti più è possibile con questo tipo di scienza riguarda molto l'aumento delle ricchezze e della popolarità. Perciò molte sono le insigni applicazioni dei nostri antenati, e tra queste il fatto che furono sempre in grandissimo onore la conoscenza e l'interpretazione del diritto civile, cosi ben ordinato. I principali cittadini, prima di questo sconvolgimento dei tempi, ne conservarono sempre il privilegio; ora come le cariche, come tutti i gradi della dignità, cosi è stato soffocato lo splendore di questa scienza, e questo con infamia tanto maggiore, per il fatto che ciò è avvenuto proprio nel tempo in cui era in vita una persona che avrebbe vinto facilmente, colla sua conoscenza giuridica, tutti i predecessori, ai quali era già pari in onore. Questo aiuto torna gradito a molti e adatto a legare gli uomini coi benefici.

66. A tale scienza è assai affine, ma più grave più gradita e più elegante, la capacità di parlare. Infatti che cosa supera l'eloquenza o nell'ammirazione degli uditori o nella speranza che fa nascere nei bisognosi, o nella gratitudine di coloro che sono stati difesi? Giustamente [anche], dunque, i nostri antenati assegnarono a questa attività il primo posto in dignità tra le occupazioni civili. Ampie possibilità di beneficare e di difendere si aprono all'uomo facondo, che facilmente si addossa la fatica e che, secondo il patrio costume, difende le cause di molti di buon grado e gratuitamente.

67. L'occasione mi spingerebbe a deplorare in questo passo l'interruzione, per non dire la morte, dell'eloquenza, ma temo che sembri che io mi lamenti di qualcosa che mi riguarda di persona. Ma tuttavia possiamo osservare quali oratori siano ormai morti, come siano pochi quelli promettenti, ancor meno quelli dotati delle capacità necessarie, e quanti, invece, posseggano solo la presunzione. Poiché non tutti possono - e neppure molti - essere giuristi o oratori, è giusto, tuttavia, giovare a molti con la propria opera, chiedendo benefici raccomandandoli ai giudici, ai magistrati, vigilando sui loro interessi, sollecitando quelli stessi che sono consultati o che difendono. Quanti fanno ciò conseguono grandissima riconoscenza e la loro attività ha un campo vastissimo.

[68] Iam illud non sunt admonendi, (est enim in promptu), ut animadvertant, cum iuvare alios velint, ne quos offendant. Saepe enim aut eos laedunt, quos non debent, aut eos, quos non expedit; si imprudentes, neglegentiae est, si scientes temeritatis. Utendum etiam est excusatione adversus eos, quos invitus offendas, quacumque possis, quare id, quod feceris, necesse fuerit nec aliter facere potueris, ceterisque operis et officiis erit id, quod violatum videbitur, compensandum.

[69] Sed cum in hominibus iuvandis aut mores spectari aut fortuna soleat, dictu quidem est proclive, itaque volgo loquuntur, se in beneficiis collocandis mores hominum, non fortunam sequi. Honesta oratio est, sed quis est tandem, qui inopis et optimi viri causae anteponat in opera danda gratiam fortunati et potentis? A quo enim expeditior et celerior remuneratio fore videtur, in eum fere est voluntas nostra propensior. Sed animadvertendum est diligentius, quae natura rerum sit. Nimirum enim inops ille, si bonus est vir, etiam si referre gratiam non potest, habere certe potest. Commode autem, quicumque dixit, «pecuniam qui habeat, non reddidisse, qui reddiderit non habere, gratiam autem et, qui rettulerit, habere et, qui habeat, rettulisse». At qui se locupletes, honoratos, beatos putant, ii ne obligari quidem beneficio volunt; qui etiam beneficium se dedisse arbitrantur, cum ipsi quamvis magnum aliquod acceperint, atque etiam a se aut postulari aut exspectari aliquid suspicantur, patrocinio vero se usos aut clientes appellari mortis instar putant.

68. Non si deve ammonire - ché la cosa è evidente - di star attenti a non offendere alcuni, quando vogliono aiutare altri. Spesso danneggiano chi non devono o chi non conviene danneggiare; se sono imprudenti, si tratta di trascuratezza, se sono consapevoli, allora si tratta di sconsideratezza. Ci si deve scusare presso le persone offese senza volerlo, in qualsiasi modo è possibile, dicendo loro che si è stati costretti a compiere ciò che si è fatto e non si sarebbe potuto agire in modo diverso; e con ogni altro aiuto e servigio bisognerà ricompensare quel torto, che sembrerà essersi commesso.

69. Ma poiché nell'aiutare gli uomini si soliti guardare o ai costumi o alla fortuna, facile a dirsi - e così si dice generalmente che nel collocare un beneficio si considerano i costumi degli uomini, non la loro fortuna. È un discorso onesto; ma chi è, in fin dei conti, che non anteponga, nel dare il suo aiuto, alla causa di un uomo eccellente ma povero la gratitudine di un uomo fortunato e potente? Verso colui dal quale, a parer nostro, ci potrà derivare una più pronta e rapida ricompensa, la nostra volontà è, in genere, più propensa. Ma si deve riflettere più attentamente sulla natura dei casi. Certamente quel povero, se è un uomo onesto, anche se non può restituire il beneficio può, senza dubbio, avere gratitudine. Opportunamente disse, chiunque sia stato[136]: «Chi ha denaro non l'ha restituito, colui che l'ha restituito non l'ha più; invece la gratitudine, chi l'ha contraccambiata la prova e chi la prova l'ha contraccambiata». Invece coloro che si ritengono ricchi, onorati, felici non vogliono neppure sentirsi obbligati da un beneficio; che anzi pensano di aver dato un beneficio, pur avendone essi stessi ricevuto uno grandissimo. E anche sospettano che si chieda loro o da loro si attenda qualche cosa e giudicano alla stessa stregua della morte l'esser ricorsi ad un patrocinio o l'essere chiamati col nome di clienti.

---

[136] È lo stesso Cicerone.

[70] At vero ille tenuis, cum quidquid factum sit, se spectatum, non fortunam putat, non modo illi qui est meritus, sed etiam illis, a quibus exspectat (eget enim multis), gratum se videri studet, neque vero verbis auget suum munus, si quo forte fungitur, sed etiam extenuat. Videndumque illud est, quod, si opulentum fortunatumque defenderis, in uno illo aut, si forte, in liberis eius manet gratia; sin autem inopem, probum tamen et modestum, omnes non improbi humiles quae magna in populo multitudo est, praesidium sibi paratum vident.

[71] Quam ob rem melius apud bonos quam apud fortunatos beneficium collocari puto. Danda omnino opera est, ut omni generi satis facere possimus, sed, si res in contentionem veniet, nimirum Themistocles est auctor adhibendus, qui cum consuleretur, utrum bono viro pauperi an minus probato diviti filiam collocaret «Ego vero», inquit, «malo virum, qui pecunia egeat, quam pecuniam quae viro». Sed corrupti mores depravatique sunt admiratione divitiarum; quarum magnitudo quid ad unumquemque nostrum pertinet? Illum fortasse adiuvat, qui habet; ne id quidem semper; sed fac iuvare; utentior sane sit, honestior vero quomodo? Quod si etiam bonus erit vir, ne impediant divitiae quominus iuvetur, modo ne adiuvent, sitque omne iudicium, non quam locuples, sed qualis quisque sit. Extremum autem praeceptum in beneficiis operaque danda, ne quid contra aequitatem contendas, ne quid pro iniuria; fundamentum enim est perpetuae commendationis et famae iustitia, sine qua nihil potest esse laudabile.

[72] Sed quoniam de eo genere beneficiorum dictum est, quae ad singulos spectant, deinceps de iis, quae ad universos quaeque ad rem publicam pertinent, disputandum est. Eorum autem ipsorum partim eius modi sunt, ut ad universos cives pertineant, partim, singulos ut attingant, quae sunt etiam gratiora. Danda opera est omnino, si possit, utrisque, nec minus, ut etiam singulis consulatur, sed ita, ut ea res aut prosit aut certe ne obsit rei publicae. C. Gracchi frumentaria magna largitio, exhauriebat igitur aerarium; modica M. Octavii et rei publicae tolerabilis et plebi necessaria, ergo et civibus et rei publicae salutaris.

70. Ma quel povero, qualunque beneficio gli sia stato fatto, ritiene che si sia considerata la sua persona, non la sua fortuna, e si sforza di sembrare riconoscente non solo verso colui che l'ha beneficato, ma anche verso quelli da cui s'attende benefici - che ha bisogno di molti -, e non accresce a parole la sua opera, se per caso ne compie qualcuna, ma anzi la sminuisce. Bisogna considerare anche questo, che se tu hai difeso un uomo ricco e fortunato, la riconoscenza resta in lui solo o, al massimo, nei suoi figli; se, invece, hai difeso una persona povera ma tuttavia onesta e modesta, tutti gli uomini non disonesti, e ve ne sono molti fra il popolo, vedono in te una difesa preparata per loro.

71. Perciò ritengo che sia meglio collocare un beneficio presso i buoni che presso i dotati di fortuna. Bisogna, in genere, adoperarsi per soddisfare persone di ogni classe sociale, ma se si dovrà scegliere, certamente bisognerà seguire l'esempio di Temistocle; avendogli chiesto un tale se dovesse dare la figlia in sposa ad un uomo onesto ma povero o ad un uomo ricco ma meno onesto, rispose: «Preferisco, ad essere onesti, un uomo che manchi di denaro, anziché il denaro che manchi di un uomo». Ma a causa dell'ammirazione per le ricchezze si corrompono e depravano i costumi; ma la grandezza di esse in che riguarda ciascuno di noi? Forse giova a colui che le possiede, e neppure sempre; ma ammettiamo che giovi: sia pure, ma in qual modo potrà essere più onesto? Che se sarà anche un galantuomo, le sue ricchezze non dovranno impedire che gli si faccia del bene, purché non ne siano la ragione. Ogni giudizio riguardi non quanto ciascuno sia ricco, ma quali siano le sue qualità morali. L'ultimo consiglio nel dare benefici e nel rendere servigi è di non fare nulla contro l'equità e nulla a favore dell'ingiustizia; il fondamento di un continuo favore e di una fama perpetua è la giustizia, senza la quale non può esistere nulla degno di lode.

72. E poiché si è trattato di quel genere di benefici che riguardano le singole persone, si deve, poi, discutere di quelli che riguardano tutto l'insieme dei cittadini e lo Stato. Di questi stessi alcuni riguardano tutti i cittadini, altri i singoli, e questi sono anche più graditi. In genere ci si deve adoperare, per quanto possibile, per l'una e l'altra categoria, e, se non è possibile, perché si provveda anche alle singole persone, ma in modo tale che ciò o giovi o almeno non sia d'ostacolo allo Stato. Grande fu la distribuzione di grano di Gaio Gracco: vuotava, perciò, l'erario; moderata quella di Marco Ottavio, tollerabile per lo Stato e necessaria alla plebe, salutare, dunque, per i cittadini e per lo Stato.

[73] In primis autem videndum erit ei, qui rem publicam administrabit, ut suum quisque teneat neque de bonis privatorum publice deminutio fiat. Perniciose enim Philippus in tribunatu cum legem agrariam ferret, quam tamen antiquari facile passus est et in eo vehementer se moderatum praebuit sed cum in agendo multa populariter, tum illud male, «non esse in civitate duo milia hominum, qui rem haberent». Capitalis oratio est ad aequationem bonorum pertinens, qua peste quae potest esse maior? Hanc enim ob causam maxime, ut sua tenerentur, res publicae civitatesque constitutae sunt. Nam, etsi duce natura congregabantur homines, tamen spe custodiae rerum suarum urbium praesidia quaerebant.

[74] Danda etiam opera est, ne, quod apud maiores nostros saepe fiebat propter aerarii tenuitatem assiduitatemque bellorum, tributum sit conferendum, idque ne eveniat multo ante erit providendum. Sin quae necessitas huius muneris alicui rei publicae obvenerit (malo enim quam nostrae ominari neque tamen de nostra, sed de omni re publica disputo), danda erit opera, ut omnes intellegant, si salvi esse velint, necessitati esse parendum. Atque etiam omnes, qui rem publicam gubernabunt, consulere debebunt ut earum rerum copia sit, quae sunt necessariae. Quarum qualis comparatio fieri soleat et debeat, non est necesse disputare; est enim in promptu; tantum locus attingendus fuit.

73. In primo luogo, colui che governa uno Stato dovrà badare a che ciascuno conservi il proprio patrimonio e non sia adoperata una decurtazione dei beni privati per opera dello Stato. Si comportò in modo pericoloso Filippo durante il suo tribunato, proponendo la legge agraria, che, tuttavia, egli permise facilmente che fosse abrogata, dimostrandosi in questo molto moderato; ma come nella sua attività disse molte cose in modo gradito al popolo, così fu dannosa quella sua affermazione: «Non ci sono nelle città duemila persone che abbiano una proprietà». È un discorso criminale, che porta al livellamento dei beni; quale peste può esser più rovinosa di questa? Soprattutto per questo motivo, cioè per conservare le proprietà, si sono costituiti gli Stati e le città. Infatti gli uomini si fossero riuniti in società per l'impulso della natura, tuttavia cercavano la protezione delle città nella speranza di difendere i propri averi.

74. Si deve fare in modo che non si applichino tasse, il che presso i nostri antenati accadeva spesso per la scarsezza dell'erario e la frequenza delle guerre, e perché ciò non accada bisognerà prendere provvedimenti molto tempo prima. Se invece una qualche necessità di un tale contributo si presenterà ad uno Stato (preferisco fare questa supposizione per un altro Stato piuttosto che per il nostro, e, del resto, non parlo solo del nostro, ma di ogni Stato), ci si dovrà adoperare a che tutti capiscano che si devono sottomettere alla necessità, se vogliono essere salvi. Anche tutti quelli che governeranno uno Stato dovranno provvedere a che ci sia abbondanza dei generi necessari per il sostentamento. Non è necessario trattare come si intenda e si debba provvedere a procurarseli: è stato sufficiente l'avervi accennato.

[75] Caput autem est in omni procuratione negotii et muneris publici, ut avaritiae pellatur etiam minima suspicio. «Utinam», inquit C. Pontius Samnis, «ad illa tempora me fortuna reservavisset et tum essem natus, quando Romani dona accipere coepissent. Non essem passus diutius eos imperare». Ne illi multa saecula expectanda fuerunt: modo enim hoc malum in hanc rem publicam invasit. Itaque facile patior tum potius Pontium fuisse, si quidem in illo tantum fuit roboris. Nondum centum et decem anni sunt, cum de pecuniis repetundis a L. Pisone lata lex est nulla antea cum fuisset. At vero postea tot leges et proxumae quaeque duriores, tot rei, tot damnati, tantum [Italicum] bellum propter iudiciorum metum excitatum, tanta sublatis legibus et iudiciis expilatio direptioque sociorum, ut inbecillitate aliorum, non nostra virtute valeamus.

[76] Laudat Africanum Panaetius, quod fuerit abstinens. Quidni laudet? Sed in illo alia maiora; laus abstinentiae non hominis est solum, sed etiam temporum illorum. Omni Macedonum gaza, quae fuit maxima, potitus [est] Paulus; tantum in aerarium pecuniae invexit, ut unius imperatoris praeda finem attulerit tributorum. At hic nihil domum suam intulit praeter memoriam nominis sempiternam. Imitatus patrem Africanus nihilo locupletior Carthagine eversa. Quid? qui eius collega fuit in censura, L. Mummius, num quid copiosior, cum copiosissimam urbem funditus sustulisset? Italiam ornare quam domum suam maluit; quamquam Italia ornata domus ipsa mihi videtur ornatior.

75. Il punto principale nella cura di ogni affare e nell'amministrazione d'ogni pubblico ufficio è l'evitare anche il minimo sospetto di avidità. «Oh, se la sorte», disse il Sannita Gaio Ponzio, «mi avesse riservato per quei tempi, e fossi nato allora, quando i Romani cominciarono ad accettare doni! Non avrei tollerato più a lungo che essi mantenessero il dominio». E non si sarebbero dovuti attendere neppure molti secoli, perché ora anche questo male è entrato nel nostro Stato. E perciò sono ben lieto che Ponzio sia vissuto piuttosto allora, se veramente egli ebbe una così grande energia morale. Non sono ancora trascorsi centodieci anni da quando Lucio Pisone propose la legge contro i delitti dì concussione, mentre prima non ve ne era stata alcuna; ma dopo, in verità, tante furono le leggi e le più recenti anche più severe, tanti i colpevoli, tanti i condannati, tanto grave la guerra italica scoppiata per la paura dei processi, e tante le spoliazioni e le estorsioni degli alleati, essendo state abrogate le leggi ed i tribunali, che siamo salvi per la debolezza degli altri, non per il nostro valore.

76. Panezio loda l'Africano per il fatto che fu disinteressato. Ma perché mai? In lui ci furono altre doti maggiori. La lode di integrità non è solo propria di quell'uomo, ma anche di quei tempi. Paolo s'impadronì di tutto il tesoro dei Macedoni, che era enorme, e versò nell'erario tanto denaro che il bottino di un solo generale permise di mettere fine alle tasse; ma egli non portò niente a casa sua, tranne il ricordo eterno del nome. L'Africano imitò il padre, e, una volta abbattuta Cartagine, non fu per niente più ricco. E che? Colui che fu suo collega nella pretura, Lucio Mummio, forse che diventò più ricco dopo aver distrutto sin dalle fondamenta una città ricchissima? Preferì abbellire l'Italia piuttosto che la sua casa; benché, abbellita l'Italia, la sua stessa casa mi sembra più ornata.

[77] Nullum igitur vitium taetrius est, ut eo, unde digressa est, referat se oratio, quam avaritia, praesertim in principibus et rem publicam gubernantibus. Habere enim quaestui rem publicam non modo turpe est, sed sceleratum etiam et nefarium. Itaque, quod Apollo Pythius oraclum edidit, Spartam nulla re alia nisi avaritia esse perituram, id videtur non solum Lacedaemoniis, sed etiam omnibus opulentis populis praedixisse. Nulla autem re conciliare facilius benivolentiam multitudinis possunt ii, qui rei publicae praesunt, quam abstinentia et continentia.

[78] Qui vero se populares volunt ob eamque causam aut agrariam rem temptant, ut possessores pellantur suis sedibus, aut pecunias creditas debitoribus condonandas putant, labefactant fundamenta rei publicae, concordiam primum, quae esse non potest, cum aliis adimuntur, aliis condonantur pecuniae, deinde aequitatem, quae tollitur omnis, si habere suum cuique non licet. Id enim est proprium, ut supra dixi, civitatis atque urbis, ut sit libera et non sollicita suae rei cuiusque custodia.

[79] Atque in hac pernicie rei publicae ne illam quidem consequuntur, quam putant, gratiam. Nam cui res erepta est, est inimicus; cui data est, etiam dissimulat se accipere voluisse et maxime in pecuniis creditis occultat suum gaudium, ne videatur non fuisse solvendo. At vero ille, qui accipit iniuriam, et meminit et prae se fert dolorem suum, nec, si plures sunt ii, quibus inprobe datum est, quam illi, quibus iniuste ademptum est, idcirco plus etiam valent. Non enim numero haec iudicantur, sed pondere. Quam autem habet aequitatem, ut agrum multis annis aut etiam saeculis ante possessum qui nullum habuit habeat, qui autem habuit amittat?

77. Nessun vizio, dunque, è più vergognoso (per riportare il discorso laddove si è allontanato), dell'avidità, soprattutto nei capi e negli amministratori di uno Stato. Considerare, difatti, lo Stato come fonte di guadagno non solo è vergognoso, ma anche scellerato ed empio. Perciò quell'oracolo proferito da Apollo Pizio, e cioè che Sparta non sarebbe perita per nessun'altra causa se non per l'avidità, mi sembra che sia stato predetto non solo per gli Spartani, ma anche per ogni popolo ricco. Coloro che sono a capo di uno Stato non possono con alcun altro mezzo procacciarsi più facilmente la benevolenza della moltitudine che con l'integrità morale e la moderazione.

78. Quelli, invero, che vogliono essere popolari e sollevano, perciò, o la questione agraria, per scacciare i proprietari dai loro possedimenti, o pensano che si debbano condonare i debiti in denaro ai debitori, sconvolgono le fondamenta dello Stato, in primo luogo la concordia, che non può sussistere quando si strappa agli uni e si condona denaro agli altri; in secondo luogo l'equità, che è eliminata completamente se non è lecito a ciascuno avere il suo. Ciò, infatti, costituisce la caratteristica specifica - come ho già detto prima - di una città e di uno Stato, che ciascuno abbia libero e tranquillo possesso dei propri averi.

79. In questa rovina dello Stato essi non conseguono neppure quella popolarità che si aspettano. Infatti è loro nemico colui al quale i beni sono stati strappati; colui al quale è stato elargito, finge anche di non aver mai voluto accettare, e soprattutto nel caso del condono dei debiti nasconde la sua gioia, perché non sembri che egli non era stato in grado di pagarli. Ma colui che ha ricevuto l'ingiustizia, la ricorda e porta ben manifesto il suo risentimento, e, se sono più quelli ai quali è stato dato ingiustamente di quelli ai quali si è tolto ingiustamente, non per questo hanno più forza: queste cose non si giudicano dal numero, ma dalla gravità. E poi quale giustizia c'è nel fatto che un campo posseduto per molti anni o anche per secoli lo abbia chi non ne ha mai avuto uno e lo perda chi l'ha sempre avuto?

[80] Ac propter hoc iniuriae genus Lacedaemonii Lysandrum ephorum expulerunt, Agim regem, quod nunquam antea apud eos acciderat, necaverunt, exque eo tempore tantae discordiae secutae sunt, ut et tyranni existerent et optumates exterminarentur et praeclarissime constituta res publica dilaberetur. Nec vero solum ipsa cecidit, sed etiam reliquam Graeciam evertit contagionibus malorum, quae a Lacedaemoniis profectae manarunt latius. Quid? nostros Gracchos, Ti. Gracchi summi viri filios, Africani nepotes, nonne agrariae contentiones perdiderunt?

[81] At vero Aratus Sicyonius iure laudatur, qui, cum eius civitas quinquaginta annos a tyrannis teneretur, profectus Argis Sicyonem clandestino introitu urbe est potitus, cumque tyrannum Nicoclem inproviso oppressisset, sescentos exules, qui locupletissimi fuerant eius civitatis, restituit remque publicam adventu suo liberavit. Sed cum magnam animadverteret in bonis et possessionibus difficultatem, quod et eos, quos ipse restituerat, quorum bona alii possederant, egere iniquissimum esse arbitrabatur et quinquaginta annorum possessiones movere non nimis aequum putabat, propterea quod tam longo spatio multa hereditatibus, multa emptionibus, multa dotibus tenebantur sine iniuria, iudicavit neque illis adimi nec iis non satis fieri, quorum illa fuerant, oportere.

[82] Cum igitur statuisset opus esse ad eam rem constituendam pecunia Alexandream se proficisci velle dixit remque integram ad reditum suum iussit esse, isque celeriter ad Ptolomaeum, suum hospitem, venit, qui tum regnabat alter post Alexandream conditam. Cui cum euisset patriam se liberare velle causamque docuisset, a rege opulento vir summus facile impetravit, ut grandi pecunia adiuvaretur. Quam cum Sicyonem attulisset, adhibuit sibi in consilium quindecim principes, cum quibus causas cognovit et eorum, qui aliena tenebant, et eorum, qui sua amiserant, perfecitque aestumandis possessionibus, ut persuaderet aliis, ut pecuniam accipere mallent, possessionibus cederent, aliis, ut commodius putarent numerari sibi, quod tanti esset, quam suum recuperare. Ita perfectum est, ut omnes concordia constituta sine querella discederent.

80. A causa di un'ingiustizia di tal genere gli Spartani cacciarono l'eforo[137] Lisandro e uccisero il loro re Agide (un simile fatto non era mai accaduto prima presso di loro) e da quel tempo si susseguirono così grandi discordie che sorsero i tiranni, gli ottimati furono cacciati e quello Stato così saggiamente ordinato andò in rovina. E non soltanto esso cadde, ma sconvolse anche tutta la Grecia con il contagio di quei mali che, partiti dagli Spartani, si diffusero in più ampio spazio. E che? Forse che le lotte agrarie non furono la rovina dei nostri Gracchi, figli di quel grande Tiberio Gracco e nipoti dell'Africano?

81. Si loda a buon diritto Arato di Sicione, il quale, poiché la sua città era soggetta alla tirannide da cinquanta anni, partì da Argo e, introdottosi clandestinamente in Sicione, s'impadronì della città, e avendo ucciso il tiranno Nicocle con un colpo di mano improvviso, richiamò i seicento esuli, che erano stati gli uomini più ricchi della sua città, e ridiede la libertà alla sua patria grazie al suo intervento. Ma considerando che nel possesso dei beni si riscontrava una grave difficoltà, perché riteneva assai ingiusto che versassero in miseria quelli che egli stesso aveva richiamato - ed i cui beni erano posseduti da altri - e, d'altra parte, non riteneva troppo giusto sovvertire i possessi di cinquant'anni (per il fatto che in un periodo di tempo così lungo molti erano occupati con legittimo diritto per eredità o compere o doti), giudicò che non bisognava togliere i beni a quelli, e che si doveva anche dare soddisfazione agli antichi proprietari.

82. Avendo, dunque, stabilito che occorreva denaro per sistemare la faccenda, disse di voler partire per Alessandria, e ordinò che la situazione rimanesse inalterata sino al suo ritorno. In gran fretta si recò da Tolomeo, che l'aveva ospitato, e che era allora il secondo re dalla fondazione di Alessandria; avendogli esposto che voleva liberare la patria ed avendolo informato del motivo, quell'uomo eccezionale ottenne facilmente dal ricco re che l'aiutasse con una grande somma di denaro. Portatala a Sicione, chiamò a consiglio intorno a sé i primi quindici cittadini, coi quali esaminò la situazione di coloro che occupavano i possedimenti degli altri e di coloro che avevano perduto i propri, e dopo la stima dei possedimenti riuscì a persuadere gli uni che era preferibile accettare il denaro e cedere i possedimenti, e gli altri che ritenessero più vantaggioso essere compensati con una somma ingente in contanti anziché recuperare la proprietà. Ne conseguì che, ristabilita la concordia, tutti si allontanarono senza lamentarsi.

---

[137] Gli Efori erano un collegio di cinque magistrati anziani che a Sparta aveva potere di vita e di morte sugi stessi re.

[83] O virum magnum dignumque, qui in re publica nostra natus esset! Sic par est, agere cum civibus, non, ut bis iam vidimus, hastam in foro ponere et bona civium voci subicere praeconis. At ille Graecus, id quod fuit sapientis et praestantis viri, omnibus consulendum putavit, eaque est summa ratio et sapientia boni civis, commoda civium non divellere atque omnis aequitate eadem continere. Habitent gratis in alieno. Quid ita? ut, cum ego emerim, aedificarim, tuear, impendam, tu me invito fruare meo? Quid est aliud aliis sua eripere, aliis dare aliena?

[84] Tabulae vero novae quid habent argumenti, nisi ut emas mea pecunia fundum, eum tu habeas, ego non habeam pecuniam? Quam ob rem ne sit aes alienum, quod rei publicae noceat, providendum est, quod multis rationibus caveri potest, non, si fuerit, ut locupletes suum perdant, debitores lucrentur alienum. Nec enim ulla res vehementius rem publicam continet quam fides, quae esse nulla potest, nisi erit necessaria solutio rerum creditarum. Numquam vehementius actum est quam me consule ne solveretur. Armis et castris temptata res est ab omni genere hominum et ordine; quibus ita restiti, ut hoc totum malum de re publica tolleretur. Numquam nec maius aes alienum fuit nec melius nec facilius dissolutum est; fraudandi enim spe sublata solvendi necessitas consecuta est. At vero hic nunc victor tum quidem victus, quae cogitarat, cum ipsius intererat, tum ea perfecit, cum eius iam nihil interesset. Tanta in eo peccandi libido fuit, ut hoc ipsum eum delectaret peccare, etiam si causa non esset.

83. O uomo grande e degno di esser nato nel nostro Stato! Questo è il modo equo di agire coi cittadini, non, come abbiamo già visto per due volte, piantare l'asta nel foro e mettere all'incanto i beni dei cittadini. Ma quel Greco ritenne che si dovesse provvedere a tutti, e questa fu una decisione degna di un uomo saggio e superiore; in questo consiste la massima avvedutezza e saggezza di un buon cittadino, nel non eliminare i vantaggi dei cittadini e nel trattare tutti con la stessa equità. Abitino gratis nella proprietà altrui. E perché questo? Dopo che io ho comprato, edificato, curato e speso, tu godrai del mio senza che io lo voglia? Che altro è se non strappare agli uni i propri averi e dare agli altri quelli altrui?

84. Queste nuove tavole che altra funzione hanno se non che tu possa comprare un podere con i miei soldi, che tu te lo tenga ed io non abbia denaro? Perciò bisogna stare attenti a non far debiti che possano nuocere allo Stato; questo rischio può essere evitato in molti modi, e non già col lasciare che i ricchi perdano le loro sostanze ed i debitori si arricchiscano col denaro altrui. E invero nessuna cosa tiene più saldo lo Stato che la fiducia, la quale non può sussistere se non sarà necessario il pagamento dei debiti. Mai con maggior decisione si cercò di non pagarli, come sotto il mio consolato; si fece ogni tentativo con le armi e con gli eserciti, da parte di uomini di ogni genere e di ogni classe, ai quali io ho resistito si da eliminare tutto il male dello Stato. Non ci fu mai un debito maggiore e non fu mai pagato meglio e più facilmente; tolta la speranza di frodare, ne consegui la necessità di frodare. Ma costui poi vincitore, allora, invero, vinto, fini per realizzare i suoi piani quando non gli interessavano più per nulla: tanto grande fu in lui il desiderio di peccare, che lo dilettava il peccare in se stesso, anche se non ve n'era motivo.

[85] Ab hoc igitur genere largitionis, ut aliis detur, aliis auferatur, aberunt ii, qui rem publicam tuebuntur, inprimisque operam dabunt, ut iuris et iudiciorum aequitate suum quisque teneat et neque tenuiores propter humilitatem circumveniantur neque locupletibus ad sua vel tenenda vel recuperanda obsit invidia, praeterea, quibuscumque rebus vel belli vel domi poterunt, rem publicam augeant imperio, agris, vectigalibus. Haec magnorum hominum sunt, haec apud maiores nostros factitata, haec genera officiorum qui persecuntur cum summa utilitate rei publicae magnam ipsi adipiscentur et gratiam et gloriam.

[86] In his autem utilitatum praeceptis Antipater Tyrius, Stoicus, qui Athenis nuper est mortuus, duo praeterita censet esse a Panaetio, valitudinis curationem et pecuniae; quas res a summo philosopho praeteritas arbitror, quod essent faciles; sunt certe utiles. Sed valetudo sustentatur notitia sui corporis et observatione, quae res aut prodesse soleant aut obesse, et continentia in victu omni atque cultu corporis tuendi causa praetermittendis voluptatibus, postremo arte eorum quorum ad scientiam haec pertinent.

[87] Res autem familiaris quaeri debet iis rebus, a quibus abest turpitudo, conservari autem diligentia et parsimonia, eisdem etiam rebus augeri. Has res commodissime Xenophon Socraticus persecutus est in eo libro, qui Oeconomicus inscribitur, quem nos, ista fere aetate cum essemus, qua es tu nunc, e Graeco in Latinum convertimus. Sed toto hoc de genere, de quaerenda, de collocanda pecunia, (vellem etiam de utenda), commodius a quibusdam optimis viris ad Ianum medium sedentibus quam ab ullis philosophis ulla in schola disputatur. Sunt tamen ea cognoscenda; pertinent enim ad utilitatem, de qua hoc libro disputatum est.

85. Dunque da questo genere di elargizioni, tale che agli uni si dà e si toglie agli altri, si dovranno astenere coloro che custodiranno lo Stato, e per prima cosa si impegneranno a che ciascuno abbia il suo, in base alla giustizia del diritto e dei tribunali, e che i più deboli non siano sopraffatti a causa della loro umile condizione e che l'invidia non frapponga ostacoli ai ricchi nel conservare i propri averi o nel recuperarli; inoltre con tutti i mezzi possibili in guerra e in pace ingrandiscano lo Stato in potere militare, in territorio ed in entrate. Queste sono azioni di uomini grandi, questi sono i fatti consueti presso i nostri antenati; coloro che perseguono questi generi di doveri, insieme ad una grandissima autorità per lo Stato conseguiranno la gratitudine di tutti e la gloria.

86. Riguardo a questi precetti sull'utile, lo stoico Antipatro di Tiro, che da poco è morto in Atene, pensa che Panezio abbia trascurato due temi: la cura della propria salute e quella del patrimonio. Penso che quel sommo filosofo li abbia tralasciati per la loro facilità; sono certamente utili. Ma la salute si mantiene con la conoscenza del proprio corpo, con l'osservazione di ciò che solitamente ci giova o ci nuoce, con la morigeratezza nel vitto e nel mantenimento del corpo, per conservarlo sano, tralasciati i piaceri, ed infine con l'attività. professionale di quelli, la cui scienza riguarda queste cose.

87. Il patrimonio familiare si deve ricercare con mezzi dai quali sia lontana la disonestà, conservare con diligenza e parsimonia e accrescere con gli stessi mezzi. Senofonte, discepolo di Socrate, trattò tutti questi temi in modo assai adeguato in quel libro che s' intitola *Economico*, che io tradussi dal greco in latino quando avevo all'incirca la tua età. Ma dell'intera questione relativa al modo di procurarsi il denaro e di investirlo (e vorrei anche sul modo di usarlo bene), si discute con maggiore opportunità da parte di certe brave persone che risiedono presso il Giano di mezzo[138], che non da parte di alcun filosofo in una scuola. Tuttavia si devono conoscere; riguardano, difatti, l'utile, del quale si è trattato in questo libro.

---

[138] Con il termine Giano di mezzo i Romani indicavano un arco nel Foro, dove lavoravano banchieri e prestavalute.

[88] Sed utilitatum comparatio, quoniam hic locus erat quartus, a Panaetio praetermissus, saepe est necessaria. Nam et corporis commoda cum externis [et externa cum corporis] et ipsa inter se corporis et externa cum externis comparari solent. Cum externis corporis hoc modo comparantur, valere ut malis quam dives esse, [cum corporis externa hoc modo, dives esse potius quam maximis corporis viribus,] ipsa inter se corporis sic, ut bona valitudo voluptati anteponatur, vires celeritati, externorum autem, ut gloria divitiis, vectigalia urbana rusticis.

[89] Ex quo genere comparationis illud est Catonis senis: a quo cum quaereretur, quid maxime in re familiari expediret, respondit: «Bene pascere»; quid secundum: «Satis bene pascere»; quid tertium: «Male pascere»; quid quartum «Arare»; et cum ille, qui quaesierat, dixisset: «Quid faenerari?», tum Cato: «Quid hominem», inquit, «occidere?». Ex quo et multis aliis intellegi debet utilitatum comparationes fieri solere recteque hoc adiunctum esse exquirendorum officiorum genus.

[90] Reliqua deinceps persequemur.

88. Ma il paragone tra due cose utili - poiché questo era il quarto punto, tralasciato da Panezio e spesso necessario: infatti si è soliti paragonare i vantaggi del corpo con quelli esterni [e gli esterni con quelli del corpo] e quelli stessi del corpo tra di loro, e gli esterni con gli esterni. Si paragonano i vantaggi fisici con quelli esterni, quando ci si chiede se si preferisce la salute alla ricchezza, si paragonano quelli esterni coi corporali in questo modo, per vedere se è possibile esser ricchi piuttosto che avere una forza fisica grandissima e quelli stessi fisici sì da anteporre la buona salute al piacere, la forza alla rapidità; ed infine il confronto degli esterni, così da anteporre la gloria alle ricchezze, le imposte delle città a quelle delle campagne.

89. A questo genere di raffronto appartiene quel detto di Catone il vecchio: essendogli stato chiesto che cosa giovasse massimamente al patrimonio, rispose: «Allevare bene il bestiame»; e che cosa, in secondo luogo: «Allevarlo sufficientemente bene»; e che cosa, in terzo luogo: «Allevarlo male»; che cosa, in quarto luogo: «Arare». E avendogli detto l'interrogante: «E che, del dare ad usura?», allora Catone rispose: «E che dell'uccidere un uomo?». Da questo e da molti altri esempi si deve capire che i paragoni tra le cose utili si fanno comunemente, e che opportunamente è stato aggiunto questo quarto tipo di indagine sui doveri.

90. Passeremo, quindi, al resto.

Libro Terzo

[1] P. Scipionem, Marce fili, eum, qui primus Africanus appellatus est, dicere solitum scripsit Cato, qui fuit eius fere aequalis, numquam se minus otiosum esse, quam cum otiosus, nec minus solum, quam cum solus esset. Magnifica vero vox et magno viro ac sapiente digna; quae declarat illum et in otio de negotiis cogitare et in solitudine secum loqui solitum, ut neque cessaret umquam et interdum conloquio alterius non egeret. Ita duae res, quae languorem adferunt ceteris, illum acuebant, otium et solitudo. Vellem nobis hoc idem vere dicere liceret, sed si minus imitatione tantam ingenii praestantiam consequi possumus, voluntate certe proxime accedimus. Nam et a re publica forensibusque negotiis armis impiis vique prohibiti otium persequimur et ob eam causam urbe relicta rura peragrantes saepe soli sumus.

[2] Sed nec hoc otium cum Africani otio nec haec solitudo cum illa comparanda est. Ille enim requiescens a rei publicae pulcherrimis muneribus otium sibi sumebat aliquando et coetu hominum frequentiaque interdum tamquam in portum se in solitudinem recipiebat, nostrum autem otium negotii inopia, non requiescendi studio constitutum est. Extincto enim senatu deletisque iudiciis quid est, quod dignum nobis aut in curia aut in foro agere possimus?

[3] Ita qui in maxima celebritate atque in oculis civium quondam vixerimus, nunc fugientes conspectum sceleratorum, quibus omnia redundant, abdimus nos quantum licet et saepe soli sumus. Sed quia sic ab hominibus doctis accepimus, non solum ex malis eligere minima oportere, sed etiam excerpere ex his ipsis, si quid inesset boni, propterea et otio fruor, non illo quidem, quo debeat is, qui quondam peperisset otium civitati, nec eam solitudinem languere patior, quam mihi adfert necessitas, non voluntas.

1. O figlio Marco, Catone, che gli fu quasi coetaneo, scrisse che Publio Scipione, quello che per primo fu soprannominato l'Africano, era solito dire di non essere mai meno ozioso di quando era ozioso, e mai meno solo di quando era solo. Parole veramente magnifiche e degne di un uomo grande e saggio; esse dimostrano che nei periodi di riposo egli pensava agli affari e quando era solo era solito parlare con se stesso, sicché non gli mancava mai un'occupazione e [talora] non aveva bisogno di colloquiare con un altro. Così queste due situazioni, l'ozio e la solitudine, che arrecano agli altri fiacchezza, gli erano di stimolo. Vorrei che fosse lecito dire, con verità, lo stesso di me; ma se posso raggiungere in minor grado una si grande elevatezza d'ingegno con l'imitazione, certamente con l'intenzione mi ci avvicino molto di più. Infatti tenuto lontano dalla vita politica e dagli affari forensi dalla violenza delle armi sacrileghe, sono costretto a vivere in ozio e per questo motivo, lasciata la città, vagando per i campi spesso sono solo.

2. Ma né quest'ozio si può paragonare con quello dell'Africano, né questa mia solitudine con quella; egli, per ritagliarsi una pausa dagli importantissimi affari dello Stato, di tanto in tanto si prendeva un periodo di riposo e dalle assemblee e dagli affollamenti cittadini si rifugiava talora nella solitudine come in un porto; il mio ozio, invece, è cagionato non dal desiderio di riposo, ma dalla mancanza di affari. Sparito, ormai, il Senato e distrutti i tribunali, che cosa c'è che io possa fare, degno di me, nella Curia e nel Foro?

3. Pertanto io, che un tempo vissi assai frequentemente in pubblico e sotto gli occhi dei cittadini, ora, fuggendo la vista degli sciagurati, dei quali è pieno ogni luogo, mi nascondo quanto è possibile e spesso resto solo. Ma poiché ho imparato dai filosofi non solo che tra i mali conviene scegliere quelli minori, ma anche trarre da essi stessi ciò che possono contenere di buono, perciò mi avvalgo di questa tranquillità – non quella, in verità, che dovrebbe avere un uomo che un tempo ha procurato la tranquillità alla patria – e non mi lascio prostrare da quella solitudine che mi è imposta dalla necessità, non dalla mia volontà.

[4] Quamquam Africanus maiorem laudem meo iudicio assequebatur. Nulla enim eius ingenii monumenta mandata litteris, nullum opus otii, nullum solitudinis munus extat; ex quo intellegi debet illum mentis agitatione investigationeque earum rerum, quas cogitando consequebatur, nec otiosum nec solum umquam fuisse; nos autem, qui non tantum roboris habemus, ut cogitatione tacita a solitudine abstrahamur, ad hanc scribendi operam omne studium curamque convertimus. Itaque plura brevi tempore eversa quam multis annis stante re publica scripsimus.

[5] Sed cum tota philosophia, mi Cicero, frugifera et fructuosa nec ulla pars eius inculta ac deserta sit, tum nullus feracior in ea locus est nec uberior, quam de officiis, a quibus constanter honesteque vivendi praecepta ducuntur. Quare quamquam a Cratippo nostro, principe huius memoriae philosophorum, haec te assidue audire atque accipere confido, tamen conducere arbitror talibus aures tuas vocibus undique circumsonare, nec eas, si fieri possit, quicquam aliud audire.

[6] Quod cum omnibus est faciendum, qui vitam honestam ingredi cogitant, tum haud scio an nemini potius quam tibi. Sustines enim non parvam expectationem imitandae industriae nostrae, magnam honorum, non nullam fortasse nominis. Suscepisti onus praeterea grave et Athenarum et Cratippi; ad quos cum tamquam ad mercaturam bonarum artium sis profectus, inanem redire turpissimum est dedecorantem et urbis auctoritatem et magistri. Quare quantum coniti animo potes, quantum labore contendere, si discendi labor est potius quam voluptas, tantum fac ut efficias neve committas, ut, cum omnia suppeditata sint a nobis, tute tibi defuisse videare. Sed haec hactenus; multa enim saepe ad te cohortandi gratia scripsimus; nunc ad reliquam partem propositae divisionis revertamur.

4. Comunque l'Africano conseguì, a mio parere, una gloria maggiore. Non resta alcuna testimonianza scritta del suo ingegno, nessuna opera elaborata nel periodo di riposo, nessun frutto della sua solitudine. Da ciò si deve dedurre che egli, per il suo fervore intellettuale e per la ricerca di quelle verità che raggiungeva con il pensiero, non fu mai ozioso e mai solo; io, invece, che non ho tanto vigore da astrarmi dalla solitudine con una silenziosa meditazione, ho rivolto tutto il mio interesse e la mia attenzione a quest'attività dello scrivere: perciò in poco tempo ho scritto più opere dopo la caduta della repubblica, che in molti anni, quando essa era in piedi.

5. Ma benché tutta la filosofia, o mio Cicerone, sia utile e fruttuosa, e nessuna sua parte sia incolta e trascurata, tuttavia nessuna sezione è più fertile e più ricca di quella che si occupa dei doveri, dalla quale sono dedotti i precetti di una vita coerente ed onesta. Perciò, pur fiducioso che tu assiduamente senta ed apprenda queste cose dal nostro Cratippo, il più illustre dei filosofi di quest'epoca, tuttavia penso che sia utile che le tue orecchie risuonino da ogni parte di tali voci, e, se possibile, non prestino ascolto alcun'altra tesi.

6. Tutti coloro che pensano di iniziare una vita onesta, devono far questo, e non so se qualcuno lo debba più di te; tu ti sei sobbarcata la non piccola responsabilità dell'imitazione della mia attività, il grande impegno di imitare la mia carriera e la non lieve incombenza di imitare, forse, la mia gloria. Inoltre ti sei addossato un grave peso nei riguardi di Atene e di Cratippo; e poiché sei partito alla loro volta come verso un mercato di buone arti, sarebbe assai vergognoso ritornare a mani vuote, recando disonore al prestigio della città e del maestro. Perciò con quanto impegno intellettuale puoi, con quanti sforzi ti adoperi - anche se quella di apprendere è una fatica piuttosto che un piacere - fa in modo di riuscire e non metterti nelle condizioni di sembrare d'aver mancato a te stesso, dopo che io ti ho fornito ogni mezzo. Ma su ciò, basta; infatti molto ti ho scritto frequentemente per esortarti; ora ritorno all'ultima parte della divisione programmata.

[7] Occuritur autem nobis, et quidem a doctis et eruditis quaerentibus, satisne constanter facere videamur, qui, cum percipi nihil posse dicamus, tamen et aliis de rebus disserere soleamus et hoc ipso tempore praecepta officii persequamur. Quibus vellem satis cognita esset nostra sententia. Non enim sumus ii, quorum vagetur animus errore nec habeat umquam quid sequatur. Quae enim esset ista mens vel quae vita potius, non modo disputandi, sed etiam vivendi ratione sublata? Nos autem, ut ceteri alia certa, alia incerta esse dicunt, sic ab his dissentientes alia probabilia, contra alia dicimus.

[8] Quid est igitur, quod me impediat ea, quae probabilia mihi videantur, sequi, quae contra improbare atque adfirmandi arrogantiam vitantem fugere temeritatem, quae a sapientia dissidet plurimum? Contra autem omnia disputantur a nostris, quod hoc ipsum probabile elucere non possit, nisi ex utraque parte causarum esset facta contentio. Sed haec explanata sunt in Academicis nostris satis, ut arbitror, diligenter. Tibi autem, mi Cicero, quamquam in antiquissima nobilissimaque philosophia Cratippo auctore versaris iis simillimo, qui ista praeclara pepererunt, tamen haec nostra, finituma vestris, ignota esse nolui. Sed iam ad instituta pergamus.

[9] Quinque igitur rationibus propositis officii persequendi, quarum duae ad decus honestatemque pertinerent, duae ad commoda vitae, copias, opes, facultates, quinta ad eligendi iudicium, si quando ea, quae dixi, pugnare inter se viderentur, honestatis pars confecta est, quam quidem tibi cupio esse notissimam. Hoc autem de quo nunc agimus, id ipsum est, quod utile appellatur. In quo verbo lapsa consuetudo deflexit de via sensimque eo deducta est, ut honestatem ab utilitate secernens constitueret esse honestum aliquid, quod utile non esset, et utile, quod non honestum, qua nulla pernicies maior hominum vitae potuit afferri.

[10] Summa quidem auctoritate philosophi severe sane atque honeste haec tria genera confusa cogitatione distinguunt: quicquid enim iustum sit, id etiam utile esse censent, itemque quod honestum, idem iustum, ex quo efficitur, ut, quicquid honestum sit, idem sit utile. Quod qui parum perspiciunt, ii saepe versutos homines et callidos admirantes, malitiam sapientiam iudicant. Quorum error eripiendus est opinioque omnis ad eam spem traducenda, ut honestis consiliis iustisque factis, non fraude et malitia se intellegant ea, quae velint, consequi posse.

7. Panezio, dunque, che senza alcun dubbio ha disputato in modo molto preciso intorno ai doveri, e che io ho seguito in linea di massima, pur avendo apportato qualche correzione, fissa tre tipi di domande sulle quali gli uomini sono soliti riflettere e quindi decidere intorno al dovere: la prima, quando si è incerti se sia onesto o meno ciò di cui si tratta; la seconda se sia utile o no; la terza concerne il modo in cui ciò che ha l'apparenza dell'onesto contrasti con ciò che sembra utile. Panezio trattò in tre libri i primi due quesiti, del terzo scrisse, invece, che ne avrebbe parlato in seguito, ma non mantenne ciò che aveva promesso;

8. la qualcosa mi meraviglia tanto maggiormente, in quanto il suo discepolo Posidonio ha scritto che Panezio visse altri trent'anni dopo la pubblicazione di quei libri. Mi stupisce che la questione sia stata toccata di sfuggita da Posidonio in certe sue *Memorie*, specialmente perché scrive che in tutta quanta la filosofia non c'è alcun argomento altrettanto fondamentale.

9. In verità io non sono per niente d'accordo con quanti affermano che quel punto non sia stato trascurato da Panezio, ma piuttosto abbandonato di proposito, e che non lo si dovesse affatto svolgere, perché l'utile non può mai contrastare con l'onesto; intorno a ciò può sorgere il dubbio, se si dovesse accogliere la categoria, che nella divisione di Panezio occupa il terzo posto, o si dovesse omettere del tutto; ma non si può dubitare che la questione sia stata sollevata da Panezio, ma poi trascurata.

10. Infatti a chiunque abbia svolto due parti su tre della materia che ha così suddiviso, necessariamente resta la terza parte; inoltre alla fine del terzo libro egli promette di svolgere in seguito questa parte. A ciò si aggiunge come inoppugnabile testimone Posidonio, il quale scrive anche in una lettera che Publio Rutilio Rufo, che era stato discepolo di Panezio, soleva dire che, come non si era trovato alcun pittore capace di completare quella parte nella Venere di Coo che Apelle aveva lasciato incompiuta (infatti la bellezza del viso toglieva la speranza di imitarla nel resto del corpo), così quelle parti che Panezio aveva trascurato e non aveva compiuto nessuno le aveva completate a causa dell'eccellenza di quelle che aveva portato a termine.

[11] Quae ergo ad vitam hominum tuendam pertinent, partim sunt inanima, ut aurum, argentum, ut ea, quae gignuntur e terra, ut alia generis eiusdem, partim animalia, quae habent suos impetus et rerum appetitus. Eorum autem rationis expertia sunt, alia ratione utentia. Expertes rationis equi, boves, reliquae pecudes, apes, quarum opere efficitur aliquid ad usum hominum atque vitam. Ratione autem utentium duo genera ponunt, deorum unum, alterum hominum. Deos placatos pietas efficiet et sanctitas; proxime autem et secundum deos homines hominibus maxime utiles esse possunt.

[12] Earumque item rerum, quae noceant et obsint, eadem divisio est. Sed quia deos nocere non putant, iis exceptis homines hominibus obesse plurimum arbitrantur. Ea enim ipsa, quae inanima diximus, pleraque sunt hominum operis effecta, quae nec haberemus, nisi manus et ars accessisset, nec iis sine hominum administratione uteremur. Neque enim valitudinis curatio neque navigatio, neque agricultura neque frugum fructuumque reliquorum perceptio et conservatio sine hominum opera ulla esse potuisset.

[13] Etenim quod summum bonum a Stoicis dicitur, convenienter naturae vivere, id habet hanc, ut opinor, sententiam, cum virtute congruere semper, cetera autem, quae secundum naturam essent, ita legere, si ea virtuti non repugnarent. Quod cum ita sit, putant quidam hanc comparationem non recte introductam nec omnino de eo genere quicquam praecipiendum fuisse. Atque illud quidem honestum, quod proprie vereque dicitur id in sapientibus est solis neque a virtute divelli umquam potest. In iis autem, in quibus sapientia perfecta non est, ipsum illud quidem perfectum honestum nullo modo, similitudines honesti esse possunt.

11. Per questa ragione non si può dubitare delle intenzioni di Panezio; si potrà forse discutere se a giusta ragione oppure no abbia aggiunto questa terza parte per trattare a fondo il dovere: infatti, vuoi che l'onesto sia il solo bene, come ritengono gli Stoici, vuoi che, come sembra ai vostri Peripatetici, ciò che è onesto sia il sommo bene - cosicché tutti gli altri beni posti nell'altro piatto della bilancia abbiano appena un piccolissimo peso -, non si deve mettere in dubbio che l'utile non possa mai essere in conflitto con l'onesto. Perciò sappiamo che Socrate era solito contestare violentemente quelli che per la prima volta avevano operato una distinzione teorica tra questi concetti, per natura collegati tra di loro. In realtà gli Stoici furono talmente d'accordo con lui, da ritenere che tutto ciò che è onesto è utile, e non è utile ciò che non è onesto.

12. E se Panezio fosse un uomo tale da affermare che la virtù si deve praticare proprio perché essa è produttrice di utilità, come quelli che misurano le cose da desiderare o in base al piacere o in base alla assenza di dolore, sarebbe possibile per lui affermare che l'utilità contrasta qualche volta con l'onestà. Ma poiché egli è tale che giudica unico bene ciò che è onesto, e ritiene che le cose in contrasto con l'onesto, pur con una certa apparenza di utile, non rendano la vita migliore con il loro apporto, né la rendano peggiore con la loro assenza, perciò non sembra che egli avrebbe dovuto introdurre un discorso di tal genere, nel quale ciò che sembra utile viene messo a paragone con ciò che è onesto.

13. Infatti ciò che è chiamato dagli Stoici il sommo bene – il vivere secondo natura – ha questo significato, secondo il mio parere, di conformarsi sempre alla virtù e a tutte le altre cose che sono secondo natura, di sceglierle in quanto non siano in contrasto con la virtù. Poiché la questione sta in tali termini, alcuni ritengono che questa comparazione sia stata introdotta senza una giusta ragione e che, quindi, non si dovrebbero dare affatto insegnamenti. Inoltre quella onestà (ideale), si afferma con giusta proprietà, si trova nei soli sapienti e non può mai essere disgiunta dalla virtù. In coloro, invece, nei quali la sapienza non è perfetta, non è in alcun modo perfetta neppure quella stessa onestà, ma vi possono essere elementi ad essa simili.

[14] Haec enim officia, de quibus his libris disputamus, media Stoici appellant; ea communia sunt et late patent, quae et ingenii bonitate multi assequuntur et progressione discendi. Illud autem officium, quod rectum idem appellant, perfectum atque absolutum est et, ut idem dicunt, omnes numeros habet nec praeter sapientem cadere in quemquam potest.

[15] Cum autem aliquid actum est, in quo media officia compareant, id cumulate videtur esse perfectum propterea, quod vulgus, quid absit a perfecto, non fere intellegit; quatenus autem intellegit, nihil putat praetermissum, quod idem in poematis, in picturis usu venit in aliisque compluribus, ut delectentur imperiti laudentque ea, quae laudanda non sint, ob eam, credo, causam, quod insit in his aliquid probi, quod capiat ignaros, qui idem, quid in unaquaque re vitii sit, nequeant iudicare. Itaque cum sunt docti a peritis, desistunt facile sententia. Haec igitur officia, de quibus his libris disserimus, quasi secunda quaedam honesta esse dicunt, non sapientium modo propria, sed cum omni hominum genere communia.

[16] Itaque iis omnes, in quibus est virtutis indoles, commoventur. Nec vero, cum duo Decii aut duo Scipiones fortes viri commemorantur, aut cum Fabricius, aut Aristides iustus nominatur, aut ab illis fortitudinis aut ab his iustitiae tamquam a sapiente petitur exemplum; nemo enim horum sic sapiens, ut sapientem volumus intellegi, nec ii, qui sapientes habiti et nominati, M. Cato et C. Laelius, sapientes fuerunt, ne illi quidem septem, sed ex mediorum officiorum frequentia similitudinem quandam gerebant speciemque sapientium.

14. Questi doveri, appunto, di cui sto trattando in questi libri, gli Stoici li chiamano mediani (relativi); sono doveri comuni e si estendono in ogni campo, e molti arrivano a conoscerli tramite la bontà della loro indole e per educazione progressiva; invece quel dovere che chiamiamo retto è perfetto ed assoluto e, come dicono essi stessi, ha tutti i pregi e non si può trovare in alcun altro tranne che nel sapiente. **15.** Quando però si compie qualche azione nella quale si presentino i doveri di mezzo (relativi), essa sembra assolutamente perfetta, proprio perché la gente comune in genere non comprende quanto sia lontana dalla perfezione e, fino al punto in cui giunge la sua intelligenza, non pensa di aver trascurato niente. La medesima cosa è divenuta usuale nell'ambito della poesia, della pittura ed in molti altri campi, cosicché i profani traggono piacere ed apprezzano quelle cose che non devono essere apprezzate, per il motivo – credo – che è insito in esse un qualcosa di onesto, che affascina gli inesperti, i quali d'altra parte non possono giudicare i difetti propri di ciascuna opera; perciò, quando sono illuminati da esperti, facilmente cambiano la loro opinione. Questi doveri, dunque, dei quali sto disquisendo in questi libri, sono – secondo gli Stoici – cose oneste di secondo grado, non proprie solamente dei sapienti, ma comuni all'intero genere umano.

16. Perciò tutti coloro nei quali vi è una naturale propensione alla virtù, ne sono attratti. Infatti, quando si ricordano come uomini coraggiosi i due Deci o i due Scipioni, o quando si dà l'appellativo di "giusto" a Fabrizio o ad Aristide, non si richiede un esempio da quelli di fortezza o da questi di giustizia come da un sapiente; giacché nessuno di questi fu sapiente a tal punto da corrispondere al nostro modello di sapiente, né quelli che furono ritenuti e chiamati sapienti, Marco Catone e Gaio Lelio, furono veramente tali, e neppure i famosi Sette Sapienti, ma dall'applicazione assidua dei doveri relativi avevano una certa somiglianza e apparenza di sapienti.

[17] Quocirca nec id, quod vere honestum est, fas est cum utilis repugnantia comparari, nec id quod communiter appellamus honestum, quod colitur ab iis, qui bonos se viros haberi volunt, cum emolumentis umquam est comparandum tamque id honestum, quod in nostram intellegentiam cadit, tuendum conservandumque nobis est quam illud, quod proprie dicitur vereque est honestum, sapientibus; aliter enim teneri non potest, si quae ad virtutem est facta progressio. Sed haec quidem de his, qui conservatione officiorum existimantur boni.

[18] Qui autem omnia metiuntur emolumentis et commodis neque ea volunt praeponderari honestate, ii solent in deliberando honestum cum eo, quod utile putant, comparare, boni viri non solent. Itaque existimo Panaetium, cum dixerit homines solere in hac comparatione dubitare, hoc ipsum sensisse, quod dixerit solere modo, non etiam oportere. Etenim non modo pluris putare, quod utile videatur quam quod honestum sit, sed etiam haec inter se comparare et in his addubitare turpissimum est. Quid ergo est quod non numquam dubitationem adferre soleat considerandumque videatur? Credo, si quando dubitatio accidit, quale sit id, de quo consideretur.

17. Per questo non è lecito paragonare con ciò che si oppone all'utile quanto è veramente onesto, e neppure quanto chiamiamo comunemente onesto, che è praticato da quelle persone che vogliano essere ritenute oneste, si deve mai paragonare coi vantaggi materiali; si deve difendere e conservare da parte nostra tanto quell'onesto che rientra nell'ambito della nostra intelligenza, quanto quello che è detto con proprietà e verità, onesto da parte dei sapienti; altrimenti non è possibile conservare gli eventuali progressi compiuti sulla via della virtù. Ma tali suggerimenti riguardano coloro che sono stimati buoni per l'adempimento continuo dei loro doveri.

18. Coloro che, al contrario, misurano ogni cosa in base al guadagno o al vantaggio personale e non vogliono che l'onestà abbia il sopravvento su ciò, sono soliti, nel prendere una decisione, mettere a confronto l'onesto con ciò che ritengono utile, mentre gli uomini onesti non sono soliti farlo. Perciò ritengo che Panezio, quando ha detto che gli uomini sono soliti esitare in questo confronto, abbia inteso proprio questo che ha detto, cioè che «sono soliti» solamente, e non anche «devono». È decisamente immorale, difatti, non soltanto stimare di maggior valore ciò che sembra utile rispetto a ciò che è onesto, ma anche paragonare questi concetti tra di loro ed avere dei dubbi in proposito. Ma che cos'è, dunque, ciò che talvolta ci spinge a dubitare e ci sembra degno di considerazione? Credo, se qualche volta sorge il dubbio, che esso riguardi la natura delle cose su cui si riflette.

[19] Saepe enim tempore fit, ut quod turpe plerumque haberi soleat, inveniatur non esse turpe. Exempli causa ponatur aliquid, quod pateat latius. Quod potest maius scelus quam non modo hominem, sed etiam familiarem hominem occidere? Num igitur se adstrinxit scelere, si qui tyrannum occidit quamvis familiarem? Populo quidem Romano non videtur, qui ex omnibus praeclaris factis illud pulcherrimum existimat. Vicit ergo utilitas honestatem? Immo vero honestas utilitatem secuta est. Itaque, ut sine ullo errore diiudicare possimus, si quando cum illo, quod honestum intellegimus, pugnare id videbitur, quod appellamus utile, formula quaedam constituenda est; quam si sequemur in comparatione rerum, ab officio numquam recedemus.

[20] Erit autem haec formula Stoicorum rationi disciplinaeque maxime consentanea; quam quidem his libris propterea sequimur, quod, quamquam et a veteribus Academicis et a Peripateticis vestris, qui quondam idem erant, qui Academici, quae honesta sunt, anteponuntur iis, quae videntur utilia, tamen splendidius haec ab eis disserentur, quibus, quicquid honestum est idem utile videtur nec utile quicquam, quod non honestum, quam ab iis, quibus et honestum aliquid non utile aut utile non honestum. Nobis autem nostra Academia magnam licentiam dat, ut, quodcumque maxime probabile occurrat, id nostro iure liceat defendere. Sed redeo ad formulam.

[21] Detrahere igitur alteri aliquid et hominem hominis incommodo suum commodum augere magis est contra naturam quam mors, quam paupertas, quam dolor, quam cetera, quae possunt aut corpori accidere aut rebus externis. Nam principio tollit convictum humanum et societatem. Si enim sic erimus adfecti, ut propter suum quisque emolumentum spoliet aut violet alterum, disrumpi necesse est eam, quae maxime est secundum naturam, humani generis societatem.

19. Spesso, infatti, accade che, cambiate le circostanze, ciò che siamo soliti stimare per lo più immorale, si trova che non è tale. Per esempio, si ponga un caso che è suscettibile della più ampia applicazione. Quale delitto può essere più grande dell'assassinare non soltanto un uomo, ma anche un amico intimo? Forse qualcuno si rende colpevole di un delitto, se uccide un tiranno, anche se suo amico intimo?[139] Ciò non sembra al popolo romano, che anzi considera quell'azione la più bella tra tutte le altre illustri. L'utile, dunque, ha prevalso sull'onesto? No; anzi, l'utile ha seguito l'onesto. Perciò, per poter distinguere senza ombra di errore, quando talora ci sembra che quanto chiamiamo utile contrasti con quanto riteniamo onesto, occorre stabilire una norma tale da non allontanarci mai dall'onesto se noi lo applicheremo nel porre a confronto le azioni.

20. Questa norma sarà pienamente conforme alle teorie della dottrina stoica: e la seguiamo in questi libri per il fatto che, sebbene anche gli antichi Accademici e i vostri Peripatetici, che una volta erano tutt'uno con gli Accademici, antepongano ciò che è onesto a ciò che sembra utile, tuttavia questi argomenti sono trattati in maniera molto più elevata da quelli che identificano l'utile con l'onesto e negano che sia utile ciò che non è onesto, anziché da quelli secondo i quali qualche cosa onesta non è utile e qualche cosa utile non è onesta. Quanto a noi, la nostra Accademia ci dà ampie possibilità di difendere, a pieno diritto, qualsiasi tesi ci si presenti in sommo grado probabile. Ma ritorno alla norma.

21. Dunque, che un uomo sottragga qualcosa ad un altro e aumenti il proprio vantaggio con lo svantaggio di un altro è contro natura più della morte, della povertà, del dolore e di tutti gli altri mali che possono accadere al corpo o ai beni esterni: ciò infatti mina alle basi la convivenza umana e la società: se infatti saremo così disposti da spogliare o violare un altro a causa del suo guadagno, di necessità si disgrega quella che è soprattutto secondo natura, cioè il legame tra gli uomini.

---

[139] Allusione all'assassinio di Cesare da parte dei congiurati capeggiati da Bruto e da Cassio.

[22] Ut, si unum quodque membrum sensum hunc haberet, ut posse putaret se valere, si proximi membri valitudinem ad se traduxisset, debilitari et interire totum corpus necesse esset, sic, si unus quisque nostrum ad se rapiat commoda aliorum detrahatque quod cuique possit, emolumenti sui gratia, societas hominum et communitas evertatur necesse est. Nam sibi ut quisque malit, quod ad usum vitae pertineat, quam alteri adquirere, concessum est non repugnante natura, illud natura non patitur, ut aliorum spoliis nostras facultates, copias, opes augeamus.

[23] Neque vero hoc solum natura, id est iure gentium, sed etiam legibus populorum, quibus in singulis civitatibus res publica continetur, eodem modo constitutum est, ut non liceat sui commodi causa nocere alteri. Hoc enim spectant leges, hoc volunt, incolumem esse civium coniunctionem; quam qui dirimunt, eos morte, exsilio, vinclis, damno coercent. Atque hoc multo magis efficit ipsa naturae ratio, quae est lex divina et humana; cui parere qui velit (omnes autem parebunt, qui secundum naturam volent vivere), numquam committet, ut alienum appetat, et id, quod alteri detraxerit, sibi adsumat.

[24] Etenim multo magis est secundum naturam excelsitas animi et magnitudo itemque comitas, iustitia, liberalitas quam voluptas, quam vita, quam divitiae; quae quidem contemnere et pro nihilo ducere comparantem cum utilitate communi magni animi et excelsi est. [Detrahere autem de altero sui commodi causa magis est contra naturam quam mors, quam dolor, quam cetera generis eiusdem.]

22. Come se ciascun membro umano avesse una sensibilità tale, da pensare di poter stare bene, con l'aver tratto a sé la salute del membro più vicino, sarebbe necessariamente indebolito e perirebbe l'intero corpo, così, se ciascuno di noi si appropriasse dei profitti degli altri e sottraesse quanto gli fosse possibile a ciascuno per il proprio guadagno, la società umana e la comunità necessariamente sarebbero sovvertite. Infatti che ciascuno preferisca acquistare per sé ciò che riguarda l'uso della vita anziché per un altro, lo si è ammesso, poiché non si oppone la natura; ma la natura non sopporta che con le spoglie degli altri aumentiamo le nostre sostanze, ricchezze e potenza.

23. E d'altro canto ciò non è stato stabilito solamente dalla natura, cioè dal diritto delle genti, ma anche dalle leggi dei popoli, sulle quali si fonda lo Stato nelle singole città, perché non sia permesso nuocere ad altri per il proprio vantaggio. A questo, infatti, mirano le leggi, questo è il loro scopo, che sia salva ed integro il consorzio dei cittadini, e puniscono coloro che la infrangono con la morte, l'esilio, la prigione e le sanzioni. E questo principio è molto più un prodotto della stessa razionalità naturale, che è legge divina ed umana; colui che volesse obbedirgli (in verità dovranno obbedire tutti gli uomini che vivono secondo natura) non si renderà mai colpevole di desiderare la proprietà altrui e di prendere per sé ciò che abbia sottratto ad altri.

24. Infatti l'elevatezza d'animo e la grandezza sono molto di più secondo natura, e parimenti l'affabilità, la giustizia, la generosità, che non il piacere, la vita e le ricchezze: è proprio di un animo grande ed elevato disprezzare questi beni e considerarli cose di nessun valore a confronto dell'utile comune. Invece il sottrarre ad un altro a causa del proprio vantaggio è più contro natura della stessa morte, del dolore e delle altre calamità simili.

[25] Itemque magis est secundum naturam, pro omnibus gentibus, si fieri possit, conservandis aut iuvandis, maximos labores molestiasque suscipere imitantem Herculem illum, quem hominum fama beneficiorum memor in concilio caelestium conlocavit quam vivere in solitudine non modo sine ullis molestiis sed etiam in maximis voluptatibus, abundantem omnibus copiis, ut excellas etiam pulchritudine et viribus. Quocirca optimo quisque et splendidissimo ingenio longe illam vitam huic anteponit. Ex quo efficitur, hominem naturae oboedientem homini nocere non posse.

[26] Deinde qui alterum violat, ut ipse aliquid commodi consequatur, aut nihil existimat se facere contra naturam aut magis fugienda censet mortem, paupertatem, dolorem, amissionem etiam liberorum, propinquorum, amicorum, quam facere cuiquam iniuriam. Si nihil existimat contra naturam fieri hominibus violandis, quid cum eo disseras, qui omnino hominem ex homine tollat? Sin fugiendum id quidem censet, sed multo illa peiora, mortem, paupertatem, dolorem, errat in eo, quod ullum aut corporis aut fortunae vitium vitiis animi gravius existimat. Ergo unum debet esse omnibus propositum, ut eadem sit utilitas uniuscuiusque et universorum; quam si ad se quisque rapiet, dissolvetur omnis humana consortio.

[27] Atque etiam si hoc natura praescribit, ut homo homini, quicumque sit, ob eam ipsam causam, quod is homo sit, consultum velit, necesse est secundum eandem naturam omnium utilitatem esse communem. Quod si ita est, una continemur omnes et eadem lege naturae, idque ipsum si ita est, certe violare alterum naturae lege prohibemur. Verum autem primum, verum igitur extremum.

25. Al medesimo modo è più secondo natura, per conservare ed aiutare – se possibile – tutte le genti, sobbarcarsi le più grandi fatiche e disagi, ed imitare il famoso Ercole, che la fama degli uomini, memore dei benefici ricevuti, collocò nel consesso degli dèi; è molto meglio, dunque, tutto questo che vivere in solitudine non solo senza alcun affanno, ma anche tra i più raffinati piaceri, ricchi di ogni sorta di beni, sì da eccellere anche in bellezza ed in forza. Perciò ogni persona dotata di un'indole assai nobile e superiore, preferisce di gran lunga quella vita a questa; da ciò si deduce che l'uomo che obbedisca alla natura non può nuocere ad un altro uomo.

26. Inoltre colui che fa del male ad un altro per conseguire qualche vantaggio, o ritiene di non far niente contro natura o giudica che si debbano piuttosto tenere a distanza la morte, la povertà, il dolore, la perdita anche dei figli, dei parenti, degli amici, anziché arrecare offesa a qualcuno. Se crede di non compiere niente contro natura con l'infliggere violenza agli uomini, a che fine discutere con una persona che sopprime completamente l'umanità nell'uomo? Se invece pensa che si debba evitare ciò, ma che siano molto peggiori i mali come la morte, la povertà, il dolore, sbaglia in questo, ossia nel ritenere più gravi dei difetti dell'animo quelli riguardanti il corpo o la fortuna. Uno solamente, dunque, deve essere lo scopo di tutti: che l'utile individuale coincida con quello di tutti, in quanto se ciascuno se lo arrogherà per sé soltanto, l'intera società umana andrà in frantumi.

27. Ed anche se la natura prescrive che l'uomo provveda ad un altro uomo, qualunque esso sia, per il fatto stesso che è uomo, ne consegue necessariamente, secondo la stessa legge di natura, che l'utilità di ogni individuo coincide con quella comune. E se le cose stanno così, noi tutti siamo regolati da un'unica e medesima legge di natura, e se è proprio così, di certo questa stessa legge di natura ci proibisce di far violenza ai nostri simili.

[28] Nam illud quidem absurdum est, quod quidam dicunt, parenti se aut fratri nihil detracturos sui commodi causa, aliam rationem esse civium reliquorum. Hi sibi nihil iuris, nullam societatem communis utilitatis causa statuunt esse cum civibus quae sententia omnem societatem distrahit civitatis. Qui autem civium rationem dicunt habendam, externorum negant, ii dirimunt communem humani generis societatem; qua sublata beneficentia, liberalitas, bonitas, iustitia funditus tollitur; quae qui tollunt, etiam adversus deos immortales impii iudicandi sunt. Ab iis enim constitutam inter homines societatem evertunt, cuius societatis artissimum vinculum est magis arbitrari esse contra naturam hominem homini detrahere sui commodi causa quam omnia incommoda subire vel externa vel corporis vel etiam ipsius animi. ~Iustitia enim una virtus omnium est domina et regina virtutum.

[29] Forsitan quispiam dixerit: Nonne igitur sapiens, si fame ipse conficiatur, abstulerit cibum alteri homini ad nullam rem utili? Minime vero: non enim mihi est vita mea utilior quam animi talis affectio, neminem ut violem commodi mei gratia. Quid? si Phalarim, crudelem tyrannum et immanem, vir bonus, ne ipse frigore conficiatur, vestitu spoliare possit, nonne faciat?

[30] Haec ad iudicandum sunt facillima. Nam si quid ab homine ad nullam partem utili utilitatis tuae causa detraxeris, inhumane feceris contraque naturae legem, sin autem is tu sis, qui multam utilitatem rei publicae atque hominum societati, si in vita remaneas, adferre possis si quid ob eam causam alteri detraxeris, non sit reprehendendum. Sin autem id non sit eiusmodi, suum cuique incommodum ferendum est potius quam de alterius commodis detrahendum. Non igitur magis est contra naturam morbus aut egestas aut quid eiusmodi quam detractio atque appetitio alieni, sed communis utilitatis derelictio contra naturam est; est enim iniusta.

28. È vera la premessa e, pertanto, è vera anche la conseguenza. Infatti è certamente assurda quella frase che dicono alcuni, che essi non sottrarrebbero nulla al padre,o al fratello per il proprio vantaggio, ma che diverso è il criterio da seguire nei riguardi degli altri cittadini. Costoro pensano di non avere alcun vincolo giuridico o sociale, a causa dell'utile, con i propri concittadini, opinione, questa, che disintegra ogni società umana. Coloro, poi, che sostengano che si debba avere considerazione per i concittadini, ma non per i forestieri, infrangono il comune vincolo sociale del genere umano, soppresso il quale, la beneficenza, la generosità, la bontà e la giustizia sono sradicate sin dalle fondamenta; e coloro che distruggono queste virtù devono essere giudicati empi anche verso gli dei immortali. Abbattono, infatti, proprio quella società stabilita dagli dei tra gli uomini, società il cui vincolo più saldo consiste nel ritenere che sia più contro natura che l'uomo sottragga all'uomo per il proprio vantaggio, piuttosto che subisca ogni danno o esterno o fisico o anche morale † che difettano di giustizia: infatti questa sola è la signora e la regina di tutte le virtù.

29. Forse qualcuno potrebbe dire: un sapiente, nel caso che fosse oppresso dalla fame, non potrebbe sottrarre del cibo ad un altro uomo, che non gli è di alcuna utilità? Niente affatto, perché la mia vita non è per me più utile di una tale disposizione dell'animo, e cioè di non far violenza ad alcuno per un mio vantaggio personale. E che, dunque? Se un uomo onesto, per non morire di freddo, potesse spogliare del vestito Falaride[140], tiranno crudele e disumano, forse che non lo farebbe?

30. Per questi interrogativi è assai facile trovare una risposta: infatti se tu avessi sottratto qualcosa ad un uomo che non è di alcuna utilità per il tuo particolare vantaggio, avresti compiuto un'azione disumana e contraria alla legge di natura; se invece tu fossi tale da poter arrecare molto giovamento allo Stato e alla società umana, restando in vita, se sottraessi ad un altro per quel motivo non saresti da biasimare; ma se invece la motivazione non è di tal genere, ciascuno deve sopportare la propria situazione di svantaggio piuttosto che sottrarre qualcosa dai vantaggi di un altro. Non sono, dunque, contro natura la malattia, la povertà o altri mali simili, più che il sottrarre o il desiderare le cose altrui, ma è contro natura il trascurare l'utilità generale, perché è ingiusto.

---

[140] Tiranno di Agrigento, che soleva porre i suoi nemici all'interno di un toro metallico, che faceva lentamente arroventare, facendoli morire fra mille tormenti.

[31] Itaque lex ipsa naturae, quae utilitatem hominum conservat et continet, decernet profecto, ut ab homine inerti atque inutili ad sapientem, bonum, fortem virum transferantur res ad vivendum necessariae, qui si occiderit, multum de communi utilitate detraxerit, modo hoc ita faciat, ut ne ipse de se bene existimans seseque diligens hanc causam habeat ad iniuriam. Ita semper officio fungetur utilitati consulens hominum et ei, quam saepe commemoro, humanae societati.

[32] Nam quod ad Phalarim attinet, perfacile iudicium est. Nulla est enim societas nobis cum tyrannis et potius summa distractio est, neque est contra naturam spoliare eum, si possis, quem est honestum necare, atque hoc omne genus pestiferum atque impium ex hominum communitate exterminandum est. Etenim, ut membra quaedam amputantur, si et ipsa sanguine et tamquam spiritu carere coeperunt et nocent reliquis partibus corporis, sic ista in figura hominis feritas et immanitas beluae a communi tamquam humanitate corporis segreganda est. Huius generis quaestiones sunt omnes eae, in quibus ex tempore officium exquiritur.

[33] Eiusmodi igitur credo res Panaetium persecuturum fuisse, nisi aliqui casus aut occupatio eius consilium peremisset. Ad quas ipsas consultationes ex superioribus libris satis multa praecepta sunt, quibus perspici possit, quid sit propter turpitudinem fugiendum, quid sit, quod idcirco fugiendum non sit, quod omnino turpe non sit. Sed quoniam operi inchoato, prope tamen absoluto, tamquam fastigium imponimus, ut geometrae solent non omnia docere, sed postulare, ut quaedam sibi concedantur, quo facilius quae volunt, explicent, sic ego a te postulo, mi Cicero, ut mihi concedas si potes, nihil praeter id, quod honestum sit, propter se esse expetendum. Sin hoc non licet per Cratippum, at illud certe dabis, quod honestum sit, id esse maxime propter se expetendum. Mihi utrumvis satis est et tum hoc tum illud probabilius videtur nec praeterea quicquam probabile.

31. Così sarà la stessa legge naturale, che conserva e assicura il benessere generale, a stabilire senza dubbio che i beni necessari alla vita siano passati dall'uomo incapace ed inutile all'uomo sapiente, buono e coraggioso, che, morendo, sottrarrà molto all'utilità generale, purché costui, avendo un alto concetto di sé ed amando troppo se stesso, non tragga da ciò il pretesto per compiere un'ingiustizia. Si compirà sempre il proprio dovere, provvedendo all'utilità degli uomini ed a quella società umana, che io numerose volte rammento.

32. Per ciò che riguarda, difatti, l'esempio di Falaride, la risposta è assai facile; non sussiste per noi alcun rapporto sociale con i tiranni; piuttosto vi è un estremo distacco; non è contro natura – se è possibile – privare dei suoi beni colui che è addirittura onesto uccidere, e tutto questo genere pestifero ed empio deve essere sterminato dalla comunità umana. Infatti come si amputano certe membra, se esse cominciano a mancare di sangue e quasi di vita e nuocciono alle altre parti del corpo, così questa belva feroce e selvaggia dall'aspetto di essere umano deve essere allontanata, per così dire, dal corpo comune dell'umanità. Di tal genere sono tutte quelle questioni, nelle quali si studia il dovere in rapporto alle circostanze.

33. Io ritengo, dunque, che Panezio avrebbe trattato simili questioni, se qualche evento o qualche occupazione non lo avessero impossibilitato nel condurre a termine tale suo progetto. Per queste stesse questioni si deducono dai libri precedenti parecchi consigli, in base ai quali si può distinguere quale azione sia da evitare per la sua disonestà, e quale non è indispensabile evitare proprio perché non è del tutto vergognosa. Ma poiché all'opera iniziata e quasi condotta a termine sto per apporre, per così dire, il tetto, come i geometri sono soliti non dimostrare ogni affermazione, ma chiedere che alcune siano loro concesse affinché possano spiegare più facilmente il loro assunto, così io ti chiedo, o mio Cicerone, di concedermi, se ti è possibile, questo, ovvero che non si debba desiderare niente di per se stesso, tranne ciò che è onesto. Se tuttavia ciò non ti è permesso, perché va a cozzare con le teorie di Cratippo, mi concederai sicuramente questo, ossia che l'onesto si deve desiderare soprattutto per se stesso. A me basta o l'uno o l'altro; ed ora questo ora quello mi pare più probabile, ed inoltre non mi pare probabile alcun altro postulato.

[34] Ac primum in hoc Panaetius defendendus est, quod non utilia cum honestis pugnare aliquando posse dixerit (neque enim ei fas erat) sed ea, quae viderentur utilia. Nihil vero utile, quod non idem honestum, nihil honestum, quod non idem utile sit, saepe testatur negatque ullam pestem maiorem in vitam hominum invasisse quam eorum opinionem, qui ista distraxerint. Itaque non ut aliquando anteponeremus utilia honestis, sed ut ea sine errore diiudicaremus, si quando incidissent, induxit eam, quae videretur esse, non quae esset, repugnantiam. Hanc igitur partem relictam explebimus nullis adminiculis, sed, ut dicitur, Marte nostro. Neque enim quicquam est de hac parte post Panaetium explicatum, quod quidem mihi probaretur, de iis, quae in manus meas venerint.

[35] Cum igitur aliqua species utilitatis obiecta est, commoveri necesse est. Sed si, cum animum attenderis, turpitudinem videas adiunctam ei rei, quae speciem utilitatis attulerit, tum non utilitas relinquenda est, sed intellegendum, ubi turpitudo sit, ibi utilitatem esse non posse. Quod si nihil est tam contra naturam quam turpitudo (recta enim et convenientia et constantia natura desiderat aspernaturque contraria) nihilque tam secundum naturam quam utilitas, certe in eadem re utilitas et turpitudo esse non potest. Itemque, si ad honestatem nati sumus eaque aut sola expetenda est, ut Zenoni visum est, aut certe omni pondere gravior habenda quam reliqua omnia, quod Aristoteli placet, necesse est, quod honestum sit, id esse aut solum aut summum bonum, quod autem bonum, id certe utile, ita, quicquid honestum, id utile.

34. In primo luogo, a tal proposito, bisogna appoggiare Panezio, perché egli non ha affermato che l'utile possa contrastare talvolta con l'onesto – e non gli era lecito dire ciò – ma che possono contrastare con l'onesto quelle cose che hanno l'apparenza dell'utile. A dire il vero, egli spesso dichiara che non c'è niente di utile che non sia pure onesto, e niente di onesto che non sia pure utile, e dice che nessun male ha colpito di più la vita degli uomini che non la dottrina di coloro che hanno distinto questi concetti. Perciò, talvolta, non per anteporre l'utile all'onesto, ma per giudicare, senza incorrere in errore, le cose utili – nel caso che qualche volta ciò capitasse – introdusse nel suo discorso quel contrasto apparente, ma non reale. Esporrò, dunque, quest'ultima parte, senza alcun aiuto, ma, come si suol dire, con le mie sole armi: infatti, dopo Panezio, non è stato formulato alcunché, riguardo a questa parte, che possa ottenere il mio consenso tra gli scritti che sono capitati nelle mie mani.

35. Quando, dunque, ci si presenta qualche cosa apparentemente utile, ne siamo inevitabilmente impressionati; ma se, ragionando, si scorge la disonestà intrinsecamente legata a ciò che aveva l'apparenza dell'utilità, allora non è l'utile che si deve abbandonare, ma si deve capire che non ci può essere utilità laddove vige la disonestà. Se non vi è niente tanto contronatura quanto la disonestà (la natura, infatti, vuole rettitudine, armonia, coerenza e disprezza il contrario di queste qualità), e niente è tanto conforme a natura quanto l'utile; ne consegue che dove c'è l'utile non può esservi la disonestà. Allo stesso modo, se siamo nati per l'onestà e quella sola deve essere l'oggetto delle nostre aspirazioni – come sembrò a Zenone[141] o almeno deve esser ritenuta più importante di ogni altra cosa – e secondo il pensiero di Aristotele –, necessariamente l'onesto o è il solo o è il sommo bene, e certamente ciò che è onesto è utile, e così qualsiasi azione onesta è anche utile.

---

[141] Zenone di Cizico, originario della Fenicia, fondatore in Atene della Stoà.

[36] Quare error hominum non proborum, cum aliquid, quod utile visum est, arripuit, id continuo secernit ab honesto. Hinc sicae, hinc venena, hinc falsa testamenta nascuntur, hinc furta, peculatus, expilationes, direptionesque sociorum et civium, hinc opum nimiarum, potentiae non ferendae, postremo etiam in liberis civitatibus regnandi existunt cupiditates, quibus nihil nec taetrius nec foedius excogitari potest. Emolumenta enim rerum fallacibus iudiciis vident, poenam, non dico legum, quam saepe perrumpunt, sed ipsius turpitudinis, quae acerbissima est, non vident.

[37] Quam ob rem hoc quidem deliberantium genus pellatur e medio (est enim totum sceleratum et impium), qui deliberant, utrum id sequantur, quod honestum esse videant, an se scientes scelere contaminent; in ipsa enim dubitatione facinus inest, etiamsi ad id non pervenerint. Ergo ea deliberanda omnino non sunt, in quibus est turpis ipsa deliberatio.

36. Perciò questo è l'errore degli uomini non onesti, che, quando si impossessano di qualcosa che abbia l'apparenza dell'utile, la separano immediatamente dall'onesto. Da qui hanno origine i pugnali, i veleni, i testamenti falsificati, le ruberie, i peculati, le spogliazioni e le depredazioni degli alleati e dei concittadini, di qui sorge la brama di eccessive ricchezze e di intollerabile potere e, infine, anche la bramosia di regnare nelle libere città, bramosia di cui niente si può immaginare di più turpe e biasimevole. Essi scorgono, infatti, con il loro erroneo giudizio, il guadagno, e non il castigo, non dico quello delle leggi, che sovente riescono ad infrangere, bensì quello della stessa disonestà, che è assai aspro.

37. Si levino di mezzo, pertanto, tutte queste persone – dato che sono tutte quante scellerate ed empie – che si pongono il problema se seguire ciò che vedono essere onesto oppure se macchiarsi consapevolmente di un crimine; nello stesso dubbio è insita la colpa, anche se essi non vi sono ancora giunti. Non bisogna, quindi, decidere nemmeno su argomenti il cui esame stesso è disonesto.

[38] Atque etiam ex omni deliberatione celandi et occultandi spes opinioque removenda est; satis enim nobis, si modo in philosophia aliquid profecimus, persuasum esse debet, si omnes deos hominesque celare possimus, nihil tamen avare, nihil iniuste, nihil libidinose, nihil incontinenter esse faciendum. Hinc ille Gyges inducitur a Platone, qui cum terra discessisset magnis quibusdam imbribus, descendit in illum hiatum aeneumque equum, ut ferunt fabulae, animadvertit, cuius in lateribus fores essent; quibus apertis corpus hominis mortui vidit magnitudine invisitata anulumque aureum in digito; quem ut detraxit, ipse induit (erat autem regius pastor), tum in concilium se pastorum recepit. Ibi cum palam eius anuli ad palmam converterat, a nullo videbatur, ipse autem omnia videbat; idem rursus videbatur, cum in locum anulum inverterat. Itaque hac oportunitate anuli usus reginae stuprum intulit eaque adiutrice regem dominum interemit, sustulit quos obstare arbitrabatur, nec in his eum facinoribus quisquam potuit videre. Sic repente anuli beneficio rex exortus est Lydiae. Hunc igitur ipsum anulum si habeat sapiens, nihil plus sibi licere putet peccare, quam si non haberet; honesta enim bonis viris, non occulta quaeruntur.

38. Allo stesso modo, da ogni decisione, è necessario tenere lontane la speranza e la convinzione di potersi nascondere e celarsi. Dovremmo essere abbastanza persuasi, se pure abbiamo fatto qualche progresso nello studio della filosofia, che, anche potendo tenere all'oscuro tutti gli dèi e gli uomini, ciò nonostante non dobbiamo commettere nulla per desiderio di guadagno, nulla con l'ingiustizia, nulla per passione o incontinenza. Di qui trae l'origine il noto aneddoto di Gige[142] introdotto da Platone: essendosi la terra apertasi per via di alcune grandi piogge, Gige discese in quella voragine e scorse, come dicono le leggende, un cavallo di bronzo, che aveva ai fianchi delle porte; dopo averle aperte vide il corpo di un uomo morto di una grandezza mai vista, con un anello d'oro al dito; glielo tolse e se lo mise, poi si recò all'adunanza dei pastori (era, infatti, pastore del re); lì, ogni volta che volgeva il castone dell'anello verso la palma della mano, diveniva invisibile a tutti, mentre egli era in grado di vedere tutto; ritornava nuovamente visibile quando rimetteva l'anello al suo posto. E così, servendosi dei poteri datigli dall'anello, fece violenza alla regina e col suo aiuto uccise il re suo padrone, tolse di mezzo chi, a suo giudizio, gli si opponeva, e nessuno poté scorgerlo mentre commetteva questi delitti; così, tutto ad un tratto, grazie all'anello divenne re della Lidia. Se, dunque, il sapiente avesse questo stesso anello, penserebbe che non gli fosse lecito peccare più che se non l'avesse; uomini dabbene, difatti, ricercano l'onestà, non la segretezza.

---

[142] Cfr. la vicenda del pastore divenuto re di Lidia in ERODOTO, *Storie*, I, 8 e PLATONE, *Repubblica*, III, 359.

[39] Atque hoc loco philosophi quidam minime mali illi quidem, sed non satis acuti, fictam et commenticiam fabulam prolatam dicunt a Platone, quasi vero ille aut factum id esse aut fieri potuisse defendat. Haec est vis huius anuli et huius exempli: si nemo sciturus, nemo ne suspicaturus quidem sit, cum aliquid divitiarum, potentiae, dominationis, libidinis causa feceris, si id diis hominibusque futurum sit semper ignotum, sisne facturus? Negant id fieri posse. Quamquam potest id quidem, sed quaero, quod negant posse, id si posset, quidnam facerent. Urgent rustice sane. Negant enim posse et in eo perstant, hoc verbum quid valeat non vident. Cum enim quaerimus, si celare possint, quid facturi sint, non quaerimus, possintne celare, sed tamquam tormenta quaedam adhibemus, ut si responderint se impunitate proposita facturos, quod expediat, facinorosos se esse fateantur, si negent, omnia turpia per se ipsa fugienda esse concedant. Sed iam ad propositum revertamur.

[40] Incidunt multae saepe causae, quae conturbent animos utilitatis specie, non, cum hoc deliberetur, relinquendane sit honestas propter utilitatis magnitudinem (nam id quidem improbum est), sed illud, possitne id, quod utile videatur, fieri non turpiter. Cum Collatino collegae Brutus imperium abrogabat, poterat videri facere id iniuste; fuerat enim in regibus expellendis socius Bruti consiliorum et adiutor. Cum autem consilium hoc principes cepissent, cognationem Superbi nomenque Tarquiniorum et memoriam regni esse tollendam, quod erat utile, patriae consulere, id erat ita honestum, ut etiam ipsi Collatino placere deberet. Itaque utilitas valuit propter honestatem, sine qua ne utilitas quidem esse potuisset.

39. A questo proposito certi filosofi, niente affatto mediocri, ma non abbastanza acuti, affermano che Platone ha riferito un aneddoto falso ed immaginario, quasi che egli sostenesse che ciò fosse avvenuto o potrebbe essere avvenuto. Ecco il significato di questo anello e di questo esempio: se nessuno dovesse venire a saperlo e non dovesse neppure sospettarlo, tu, compiendo qualche azione per desiderio di ricchezza, di potenza, di dominio, di piacere, lo faresti, se ciò fosse destinato a rimanere ignoto per sempre agli dei e agli uomini? Negano questa possibilità. Non è assolutamente possibile, ma io domando che cosa farebbero se fosse possibile ciò che essi dicono impossibile. Insistono in una maniera veramente da zotici; dicono, infatti, che non è possibile, rimangono su questa posizione e non scorgono il significato di queste mie parole. Quando domandiamo, che cosa farebbero se lo potessero celare, non domandiamo se possano celarlo, ma adoperiamo nei loro confronti, per così dire, degli strumenti di tortura, perché, se rispondessero che, sotto assicurazione d'impunità, farebbero quanto loro conviene, ammettano implicitamente d'essere dei malfattori, se invece lo negassero, ammettano che tutte le azioni turpi debbono essere evitate di per se stesse. Ma ritorniamo, ormai, all'argomento.

40. Si presentano spesso molte cause che turbano l'animo con l'apparenza dell'utile, non quando ci si chiede se si debba abbandonare l'onestà per le dimensioni dell'utilità – giacché questo è disonesto –, ma se si possa compiere in modo non disonesto ciò che sembra utile. Quando Bruto destituiva dalla sua carica il collega Collatino[143], poteva sembrare che, così facendo, si comportasse ingiustamente, perché egli, al periodo della cacciata della monarchia, era stato compagno dei piani d'azione ed aiutante di Bruto. Ma poiché i capi presero la decisione di eliminare i parenti del Superbo e persino il nome dei Tarquini insieme al ricordo dei regno, quello che era utile, cioè il provvedere al bene della patria, era anche onesto, sì che Collatino stesso doveva approvarlo. E così l'utilità prevalse per la sua onestà, in mancanza della quale non sarebbe stata possibile l'esistenza della utilità stessa.

---

[143] Secondo la tradizione, Lucio Giunio Bruto fu il primo console di Roma dopo la cacciata dei re, assieme con il parente Lucio Tarquinio Collatino (509 a.C.); quest'ultimo fu deposto tuttavia dalla sua carica ed esiliato per via della sua stretta parentela con il deposto sovrano Tarquinio il Superbo.

[41] At in eo rege, qui urbem condidit, non item. Species enim utilitatis animum pepulit eius; cui cum visum esset utilius solum quam cum altero regnare, fratrem interemit. Omisit hic et pietatem et humanitatem, ut id, quod utile videbatur, neque erat, assequi posset, et tamen muri causa opposuit, speciem honestatis nec probabilem nec sane idoneam. Peccavit igitur, pace vel Quirini vel Romuli dixerim.

[42] Nec tamen nostrae nobis utilitates omittendae sunt aliisque tradendae, cum his ipsi egeamus, sed suae cuique utilitati, quod sine alterius iniuria fiat, serviendum est. Scite Chrysippus, ut multa, "qui stadium, inquit, currit, eniti et contendere debet quam maxime possit, ut vincat, supplantare eum, quicum certet, aut manu depellere nullo modo debet; sic in vita sibi quemque petere, quod pertineat ad usum, non iniquum est, alteri deripere ius non est".

[43] Maxime autem perturbantur officia in amicitiis, quibus et non tribuere, quod recte possis et tribuere quod non sit aequum, contra officium est. Sed huius generis totius breve et non difficile praeceptum est. Quae enim videntur utilia, honores, divitiae, voluptates, cetera generis eiusdem, haec amicitiae numquam anteponenda sunt. At neque contra rem publicam neque contra ius iurandum ac fidem amici causa vir bonus faciet, ne si iudex quidem erit de ipso amico; ponit enim personam amici, cum induit iudicis. Tantum dabit amicitiae, ut veram amici causam esse malit, ut orandae litis tempus, quoad per leges liceat, accomodet.

41. Ma nel caso del re fondatore della città la cosa andò diversamente; il suo animo fu spinto dall'apparenza dell'utile: poiché gli era parso più utile regnare da solo piuttosto che con un altro, uccise il fratello. Egli mise da parte affetto ed umanità, per poter conseguire quanto sembrava utile e non lo era, e tuttavia tirò in ballo il pretesto del muro, un'apparenza d'onestà né approvabile né abbastanza idonea. Commise, dunque, una colpa, potrei dirlo con buona pace di Quirino[144] o di Romolo.

42. Non dobbiamo, tuttavia, trascurare i nostri interessi e affidarli agli altri, quando noi stessi ne abbiamo bisogno, ma ciascuno deve preoccuparsi della propria utilità, se ciò avviene senza recare ingiustizia ad altri. Dice bene Crisippo[145], come al solito: «Chi corre nello stadio, deve sforzarsi e lottare quanto più gli è possibile per vincere, ma non deve assolutamente sgambettare o allontanare con la mano il suo rivale: allo stesso modo nella vita non è ingiusto che ciascuno ricerchi ciò che riguarda le sue necessità, ma non è consentito sottrarlo ad un altro».

43. In modo particolare, poi, c'è confusione tra i doveri nelle amicizie, perché è contrario al dovere non concedere agli amici quello che si potrebbe dare giustamente e concedere loro quanto non sarebbe giusto. Ma per tutta questa specie di casi c'è una regola breve e semplice: ciò che sembra utile, onori, ricchezze, piaceri ed altre cose simili, non deve essere mai anteposto all'amicizia. Ma un uomo onesto non compirà mai, per un amico, un'azione contraria allo Stato o a un giuramento o alla parola data, neanche se dovrà giudicare lo stesso amico, perché nell'indossare le vesti di giudice deporrà quelle di amico. Concederà solo all'amicizia di preferire che la causa dell'amico sia giusta, di accordargli, entro i limiti della legge[146], il tempo occorrente per difendere la sua causa.

---

[144] Quirino era il nome di Romolo dopo essere stato divinizzato.

[145] Crisippo, filosofo stoico, nato a Cipro verso il 280 a.C. Succedette a Cleante nella guida della Stoà ad Atene e si oppose allo scetticismo accademico di Arcesilao, morendo intorno al 204 a.C.

[146] In base alla *Lex Pompeia de ambitu*, risalente al 52 a.C., il tempo concesso all'accusatore in tribunale era di due ore, quello del difensore di tre.

[44] Cum vero iurato sententia dicendast, meminerit deum se adhibere testem, id est, ut ego arbitror, mentem suam, qua nihil homini dedit deus ipse divinius. Itaque praeclarum a maioribus accepimus morem rogandi iudicis, si eum teneremus, qvae salva fide facere possit. Haec rogatio ad ea pertinet, quae paulo ante dixi honeste amico a iudice posse concedi. Nam si omnia facienda sint, quae amici velint, non amicitiae tales, sed coniurationes putandae sint.

[45] Loquor autem de communibus amicitiis; nam in sapientibus viris perfectisque nihil potest esse tale. Damonem et Phintiam Pythagoreos ferunt hoc animo inter se fuisse, ut, cum eorum alteri Dionysius tyrannus diem necis destinavisset et is, qui morti addictus esset, paucos sibi dies commendandorum suorum causa postulavisset, vas factus est alter eius sistendi, ut si ille non revertisset, moriendum esset ipsi. Qui cum ad diem se recepisset, admiratus eorum fidem tyrannus petivit, ut se ad amicitiam tertium adscriberent.

[46] Cum igitur id, quod utile videtur in amicitia, cum eo, quod honestum est, comparatur, iaceat utilitatis species, valeat honestas. Cum autem in amicitia, quae honesta non sunt, postulabuntur, religio et fides anteponatur amicitiae; sic habebitur is, quem exquirimus dilectus officii. Sed utilitatis specie in republica saepissime peccatur, ut in Corinthi disturbatione nostri; durius etiam Athenienses, qui sciverunt, ut Aeginetis, qui classe valebant, pollices praeciderentur. Hoc visum est utile; nimis enim imminebat propter propinquitatem Aegina Piraeo. Sed nihil, quod crudele, utile; est enim hominum naturae, quam sequi debemus, maxima inimica crudelitas.

44. Quando, però, dovrà pronunziare la propria sentenza sotto giuramento, si ricordi che prende a testimone la divinità, cioè, come io penso, la sua coscienza, della quale niente di più divino il dio stesso ha dato agli uomini. Pertanto ci è stata tramandata dai nostri antenati una formula bellissima, se ad essa ci attenessimo, per chiedere al giudice «quello che egli possa fare, senza turbare la sua coscienza». Questa richiesta riguarda quello che, poco fa, ho detto che poteva essere concesso onestamente da un giudice all'amico; giacché se si dovesse fare tutto ciò che vogliono gli amici, non tali dovrebbero ritenersi le amicizie, ma congiure.

45. Parlo delle amicizie comuni; tra gli uomini saggi e perfetti non può esserci, nulla di simile. Si dice che i Pitagorici Damone e Pizia furono talmente legati tra di loro che, avendo il tiranno Dionisio fissato il giorno dell' esecuzione per uno di essi, e avendo il condannato a morte chiesto pochi giorni per affidare i suoi alle cure di qualcuno, l'altro si fece garante della comparizione dell'amico, con la condizione che, se questi non fosse ritornato, egli sarebbe stato ucciso; l'amico tornò il giorno stabilito, e Dionisio, colmo di ammirazione per la loro lealtà, chiese d'essere ammesso nella loro amicizia come terzo.

46. Quando, dunque, si mette a confronto nell'amicizia ciò che sembra utile con ciò che è onesto, venga meno l'apparenza dell'utile e prevalga l'onestà; quando, invece, nell'amicizia saranno richieste cose che non sono oneste, la coscienza e la lealtà siano preposte all'amicizia. Così verrà fatta quella scelta dei doveri, su cui si sta indagando. Ma spesso, nel governo dello Stato, si commettono errori sotto un'apparenza di utilità, come fecero i nostri nella distruzione di Corinto; ancora più duramente si comportarono gli Ateniesi, che stabilirono il taglio del pollice per gli Egineti, forti sul mare. Ciò sembrò utile, perché Egina, per la sua vicinanza, minacciava troppo il Pireo. Ma niente che sia crudele è utile; la crudeltà, difatti, è in particolar modo nemica della natura umana, che noi dobbiamo seguire.

[47] Male etiam, qui peregrinos urbibus uti prohibent eosque exterminant, ut Pennus apud patres nostros, Papius nuper. Nam esse pro cive, qui civis non sit, rectum est non licere, quam legem tulerunt sapientissimi consules Crassus et Scaevola. Usu vero urbis prohibere peregrinos, sane inhumanum est. Illa praeclara, in quibus publicae utilitatis species prae honestate contemnitur. Plena exemplorum est nostra res publica cum saepe, tum maxime bello Punico secundo, quae Cannensi calamitate accepta maiores animos habuit quam unquam rebus secundis; nulla timoris significatio, nulla mentio pacis. Tanta vis est honesti, ut speciem utilitatis obscuret.

[48] Athenienses cum Persarum impetum nullo modo possent sustinere statuerentque, ut urbe relicta, coniugibus et liberis Troezene depositis, naves conscenderent libertatemque Graeciae classe defenderent, Cyrsilum quendam suadentem, ut in urbe manerent Xerxemque reciperent, lapidibus obruerunt. Atque ille utilitatem sequi videbatur, sed ea nulla erat repugnante honestate.

47. Si comportano male anche coloro che proibiscono agli stranieri di godere dei vantaggi della città e li cacciano, come fece Penno[147] presso i nostri antenati e Papio[148] in tempi più recenti. È giusto, infatti, che non sia lecito che venga attribuito il titolo di cittadino a chi non lo è, in base alla legge proposta da Crasso e Scevola, saggissimi consoli;[149] ma è del tutto incivile vietare agli stranieri di godere dei vantaggi della città. Belli sono quei casi in cui l'apparenza della utilità pubblica non è tenuta in alcun conto di fronte all'onestà. Il nostro Stato è pieno di frequenti esempi in molte occasioni e specialmente nella II Guerra Punica: dopo la disfatta di Canne, [Roma] fece mostra di un coraggio maggiore di quanto ne avesse sfoggiato nei periodi favorevoli; nessun segno di timore, nessuna parola di pace. La forza dell'onesto è tale da eclissare l'apparenza dell'utilità.

48. Quando gli Ateniesi non poterono sostenere l'assalto dei Persiani e decisero di abbandonare la città, dopo aver lasciato le mogli e i figli a Trezene, e di imbarcarsi sulle navi per difendere con la flotta la libertà della Grecia, lapidarono un certo Cirsilo, che li invitava a rimanere in città e ad accogliere Serse[150]. Sembrava che egli avesse come obiettivo l'utilità, ma non era così, perché l'onestà le si opponeva.

---

[147] Marco Giunio Penno fu tribuno nel 126 a.C., a opponendosi Caio Gracco, allora questore, presentando una legge sui forestieri. Morì ancora giovane dopo aver rivestito la carica di edile.

[148] Gaio Papio fu tribuno della plebe nel 65 a.C. Con la sua legge (la *Lex Papia de peregrinis*), riprese la vecchia proposta di Penno, al fine di istituire un tribunale competente in materia di diritto di cittadinanza.

[149] È un riferimento alla *Lex Mucia de civibus redigendis*, approvata nel 95 a.C. dai consoli Lucio Licinio Crasso e Quinto Muzio Scevola.

[150] Serse I, figlio e successore di Dario I, re di Persia dal 485 al 465, nel 480 a.C. invase la Grecia alla testa di un'imponente armata e di una vasta flotta. Dopo aver superato l'Ellesponto, annientò i 300 Spartani di re Leonida alle Termopili, quindi occupò ed incendiò Atene. Sconfitto nello scontro navale di Salamina dagli Ateniesi di Temistocle, riparò in Asia, mentre il suo esercito terrestre, comandato da Mardonio, fu sconfitto dai Greci a Platea el 479 a.C., e la flotta annientata a Micale quello stesso anno.

[49] Themistocles post victoriam eius belli, quod cum Persis fuit, dixit in contione se habere consilium rei publicae salutare, sed id sciri non opus esse; postulavit, ut aliquem populus daret, quicum communicaret; datus est Aristides. Huic ille, classem Lacedaemoniorum, quae subducta esset ad Gytheum, clam incendi posse quo facto frangi Lacedaemoniorum opes necesse esset. Quod Aristides cum audisset, in contionem magna exspectatione venit dixitque perutile esse consilium, quod Themistocles adferret, sed minime honestum. Itaque Athenienses, quod honestum non esset, id ne utile quidem putaverunt totamque eam rem, quam ne audierant quidem, auctore Aristide repudiaverunt. Melius hi quam nos, qui piratas immunes, socios vectigales habemus. Maneat ergo, quod turpe sit, id numquam esse utile, ne tum quidem, cum id, quod utile esse putes, adipiscare; hoc enim ipsum, utile putare quod turpe sit, calamitosum est.

[50] Sed incidunt, ut supra dixi, saepe causae, cum repugnare utilitas honestati videatur, ut animadvertendum sit, repugnetque plane an possit cum honestate coniungi. Eius generis hae sunt quaestiones: Si exempli gratia vir bonus Alexandrea Rhodum magnum frumenti numerum advexerit in Rhodiorum inopia et fame summaque annonae caritate, si idem sciat complures mercatores Alexandrea solvisse navesque in cursu frumento onustas petentes Rhodum viderit, dicturusne sit id Rhodiis an silentio suum quam plurimo venditurus? Sapientem et bonum virum fingimus; de eius deliberatione et consultatione quaerimus, qui celaturus Rhodios non sit, si id turpe iudicet, sed dubitet, an turpe non sit.

49. Temistocle, dopo la vittoria nella guerra contro i Persiani, dichiarò nell'assemblea di avere un consiglio salutare per lo Stato, ma che non era opportuno venisse conosciuto: chiese che il popolo gli desse qualcuno da rendere partecipe di tale consiglio: venne scelto Aristide. Egli gli disse che si poteva incendiare di nascosto la flotta spartana, alla fonda presso Giteo, cosa che avrebbe inevitabilmente infranto la potenza degli Spartani. Dopo che Aristide ebbe udito ciò, si recò nell'assemblea tra l'aspettativa generale e disse che il consiglio di Temistocle era utilissimo ma per nulla onesto. Così gli Ateniesi non ritennero neanche utile ciò che non era onesto e dietro consiglio di Aristide rifiutarono un progetto che nemmeno conoscevano. Meglio essi di noi, che rilasciamo sani e salvi i pirati e riscuotiamo tributi dagli alleati[151]. Resti dunque ben chiaro che, ciò che è immorale, non può mai essere utile, neppure quando si ottiene ciò che si crede utile; è difatti, dannoso persino il ritenere utile quello che è immorale.

50. Ma, come ho detto sopra, vi sono dei casi in cui l'utilità sembra in conflitto con l'onestà, cosicché è necessario considerare se sia veramente in contrasto o possa venire identificata con l'onestà. Ecco i problemi di questo tipo: se, per esempio, un uomo onesto avesse importato da Alessandria a Rodi una grande quantità di frumento in un periodo di miseria e di carestia dei Rodii e di prezzi altissimi, e venisse a sapere che parecchi mercanti sono salpati da Alessandria e, lungo la rotta, avesse visto navi cariche di frumento dirigersi verso Rodi, dovrebbe dirlo ai Rodii o, tacendo, dovrebbe vendere al prezzo più alto il suo frumento? Immaginiamo un uomo saggio e onesto e ci poniamo il problema delle decisioni e delle considerazioni di lui, che non vorrebbe lasciare all'oscuro i Rodii, se ritenesse ciò un'azione vergognosa, ma potrebbe essere in dubbio se la cosa sia biasimevole o meno.

---

[151] Frecciata di Cicerone nei confronti di Cesare, che aveva confermato i provvedimenti di Pompeo nei confronti dei pirati cilici dopo averli sottomessi, mentre, su alcuni stati alleati di Roma, il dittatore perpetuo aveva calcato la mano con provvedimenti e sanzioni in denaro.

[51] In huiusmodi causis aliud Diogeni Babylonio videri solet, magno et gravi Stoico, aliud Antipatro, discipulo eius, homini acutissimo; Antipatro omnia patefacienda, ut ne quid omnino, quod venditor norit, emptor ignoret, Diogeni venditorem, quatenus iure civili constitutum sit, dicere vitia oportere, cetera sine insidiis agere et, quoniam vendat, velle quam optime vendere. «Advexi, eui, vendo meum non pluris, quam ceteri, fortasse etiam minoris, cum maior est copia; cui fit iniuria?».

[52] Exoritur Antipatri ratio ex altera parte: "Quid ais? tu, cum hominibus consulere debeas et servire humanae societati eaque lege natus sis et ea habeas principia naturae, quibus parere et quae sequi debeas, ut utilitas tua communis sit utilitas vicissimque communis utilitas tua sit, celabis homines, quid iis adsit commoditatis et copiae? Respondebit Diogenes fortasse sic: «Aliud est celare, aliud tacere, neque ego nunc te celo, si tibi non dico, quae natura deorum sit, qui sit finis bonorum, quae tibi plus prodessent cognita quam tritici vilitas. Sed non, quicquid tibi audire utile est, idem mihi dicere necesse est».

[53] «Immo vero», inquiet ille «necesse est, si quidem meministi esse inter homines natura coniunctam societatem». «Memini», inquiet ille, «sed num ista societas talis est, ut nihil suum cuiusque sit? Quod si ita est, ne vendendum quidem quicquam est, sed donandum». Vides in hac tota disceptatione non illud dici "quamvis hoc turpe sit, tamen, quoniam expedit, faciam», sed ita expedire, ut turpe non sit, ex altera autem parte, ea re, quia turpe sit, non esse faciendum.

51. In casi simili diversa è l'opinione di Diogene di Babilonia[152], stoico importante e serio, e di Antìpatro, suo discepolo, uomo di straordinaria acutezza: secondo Antìpatro[153] bisogna dichiarare tutto, affinché il compratore non ignori nulla che sia noto al venditore; secondo Diogene è necessario che il venditore riveli i difetti, limitatamente alle prescrizioni del diritto civile, tratti il resto senza frode e, dal momento che vende, cerchi di vendere al prezzo più vantaggioso. «Ho importato la merce, l'ho esposta, la vendo a un prezzo non maggiore degli altri, forse anche minore, poiché ne ho una quantità più grande. A chi reco un danno?». Insorge dall'altra parte il ragionamento di Antìpatro:

52. «Che dici? Tu, che dovresti preoccuparti degli uomini e dedicarti alla società umana, tu che sei nato sotto questa legge ed hai questi principi naturali, ai quali devi obbedire e conformarti, e cioè che il tuo utile sia l'utile comune e per converso l'utile comune sia il tuo, tu nasconderai agli uomini il vantaggio e l'abbondanza che si presentano loro?». Diogene replicherà, forse, nel seguente modo: «Una cosa è nascondere e un'altra tacere; e io non ti nascondo, adesso, se non te lo dico, quale sia la natura degli dei, quale il sommo bene, cose che, una volta conosciute, ti gioverebbero di più del sapere il basso prezzo dei grano. Ma non è necessario che io ti dica tutto ciò che a te è utile ascoltare».

53. «Anzi», [ribatterà quello], «è necessario, se pure ti rammenti che fra gli uomini vige, per natura, un vincolo sociale». «Me ne rammento», dirà l'altro, «ma questa società è forse tale che nulla appartenga più privatamente a ciascuno? Se così fosse, non bisognerebbe neppure vendere nulla, ma regalare». Vedi dunque che in tutta questa discussione non si dice: «Benché ciò sia vergognoso, pure, dal momento che è utile, lo farò», ma da parte dell'uno che è utile così da non essere vergognoso, da parte dell'altro che non si deve fare perché è immorale.

---

[152] Diogene di Babilonia era un filosofo stoico discepolo di Crisippo, nato a Seleucia verso il 240 a.C. Assieme all'accademico Carneade e al peripatetico Critolao, fece parte della famosa ambasceria inviata a Roma da Atene nel 156 a.C.

[153] Antìpatro di Tarso, successore di Diogene di Babilonia nella direzione della Stoà.

[54] Vendat aedes vir bonus, propter aliqua vitia, quae ipse norit, ceteri ignorent, pestilentes sint et habeantur salubres, ignoretur in omnibus cubiculis apparere serpentes, sint, male materiatae et ruinosae, sed hoc praeter dominum nemo sciat; quaero, si haec emptoribus venditor non dixerit aedesque vendiderit pluris multo. quam se venditurum putarit, num id iniuste aut improbe fecerit? «Ille vero» inquit Antipater. "Quid est enim aliud erranti viam non monstrare, quod Athenis execrationibus publicis sanctum est, si hoc non est, emptorem pati ruere et per errorem in maximam fraudem incurrere. Plus etiam est quam viam non monstrare; nam est scientem in errorem alterum inducere».

[55] Diogenes contra «Num te emere coegit, qui ne hortatus quidem est? Ille, quod non placebat, proscripsit, tu quod placebat, emisti. Quod si qui proscribunt villam bonam beneque aedificatam non existimantur fefellisse, etiam si illa nec bona est nec aedificata ratione, multo minus, qui domum non laudarunt. Ubi enim iudicium emptoris est, ibi fraus venditoris quae potest esse? Sin autem dictum non omne praestandum est, quod dictum non est, id praestandum putas? Quid vero est stultius quam venditorem eius rei, quam vendat, vitia narrare? Quid autem tam absurdum quam si domini iussu ita praeco praedicet: «Domum pestilentem vendo?».

[56] Sic ergo in quibusdam causis dubiis ex altera parte defenditur honestas, ex altera ita de utilitate dicitur, ut id, quod utile videatur, non modo facere honestum sit, sed etiam non facere turpe. Haec est illa, quae videtur utilium fieri cum honestis saepe dissensio. Quae diiudicanda sunt; non enim, ut quaereremus, euimus, sed ut explicaremus.

54. Un uomo dabbene vende una casa per dei difetti a lui noti e ignoti agli altri; la casa è malsana ma la si ritiene salubre, si ignora che in tutte le stanze saltano fuori dei serpenti, è costruita con materiale cattivo ed è in sfacelo, ma tutto questo non lo sa nessuno, tranne il padrone; io chiedo: se il venditore non dicesse questo ai compratori e vendesse la casa ad un prezzo molto più alto di quanto si sarebbe aspettato, compirebbe un'azione ingiusta e disonesta? «Certo», dice Antipatro, «Che altro è il non indicare la via a chi sta vagando – cosa punita in Atene con la pubblica esecrazione – se non questo, lasciare che il compratore agisca sconsideratamente e per questo errore cada in una gravissima frode? È, anzi, di più che il non mostrare la strada, perché è indurre consapevolmente un altro in errore».

55. E Diogene, di rimando: «Ti ha costretto forse a comprare, chi non ti ha neanche esortato a farlo? Quello l'ha messa in vendita, perché non gli piaceva, tu l'hai comprata, perché ti piaceva. Se quanti mettono in vendita una villa come bella e ben costruita non vengono ritenuti frodatori, anche se la villa non è né bella né ben costruita, molto meno dovrebbero esserlo considerati coloro che non hanno decantato i pregi della casa. Quando, difatti, la decisione è lasciata al compratore, quale potrebbe essere la frode del venditore? Se, poi, non bisogna mantenere tutto quello che è stato detto espressamente, pensi che si debba mantenere ciò che non è stato detto espressamente? E che c'è, poi, di più sciocco del fatto che il venditore enumeri i difetti della sua merce, e che cosa di più assurdo, se il banditore, per ordine del padrone, andasse gridando: vendo una casa malsana»?

56. Così, dunque, in taluni casi dubbi da una parte si difende l'onestà, dall'altra si parla dell'utile in modo tale che non solo è onesto fare, ma anzi è vergognoso non fare quanto sembra utile. E' questo il conflitto che sembra sorgere frequentemente tra l'utile e l'onesto. Bisogna risolvere questi casi, che abbiamo esposti non per porre domande, ma per poterli spiegare.

[57] Non igitur videtur nec frumentarius ille Rhodios nec hic aedium venditor celare emptores debuisse. Neque enim id est celare, quicquid reticeas, sed cum, quod tu scias, id ignorare emolumenti tui causa velis eos, quorum intersit id scire. Hoc autem celandi genus quale sit et cuius hominis, quis non videt? Certe non aperti, non simplicis, non ingenui, non iusti, non viri boni, versuti potius obscuri, astuti, fallacis, malitiosi, callidi, veteratoris, vafri. Haec tot et alia plura nonne inutile est vitiorum subire nomina?

[58] Quod si vituperandi qui reticuerunt, quid de iis existimandum est, qui orationis vanitatem adhibuerunt? C. Canius, eques Romanus, nec infacetus et satis litteratus, cum se Syracusas otiandi, ut ipse dicere solebat, non negotiandi causa contulisset, dictitabat se hortulos aliquos emere velle, quo invitare amicos et ubi se oblectare sine interpellatoribus posset. Quod cum percrebuisset, Pythius ei quidam, qui argentariam faceret Syracusis, venales quidem se hortos non habere, sed licere uti Canio, si vellet, ut suis, et simul ad cenam hominem in hortos invitavit in posterum diem. Cum ille promisisset, tum Pythius, qui esset ut argentarius apud omnes ordines gratiosus, piscatores ad se convocavit et ab iis petivit, ut ante suos hortulos postridie piscarentur, dixitque quid eos facere vellet. Ad cenam tempori venit Canius; opipare a Pythio adparatum convivium, cumbarum ante oculos multitudo, pro se quisque, quod ceperat, adferebat; ante pedes Pythii pisces abiciebantur.

57. Non pare che né quel mercante di grano ai Rodii né questo venditore della casa agli acquirenti avrebbero dovuto nascondere nulla. Nascondere non significa, infatti, tacere tutto ciò che sai, ma volere che ignorino quello che tu sai, per tuo profitto, quanti avrebbero interesse a saperlo. Chi non vede quale sia e caratteristico di quale uomo questo modo di celare? Certo non è proprio di un uomo leale, schietto, nobile, giusto, buono, ma piuttosto di un uomo scaltro, dissimulatore, astuto, ingannatore, malizioso, sagace, furbastro ed abile. Che utilità c'è nel tirarsi addosso tanti ed altri ancor più numerosi appellativi di difetti?

58. E se sono da biasimare coloro che tacciono, come dovrebbero essere giudicati quelli che sono soliti servirsi di discorsi menzogneri? Gaio Canio[154], un cavaliere romano nonché un uomo non privo di spirito ed abbastanza colto, essendosi recato a Siracusa per trascorrervi un periodo di riposo, come lui stesso era solito dire, e non per concludere affari, andava affermando di volere comprare una piccola villa dove avrebbe potuto ospitare gli amici e divertirsi senza essere disturbato da ímportuni. Essendosi diffusa la notizia, un certo Pizio, banchiere di Siracusa, gli disse che non aveva ville da vendere, ma che Canio poteva servirsi della sua, se voleva, come se gli appartenesse, e contemporaneamente lo invitò a cena in villa per il giorno dopo. Avendogli Canio promesso di venire, Pizio – che, in qualità di banchiere, godeva credito presso ogni sorta di persone – chiamò presso di sé alcuni pescatori, chiese loro di pescare il giorno dopo di fronte alla sua villa, e disse quanto desiderava che essi facessero. Canio venne puntualmente per la cena; il banchetto era stato imbandito a dovere da Pizio, mentre davanti agli occhi si presentava una moltitudine di barche e ogni pescatore portava, a turno, ciò che aveva preso; i pesci venivano gettati ai piedi di Pizio. Allora Canio domandò: «Di grazia, Pizio, che significa tutto ciò?».

---

[154] Di Canio Cicerone rammenta un motto di spirito in *De oratore*, II, 280.

[59] Tum Canius "quaeso", inquit, "quid est hoc, Pythi? tantumne piscium? tantumne cumbarum?" Et ille: "Quid mirum?" inquit, "hoc loco est Syracusis quidquid est piscium, hic aquatio, hac villa isti carere non possunt." Incensus Canius cupiditate contendit a Pythio, ut venderet. Gravate ille primo. Quid multa? impetrat. Emit homo cupidus et locuples tanti, quanti Pythius voluit, et emit instructos. Nomina facit, negotium conficit. Invitat Canius postridie familiares suos, venit ipse mature, scalmum nullum videt. Quaerit ex proximo vicino, num feriae quaedam piscatorum essent, quod eos nullos videret. "Nullae, quod sciam," ille, "sed hic piscari nulli solent. Itaque heri mirabar quid accidisset."

[60] Stomachari Canius, sed quid faceret? Nondum enim C. Aquilius, collega et familiaris meus, protulerat de dolo malo formulas; in quibus ipsis, cum ex eo quaereretur, quid esset dolus malus, respondebat, cum esset aliud simulatum, aliud actum. Hoc quidem sane luculente, ut ab homine perito definiendi. Ergo et Pythius et omnes aliud agentes, aliud simulantes perfidi, improbi, malitiosi. Nullum igitur eorum factum potest utile esse, cum sit tot vitiis inquinatum.

59. Allora l'altro spiegò: «Tutti i pesci di Siracusa stanno qui, e sempre qui i pescatori vengono a rifornirsi d'acqua, così che non possono fare a meno di questa villa». Canio, preso dal desiderio, chiese insistentemente a Pizio che gli vendesse la villa. Sulle prime quello faceva il recalcitrante. Per farla breve, Canio ottenne il suo scopo: quell'uomo bramoso e ricco comprò la villa al prezzo richiesto da Pizio e la acquistò con tutto l'arredamento, registrò la vendita e l'affare fu concluso. Canio invitò il giorno dopo i suoi amici; arrivò per tempo, ma non vide nemmeno una barca. Chiese dunque al vicino più prossimo se ci fossero delle festività dei pescatori, poiché che non ne vedeva nessuno. «A quanto ne so io, no», rispose quello «ma qui, di solito, non viene mai a pescare nessuno; perciò ieri mi meravigliavo di quanto fosse accaduto».

60. Canio andò su tutte le furie, ma che avrebbe potuto fare? A quel tempo Gaio Aquilio[155], mio amico e collega, non aveva ancora proposto le norme relative alla frode, in cui, essendogli chiesto che cosa fosse la frode, rispondeva che essa si verifica quando si finge una cosa e se ne fa un'altra. Una definizione magnifica, come è naturale che sia in un uomo esperto in definizioni. Così sia Pizio che tutti coloro, i quali fanno una cosa e ne simulano un'altra, sono perfidi, malvagi, maligni. Nessuna loro azione può risultare utile dal momento che è viziata da tanti difetti.

---

[155] Gaio Aquilio Galo, nato all'incirca nel 110 a.C., fu pretore assieme a Cicerone nel 66 a.C.

[61] Quod si Aquiliana definitio vera est, ex omni vita simulatio dissimulatioque tollenda est. Ita nec ut emat melius nec ut vendat quicquam simulabit aut dissimulabit vir bonus. Atque iste dolus malus et legibus erat vindicatus, ut tutela duodecim tabulis, circumscriptio adulescentium lege Plaetoria et sine lege iudiciis, in quibus additur ex fide bona. Reliquorum autem iudiciorum haec verba maxime excellunt: in arbitrio rei uxoriae melivs aeqvivs, in fiducia vt inter bonos bene agier. Quid ergo? aut in eo, qvod melivs aeqvivs, potest ulla pars inesse fraudis? aut cum dicitur inter bonos bene agier, quicquam agi dolose aut malitiose potest? Dolus autem malus in simulatione, ut ait Aquilius, continetur. Tollendum est igitur ex rebus contrahendis omne mendacium. Non inlicitatorem venditor, non qui contra se liceatur emptor apponet. Uterque si ad eloquendum venerit, non plus quam semel eloquetur.

[62] Quintus quidem Scaevola, Publi filius, cum postulasset, ut sibi fundus, cuius emptor erat, semel indicaretur idque venditor ita fecisset, dixit se pluris aestumare; addidit centum milia. Nemo est, qui hoc viri boni fuisse neget; sapientis negant, ut si minoris quam potuisset vendidisset. Haec igitur est illa pernicies, quod alios bonos alios sapientes existimant. Ex quo Ennius "nequiquam sapere sapientem, qui ipse sibi prodesse non quiret". Vere id quidem, si, quid esset prodesse mihi cum Ennio conveniret.

61. Se è vera la definizione di Aquilio, bisogna bandire dalla vita intera la simulazione e la dissimulazione; di conseguenza il galantuomo non simulerà o dissimulerà nulla né per comprare né per vendere meglio. Ma questa frode cadeva anche sotto le sanzioni delle leggi (ad esempio la tutela incorreva nelle sanzioni delle dodici tavole, la circonvenzione dei minorenni in quelle della Legge Pletoria[156]) e dei processi su reati non menzionati dalle leggi, in cui si aggiunge la formula «secondo coscienza». Degli altri processi sono notevoli, in modo particolare, queste formule: in questioni relative alla dote della moglie «più buono più equo», in materia concernente la cessione fiduciaria «come si deve agire tra persone oneste». E che, dunque? Forse nella formula «ciò che più buono più equo» può esserci frode? Oppure quando si dice «come si deve agire tra uomini onesti», si può, compiere qualche cosa con l'inganno o la malizia? La frode, come dice Aquilio, consiste nella simulazione; bisogna, quindi, eliminare ogni menzogna nel contrarre impegni; il venditore non farà intervenire un finto offerente che giochi al rialzo, né il compratore uno che giochi al ribasso. Entrambi, se si giungerà alla dichiarazione del prezzo, non lo dovranno dichiarare più d'una volta.

62. Quinto Scevola, figlio di Publio, avendo chiesto che di un fondo, che voleva acquistare, gli fosse indicato il prezzo definitivo e avendo ciò fatto il venditore, affermò di valutarlo di più ed aggiunse centomila sesterzi. Non c'è nessuno che dica che questo comportamento non sia stato proprio di un uomo dabbene; negano, tuttavia, che sia stato proprio di un uomo saggio, come se avesse venduto a meno di quanto avrebbe potuto. La rovina è proprio questa, il fatto che si fa distinzione tra i buoni e i saggi. Su ciò Ennio dice: «Inutilmente è saggio colui che non sa giovare a se stesso»157. Questo sarebbe anche vero, se io fossi d'accordo con Ennio sul significato del giovare.

---

[156] La *Lex Plaetoria de circumscriptione adulescentium* fu promulgata nel 193 o 192 a.C. e tutelava i minori di 25 anni dalle azioni fraudolente di chi intendeva approfittare con l'inganno della loro scarsa esperienza.
[157] ENNIO, *Medea*, 273 Vahlen².

[63] Hecatonem quidem Rhodium, discipulum Panaetii, video in iis libris, quos de officio scripsit Q. Tuberoni, dicere, sapientis esse nihil contra mores, leges, instituta facientem habere rationem rei familiaris. Neque enim solum nobis divites esse volumus, sed liberis, propinquis, amicis maximeque rei publicae. Singulorum enim facultates et copiae divitiae sunt civitatis. Huic Scaevolae factum, de quo paulo ante dixi, placere nullo modo potest. Etenim omnino tantum se negat facturum compendii sui causa, quod non liceat.

[64] Huic nec laus magna tribuenda nec gratia est. Sed sive et simulatio et dissimulatio dolus malus est, perpaucae res sunt, in quibus non dolus malus iste versetur, sive vir bonus est is, qui prodest quibus potest, nocet nemini, certe istum virum bonum non facile reperimus. Numquam igitur est utile peccare, quia semper est turpe, et, quia semper est honestum virum bonum esse, semper est utile.

[65] Ac de iure quidem praediorum sanctum apud nos est iure civili, ut in iis vendendis vitia dicerentur, quae nota essent venditori. Nam cum ex duodecim tabulis satis esset ea praestari, quae essent lingua nuncupata, quae qui infitiatus esset, dupli poena subiret, a iuris consultis etiam reticentiae poena est constituta; quicdquid enim esset in praedio vitii, id statuerunt, si venditor sciret, nisi nominatim dictum esset, praestari oportere.

63. Vedo che Ecatone di Rodi[158], discepolo di Panezio, nei libri scritti *Sul dovere* e da lui dedicati a Quinto Tuberone[159], dice: «è proprio del sapiente curare il proprio patrimonio senza far nulla contro la morale, le leggi e le istituzioni. Non vogliamo, difatti essere ricchi solo per noi, ma per i figli, i parenti, gli amici e soprattutto per lo Stato. I beni e le sostanze dei singoli costituiscono, infatti, le ricchezze della città». A costui non può assolutamente piacere il gesto di Scevola, che ho citato poco fa; difatti egli dice che non farebbe per suo profitto soltanto quello che non è permesso. A costui non bisogna concedere né lode né riconoscenza.

64. Ad ogni modo, sebbene la simulazione e la dissimulazione costituiscano frode, sono pochissime le azioni in cui non entri la frode; sia che uomo onesto sia colui che giova a chi può e non nuoce a nessuno, è certo che non possiamo trovare facilmente questo uomo onesto. Non è mai utile, dunque, cadere in fallo, perché è sempre disonesto, e, poiché è sempre onesto essere persone perbene, ciò è parimenti sempre utile.

65. Per quel che riguarda la regolamentazione dei beni immobili, il nostro diritto civile sancisce che all'atto della vendita si dichiarino i difetti noti al venditore. Difatti, mentre per le XII Tavole era sufficiente rispondere delle cose esplicitamente dichiarate, e chi rinnegava la parola data era condannato a pagare una multa del doppio, i giureconsulti stabilirono una pena anche per la reticenza. Stabilirono, infatti, che il venditore deve rispondere di qualsiasi difetto si trovi in un bene immobile, se a lui è noto e non è stato espressamente dichiarato.

---

[158] Filosofo stoico del II sec. a.C., discepolo di Panezio e, come il maestro, autore anch'egli di un trattato intitolato *Sui Doveri*.

[159] Quinto Elio Tuberone, parente di Scipione Emiliano, fu oppositore dei Gracchi; allievo di Panezio, fu celebre per la sua austerità, tanto che Cicerone ne fece uno dei personaggi dialoganti della sua *De re publica*.

[66] Ut, cum in arce augurium augures acturi essent iussissentque Ti. Claudium Centumalum, qui aedes in Caelio monte habebat, demoliri ea, quorum altitudo officeret auspiciis, Claudius proscripsit insulam [vendidit], emit P. Calpurnius Lanarius. Huic ab auguribus illud idem denuntiatum est. Itaque Calpurnius cum demolitus esset cognossetque Claudium aedes postea proscripsisse, quam esset ab auguribus demoliri iussus, arbitrum illum adegit QUICQUID SIBI DARE FACERE OPORTERET EX FIDE BONA. M. Cato sententiam dixit, huius nostri Catonis pater (ut enim ceteri ex patribus, sic hic, qui illud lumen progenuit, ex filio est nominandus)is igitur iudex ita pronuntiavit, cum in vendundo rem eam scisset et non pronuntiasset, emptori damnum praestari oportere.

[67] Ergo ad fidem bonam statuit pertinere notum esse emptori vitium, quod nosset venditor. Quod si recte iudicavit, non recte frumentarius ille, non recte aedium pestilentium venditor tacuit. Sed huiusmodi reticentiae iure civili comprehendi non possunt; quae autem possunt diligenter tenentur. M. Marius Gratidianus, propinquus noster, C. Sergio Oratae vendiderat aedes eas, quas ab eodem ipse paucis ante annis emerat. Eae serviebant, sed hoc in mancipio Marius non dixerat; adducta res in iudicium est. Oratam Crassus, Gratidianum defendebat Antonius. Ius Crassus urgebat, "quod vitii venditor non dixisset sciens, id oportere praestari", aequitatem Antonius, "quoniam id vitium ignotum Sergio non fuisset, qui illas aedes vendidisset, nihil fuisse necesse dici nec eum esse deceptum, qui id, quod emerat, quo iure esset, teneret". Quorsus haec? Ut illud intellegas, non placuisse maioribus nostris astutos.

66. Ad esempio, poiché gli àuguri dovevano trarre gli auspici sulla rocca ed avevano ordinato a Tiberio Claudio Centumalo[160], che aveva una casa sul Celio, di abbattere quelle parti che, con la loro altezza, erano di ostacolo agli auspici, Claudio mise in vendita il caseggiato, che fu acquistato da Publio Calpurnio Lanario[161]. Gli àuguri fecero a costui la stessa intimazione. Calpurnio la demolì e venne a sapere che Claudio aveva messo in vendita la casa dopo che gli àuguri gli avevano intimato di abbatterla; lo costrinse, pertanto, a presentarsi davanti ad un arbitro che decidesse «che cosa in buona coscienza gli si dovesse pagare o fare». Pronunciò la sentenza Marco Catone, padre del nostro Catone (come gli altri dai padri, così questi, che generò quell'insigne personaggio, deve essere designato dal nome del figlio). Quel giudice, dunque, emise questa sentenza: poiché nel vendere conosceva i difetti e li aveva celati, doveva rispondere del danno presso il compratore.

67. Ritenne, pertanto, che appartenesse alla «buona coscienza» la conoscenza, da parte dell'acquirente, dei difetti noti al venditore. Se il suo giudizio è stato giusto, hanno avuto torto a tacere sia il mercante di grano che il venditore di quella casa malsana. Ma reticenze di tale specie non possono essere abbracciate dal diritto civile; quante lo possono, sono perseguite rigorosamente. Marco Mario Gratidiano[162], nostro parente, aveva venduto a Gaio Sergio Orata[163] la stessa casa che aveva acquistato da lui pochi anni prima. Su di essa gravava una servitù, ma nel contratto Mario non lo aveva dichiarato. La questione fu portata in tribunale: Crasso difendeva Orata, Gratidiano era difeso da Antonio. Crasso invocava la legge, secondo cui «il venditore deve rispondere di quei difetti che, pur essendo a lui noti, non sono stati da lui dichiarati», Antonio l'equità, «poiché quel difetto non era ignoto a Sergio, che aveva già venduto quella casa, non era necessaria una dichiarazione, né era stato ingannato chi ben conosceva la situazione giuridica di ciò che comprava». A quale scopo ti dico questo? Perché tu capisca che ai nostri padri non piacevano i furbastri.

---

[160] Personaggio altrimenti ignoto.

[161] Altro illustre sconosciuto, anche se l'episodio in questione è riferito pure da VALERIO MASSIMO, *Fatti e detti memorabili*, VIII, 2, 1.

[162] Marco Mario Gratidiano, figlio di Marco Gratidio, di Arpino, la cui sorella era la nonna di Cicerone; adottato dal fratello di Gaio Mario, fu tribuno della plebe nell'87 a.C. e pretore due anni dopo. Fu crudelmente ucciso da Catilina durante le proscrizioni di Silla, nell'82 a.C.

[163] Gaio Sergio Silio Orata fu pretore nel 97 a.C.

[68] Sed aliter leges, aliter philosophi tollunt astutias; leges, quatenus manu tenere possunt, philosophi, quatenus ratione et intellegentia. Ratio ergo hoc postulat, ne quid insidiose, ne quid simulate, ne quid fallaciter. Suntne igitur insidiae tendere plagas, etiam si excitaturus non sis, nec agitaturus? Ipsae enim ferae nullo insequente saepe incidunt. Sic tu aedes proscribas, tabulam tamquam plagam ponas, [domum propter vitia vendas,] in eam aliquis incurrat inprudens?

[69] Hoc quamquam video propter depravationem consuetudinis neque more turpe haberi neque aut lege sanciri aut iure civili, tamen naturae lege sanctum est. Societas est enim (quod etsi saepe dictum est, dicendum est tamen saepius), latissime quidem quae pateat, omnium inter omnes, interior eorum, qui eiusdem gentis sint, propior eorum, qui eiusdem civitatis. Itaque maiores aliud ius gentium, aliud ius civile esse voluerunt, quod civile, non idem continuo gentium, quod autem gentium, idem civile esse debet. Sed nos veri iuris germanaeque iustitiae solidam et expressam effigiem nullam tenemus, umbra et imaginibus utimur. Eas ipsas utinam sequeremur! feruntur enim ex optimis naturae et veritatis exemplis.

[70] Nam quanti verba illa: UTI NE PROPTER TE FIDEMVE TUAM CAPTUS FRAUDATUSVE SIM! quam illa aurea: UT INTER BONOS BENE AGIER OPORTET ET SINE FRAUDATIONE!Sed, qui «sint boni» et quid sit «bene agi», magna quaestio est. Q. quidem Scaevola, pontifex maximus, summam vim esse dicebat in omnibus iis arbitriis, in quibus adderetur EX FIDE BONA, fideique bonae nomen existimabat manare latissime, idque versari in tutelis, societatibus, fiduciis, mandatis, rebus emptis, venditis, conductis, locatis, quibus vitae societas contineretur; in iis magni esse iudicis statuere, praesertim cum in plerisque essent iudicia contraria, quid quemque cuique praestare oporteret.

68. Ma se le leggi reprimono i raggiri in un modo, i filosofi lo fanno in un altro: le leggi, nei limiti in cui possono perseguirli legalmente, i filosofi, nei limiti in cui possono farlo con la ragione e l'intelligenza. Ebbene, la ragione esige che non si faccia nulla attraverso tranelli, nulla con simulazione, nulla con inganno. Costituisce allora un'insidia tendere le reti, anche se non hai intenzione di metterti a stanare la selvaggina o a spingerla verso di esse? Che le bestie vanno a cadervi spesso da sole, senza che nessuno le insegua. Così tu potresti mettere in vendita una casa, esporre un cartello, come se fosse una rete, vendere la casa per i suoi difetti, e qualcuno potrebbe incapparvi inavvertitamente?

69. Sebbene io veda che questo modo di agire, a causa della decadenza dei costumi, non è considerato immorale né è proibito dalla legge o dal diritto civile, tuttavia esso è stato vietato dalla legge di natura. Difatti la società più ampia – anche se lo abbiamo detto spesso, lo si deve, tuttavia, ripetere ancor più spesso – è quella che unisce tutti gli uomini tra loro, più ristretta quella tra uomini della stessa nazione, ancora più limitata quella tra uomini della stessa città. Perciò gli antichi vollero che il diritto delle genti e quello civile fossero differenti; il diritto civile non si identifica senz'altro con quello delle genti, ma quello delle genti deve essere anche civile. Noi non possediamo, però, alcuna immagine concretamente scolpita del vero diritto e della giustizia, sua sorella germana; usufruiamo di un'ombra e di una parvenza; volesse il cielo che almeno seguissimo queste ultime! Esse provengono infatti dai migliori esempi offerti dalla natura e dalla verità.

70. Quanto valgono quelle parole «Che io non sia preso ed ingannato per causa tua e della fiducia in te riposta»![164] Quanto quel detto aureo che recita: «Come tra persone dabbene conviene agire bene e senza inganno»! Ma è una questione non piccola il definire quali siano i buoni e che cosa significhi agire bene. Quinto Scevola, pontefice massimo, affermava che hanno grandissima importanza tutti quei giudizi arbitrali, in cui si aggiunge la clausola «in buona coscienza», e credeva che il significato della "buona coscienza" avesse una grandissima estensione, e riguardasse le tutele, le associazioni, le procure, i mandati, le compravendita, gli appalti, le locazioni, in cui consiste la vita sociale. In essi riteneva che fosse compito di un giudice sapiente stabilire di che cosa ciascuno deve rispondere verso ciascuno, specialmente perché in parecchi casi ci sono delle controquerele.

---

[164] Cicerone inizia a riportare alcune formule adoperati in vari casi di azione legale.

[71] Quocirca astutiae tollendae sunt eaque malitia, quae vult illa quidem videri se esse prudentiam, sed abest ab ea distatque plurimum; prudentia est enim locata in dilectu bonorum et malorum, malitia, si omnia quae turpia sunt, mala sunt, mala bonis ponit ante. Nec vero in praediis solum ius civile ductum a natura malitiam fraudemque vindicat, sed etiam in mancipiorum venditione venditoris fraus omnis excluditur. Qui enim scire debuit de sanitate, de fuga, de furtis, praestat edicto aedilium. Heredum alia causa est.

[72] Ex quo intellegitur, quoniam iuris natura fons sit, hoc secundum naturam esse, neminem id agere, ut ex alterius praedetur inscitia. Nec ulla pernicies vitae maior inveniri potest quam in malitia simulatio intellegentiae, ex quo ista innumerabilia nascuntur, ut utilia cum honestis pugnare videantur. Quotus enim quisque reperietur, qui impunitate et ignoratione omnium proposita abstinere possit iniuria.

71. È necessario, pertanto, eliminare le furberie e quella malizia che vorrebbe apparire prudenza, ma che è in verità lontana da essa in modo evidente: la prudenza è, infatti, fondata sulla scelta dei beni e dei mali; la malizia antepone il male al bene, se è vero che è male tutto ciò che è immorale. E non solo nel caso dei beni immobili il diritto civile, che deriva dalla natura, punisce la malafede e la truffa, ma anche nella vendita degli schiavi è esclusa ogni frode da parte del venditore. Chi, infatti, dovesse essere al corrente della salute, di una fuga, di ruberie, ne risponde in base all'editto degli edili[165].

72. Differente è il caso degli schiavi di cui si è venuti in possesso tramite eredità. Da ciò si comprende che, essendo la natura fonte del diritto, è secondo natura che nessuno si comporti in modo da ricavare un guadagno dall'ignoranza altrui. Non si può trovare alcun danno per la vita maggiore della simulazione della malizia; da ciò derivano i casi innumerevoli, in cui l'utile sembra essere in conflitto con l'onesto. Quanti, infatti, se ne troveranno capaci di astenersi dal commettere un'ingiustizia, una volta che sia stata loro assicurata l'impunità e l'ignoranza di tutti?

---

[165] Il testo di tale editto inerente la vendita degli schiavi è riportato da AULO GELLIO, *Notti Attiche*, IV, 2.

[73] Periclitemur, si placet, et in iis quidem exemplis, in quibus peccari volgus hominum fortasse non putet. Neque enim de sicariis, veneficis, testamentariis, furibus, peculatoribus, hoc loco disserendum est, qui non verbis sunt et disputatione philosophorum, sed vinclis et carcere fatigandi, sed haec consideremus, quae faciunt ii, qui habentur boni. L. Minuci Basili locupletis hominis falsum testamentum quidam e Graecia Romam attulerunt. Quod quo facilius obtinerent, scripserunt heredes secum M. Crassum et Q. Hortensium, homines eiusdem aetatis potentissimos. Qui cum illud falsum esse suspicarentur, sibi autem nullius essent conscii culpae, alieni facinoris munusculum non repudiaverunt. Quid ergo? Satin est hoc, ut non deliquisse videantur? Mihi quidem non videtur, quamquam alterum vivum amavi, alterum non odi mortuum.

[74] Sed cum Basilus M. Satrium sororis filium nomen suum ferre voluisset eumque fecisset heredem (hunc dico patronum agri Piceni et Sabini; o turpe notam temporum [nomen illorum]!), non erat aequum principes civis rem habere, ad Satrium nihil praeter nomen pervenire. Etenim si is, qui non defendit iniuriam neque propulsat a suis, cum potest, iniuste facit, ut in primo libro disserui, qualis habendus est is, qui non modo non repellit, sed etiam adiuvat iniuriam? Mihi quidem etiam verae hereditates non honestae videntur, si sunt malitiosis blanditiis, officiorum non veritate, sed simulatione quaesitae. Atqui in talibus rebus aliud utile interdum, aliud honestum videri solet. Falso; nam eadem utilitatis quae honestatis est regula.

73. Facciamo la prova, se sei d'accordo, e proprio basandoci su quegli esempi, in cui gli uomini in generale non credono, forse, di essere in fallo. Non si deve trattare, qui dei sicari, degli avvelenatori, dei falsificatori di testamenti, dei ladri, dei rei di peculato, che non devono essere domati con le parole e le discussioni dei filosofi, ma con le catene e il carcere; consideriamo, invece, le azioni di coloro che godono la fama di uomini dabbene. Certuni recarono con essi dalla Grecia in Roma un falso testamento di Lucio Minucio Basilo[166], uomo ricco; per poter raggiungere con maggior facilità il loro scopo, vi misero come eredi, insieme a loro, Marco Crasso e Quinto Ortensio, due uomini tra i più importanti in quel periodo; costoro, pur avendo sospettato che il testamento fosse falso, ma non essendo complici di alcuna colpa, non rifiutarono il piccolo regalo che veniva loro dalla colpa altrui. Dunque, è sufficiente questo perchè non sembrino colpevoli? In verità non mi pare, sebbene abbia amato l'uno, quando era in vita, e non nutra odio nei confronti dell'altro, ora che è morto.

74. Ma avendo voluto Basilo dare il suo nome a Marco Satrio[167], figlio di sua sorella, ed avendolo fatto erede (parlo di colui che fu patrono dell'Agro Piceno e Sabino), o vergogna dei tempi, [il nome di quelli,][168] non era giusto che due tra i principali cittadini avessero il patrimonio e a Satrio non toccasse nulla, ad eccezione del nome! Se, come ho spiegato nel primo libro, colui che non si oppone all'ingiustizia e non la tiene lontana dai suoi, pur potendolo, si comporta ingiustamente, che giudizio bisogna dare di colui che non solo non allontana l'ingiustizia, ma anzi l'appoggia? A me, sinceramente, non sembrano oneste neanche le autentiche eredità, se sono ottenute per mezzo di lusinghe piene di malizia, con devozione non sincera, ma simulata. Eppure in tali argomenti una cosa pare sembrare l'utile, un'altra l'onesto. A torto, perché la norma dell'utile è la medesima dell'onesto.

---

[166] Personaggio altrimenti sconosciuto.

[167] Lucio Minucio Basilo Satriano è ricordato varie volte, in modo denigratorio, da Cicerone (cfr. *Filippiche*, II, 107).

[168] *Nomen illorum* è aggiunta marginale di uno scriba, poi confluita nel testo originale ciceroniano.

[75] Qui hoc non perviderit, ab hoc nulla fraus aberit, nullum facinus. Sic enim cogitans "est istuc quidem honestum, verum hoc expedit", res a natura copulatas audebit errore divellere, qui fons est fraudium, maleficiorum, scelerum omnium. Itaque si vir bonus habeat hanc vim, ut, si digitis concrepuerit, possit in locupletium testamenta nomen eius inrepere, hac vi non utatur, ne si exploratum quidem habeat id omnino neminem umquam suspicaturum. At dares hanc vim M. Crasso, ut digitorum percussione heres posset scriptus esse, qui re vera non esset heres, in foro, mihi crede, saltaret. Homo autem iustus isque, quem sentimus virum bonum, nihil cuiquam, quod in se transferat, detrahet. Hoc qui admiratur, is se, quid sit vir bonus, nescire fateatur.

[76] At vero, si qui voluerit animi sui complicatam notionem evolvere, iam se ipse doceat eum virum bonum esse, qui prosit, quibus possit, noceat nemini nisi lacessitus iniuria. Quid ergo? Hic non noceat, qui quodam quasi veneno perficiat, ut veros heredes moveat, in eorum locum ipse succedat? "Non igitur faciat" dixerit quis, "quod utile sit, quod expediat?" Immo intellegat nihil nec expedire nec utile esse, quod sit iniustum. Hoc qui non didicerit, bonus vir esse non poterit.

75. Se uno non si renderà conto di ciò, sarà capace di ogni frode, di ogni delitto; ragionando, infatti, così: «Questo, in verità, è onesto, ma quest'altro è utile», giungerà al punto di separare due cose che la natura ha strettamente unito, con un errore che origina frodi, misfatti ed ogni genere di delitti. Perciò se un galantuomo avesse una tale potenza da essere in grado di far inserire il suo nome nei testamenti con un semplice schiocco delle dita, non se ne servirebbe, neppure se avesse la sicurezza che nessuno mai nutrirebbe dei sospetti; ma se tu dessi questo potere a Marco Crasso[169], di essere cioè, con un semplice schiocco delle dita, registrato come erede senza essere realmente erede, credi a me, si metterebbe a ballare nel Foro. Invece l'uomo giusto e quello che intendiamo per uomo onesto, non sottrarrebbe niente a nessuno per prenderselo per sé. Chi si meraviglia di ciò, rivela di non sapere che cosa sia un uomo onesto.

76. Ma se qualcuno vorrà sviluppare il concetto involuto nel proprio animo, si convincerà che è uomo onesto colui che giova a chi può e non nuoce ad alcuno, a meno che non sia stato causato da un'offesa. Dunque, non nuoce chi, con una specie di incantesimo, fa in modo di allontanare i veri eredi per mettersi al posto loro? «Non dovrà fare, dunque», dirà qualcuno, «ciò che è utile, che gli giova?». Al contrario, comprenda che nulla giova né è utile, se è ingiusto. Chi non comprenderà ciò, non potrà essere un uomo onesto.

---

[169] Marco Licinio Crasso, il celebre ricchissimo triumviro, collega di Cesare e Pompeo.

[77C. Fimbriam consularem audiebam de patre nostro puer iudicem M. Lutatio Pinthiae fuisse, equiti Romano sane honesto, cum is sponsionem fecisset ni vir bonvs esset. Itaque ei dixisse Fimbriam se illam rem numquam iudicaturum, ne aut spoliaret fama probatum hominem, si contra iudicavisset, aut statuisse videretur virum bonum esse aliquem, cum ea res innumerabilibus officiis et laudibus contineretur. Huic igitur viro bono, quem Fimbria etiam, non modo Socrates noverat, nullo modo videri potest quicquam esse utile, quod non honestum sit. Itaque talis vir non modo facere, sed ne cogitare quidem quicquam audebit, quod non audeat praedicare. Haec non turpe est dubitare philosophos, quae ne rustici quidem dubitent? a quibus natum est id, quod iam contritum est vetustate proverbium. Cum enim fidem alicuius bonitatemque laudant, dignum esse dicunt, quicum in tenebris mices. Hoc quam habet vim nisi illam, nihil expedire quod non deceat, etiam si id possis nullo refellente optinere?

[78] Videsne hoc proverbio neque Gygi illi posse veniam dari neque huic, quem paulo ante fingebam digitorum percussione hereditates omnium posse converrere? Ut enim, quod turpe est, id, quamvis occultetur, tamen honestum fieri nullo modo potest, sic, quod honestum non est, id utile ut sit effici non potest adversante et repugnante natura.

77. Quand'ero ragazzo sentivo raccontare da mio padre che l'ex-console Fimbria[170] fu giudice in un processo riguardante Marco Lutazio Pintia, onestissimo cavaliere romano, che si era impegnato a pagare una somma se una sentenza da lui provocata non l'avesse dichiarato un uomo dabbene[171]; Fimbria gli disse che non avrebbe mai fatto da giudice in quella questione, per non togliere la reputazione ad un uomo stimato, in caso di un giudizio negativo, o per non sembrare di aver decretato che un uomo è onesto, dal momento che tale qualità presuppone innumerevoli doveri e virtù. A quest'uomo buono, di cui aveva un'idea ben precisa non solo Socrate, ma anche Fimbria, in nessun modo può sembrare utile una cosa che non sia onesta; di conseguenza un tale uomo non solo non oserà fare, ma neppure pensare alcunché che non oserebbe dire pubblicamente. Non è vergognoso che i filosofi siano indecisi su ciò che non suscita dubbi neanche nei contadini? Da essi derivò quel proverbio ormai logoro per l'uso: quando vogliono lodare la lealtà e la bontà di qualcuno, dicono che è degno che si giochi alla morra con lui al buio. Che significa questo, se non che nulla è conveniente se non è lecito moralmente, anche se noi lo possiamo ottenere senza che alcuno ci smentisca?

78. Non vedi che in base a questo proverbio non si può giustificare né quel famoso Gige né costui che poco fa ho immaginato capace di accaparrarsi tutte le eredità con un semplice schiocco delle dita? Come, difatti, ciò che è turpe non può in alcun modo diventare onesto, benché lo si nasconda, così ciò che onesto non è, non può essere trasformato in utile, se la natura vi si oppone e vi fa resistenza.

---

[170] Console nel 104 a.C.

[171] Si tratta del procedimento della *sponsio*, una sorta di contratto verbale consistente nello scambio di formule solenni, ovvero dall'interrogazione di un contraente, cui faceva seguito la risposta dell'altra parte nei medesimi termini.

[79] At enim cum permagna praemia sunt, est causa peccandi. C. Marius, cum a spe consulatus longe abesset et iam septimum annum post praeturam iaceret neque petiturus umquam consulatum videretur, Q. Metellum, cuius legatus erat, summum virum et civem cum ab eo, imperatore suo, Romam missus esset, apud populum Romanum criminatus est, bellum illum ducere, si se consulem fecissent, brevi tempore aut vivum aut mortuum Iugurtham se in potestatem populi Romani redacturum. Itaque factus est ille quidem consul, sed a fide iustitiaque discessit, qui optimum et gravissimum civem, cuius legatus et a quo missus esset, in invidiam falso crimine adduxerit.

[80] Ne noster quidem Gratidianus officio viri boni functus est tum, cum praetor esset, collegiumque praetorium tribuni plebi adhibuissent, ut res nummaria de communi sententia constitueretur; iactabatur enim temporibus illis nummus sic, ut nemo posset scire, quid haberet. Conscripserunt communiter edictum cum poena atque iudicio constitueruntque, ut omnes simul in rostra post meridiem escenderent. Et ceteri quidem alius alio: Marius ab subselliis in rostra recta idque, quod communiter compositum fuerat, solus edixit. Et ea res, si quaeris, ei magno honori fuit; omnibus vicis statuae, ad eas tus, cerei. Quid multa? Nemo umquam multitudini fuit carior.

79. Ma quando si prevedono grandi vantaggi, vi sarebbe un motivo per cadere in fallo. Gaio Mario era molto lontano dalla speranza di diventare console e ormai da sette anni dopo la pretura era abbandonato da tutti né dava l'impressione che avrebbe mai presentato la propria candidatura al consolato; inviato a Roma dal suo comandante Quinto Metello[172], di cui era luogotenente, uomo e cittadino di altissime qualità, lo accusò presso il popolo romano di tirare alle lunghe la guerra: se lo avessero fatto console, avrebbe consegnato in poco tempo Giugurta, vivo o morto, in potere del popolo romano. E così egli fu eletto console, ma si allontanò dalla lealtà e dalla giustizia, poiché con una falsa accusa suscitò odio nei confronti di un cittadino ottimo ed assai rispettabile, di cui era luogotenente e dal quale era stato inviato.

80. Neppure il nostro parente Gratidiano compì il dovere proprio di un uomo onesto: allorché egli era pretore e i tribuni della plebe avevano convocato il collegio dei pretori per regolare di comune accordo la situazione monetaria; in quel periodo, difatti, il valore del nummo oscillava in modo tale che nessuno era in grado di sapere quanto possedesse. Stesero di comune accordo un editto, in cui era indicata la pena e la relativa procedura giudiziaria, e decisero di presentarsi tutti insieme sui Rostri il pomeriggio. Tutti gli altri andarono chi da una parte, chi da un'altra; Mario si recò direttamente dagli scranni dei tribuni ai Rostri e da solo pubblicò quell'editto che era stato redatto in comune. E questa cosa, se vuoi saperlo, gli tornò di grande onore; gli furono innalzate statue in tutti i quartieri, e dinanzi ad esse incenso e fiaccole di cera. A che serve dilungarsi? Nessuno fu mai più caro alla folla.

---

[172] Quinto Cecilio Metello, uno dei leader del partito aristocratico, rivestì il consolato nel 109 a.C. Al comando delle truppe romane nella guerra contro Giugurta, re della Numidia, ne rinsaldò disciplina e moralità, ma venne sostituito dal suo luogotenente Gaio Mario nel 107 a.C., che sconfisse Giugurta e lo condusse prigioniero a Roma, dove morì in carcere.

[81] Haec sunt, quae conturbent in deliberatione non numquam, cum id, in quo violatur aequitas, non ita magnum, illud autem, quod ex eo paritur, permagnum videtur, ut Mario praeripere collegis et tribunis plebi popularem gratiam non ita turpe, consulem ob eam rem fieri, quod sibi tum proposuerat, valde utile videbatur. Sed omnium una regula est, quam tibi cupio esse notissimam: aut illud, quod utile videtur, turpe ne sit, aut si turpe est, ne videatur esse utile. Quid igitur? possumusne aut illum Marium virum bonum iudicare aut hunc? Explica atque excute intellegentiam tuam, ut videas, quae sit in ea [species] forma et notio viri boni. Cadit ergo in virum bonum mentiri, emolumenti sui causa criminari, praeripere, fallere? Nihil profecto minus.

[82] Est ergo ulla res tanti aut commodum ullum tam expetendum, ut viri boni et splendorem et nomen amittas? Quid est, quod afferre tantum utilitas ista, quae dicitur, possit, quantum auferre, si boni viri nomen eripuerit, fidem iustitiamque detraxerit? Quid enim interest, utrum ex homine se convertat quis in beluam an hominis figura immanitatem gerat beluae? Quid? qui omnia recta et honesta neglegunt, dummodo potentiam consequantur, nonne idem faciunt, quod is, qui etiam socerum habere voluit eum, cuius ipse audacia potens esset. Utile ei videbatur plurimum posse alterius invidia. Id quam iniustum in patriam et quam turpe esset, non videbat. Ipse autem socer in ore semper Graecos versus de Phoenissis habebat, quos dicam ut potero; incondite fortasse sed tamen, ut res possit intellegi:

> Nam si violandum est ius, regnandi gratia,
> Violandum est; aliis rebus pietatem colas.

Capitalis Eteocles vel potius Euripides, qui id unum quod omnium sceleratissimum fuerit, exceperit.

81. Sono questi i casi che spesso, quando dobbiamo decidere, ci rendono dubbiosi, allorché la violazione dell'equità non sembra rilevante, ma appare decisamente grande il vantaggio che da essa deriva: così, per esempio, a Mario non sembrava tanto riprovevole carpire il favore popolare ai colleghi e ai tribuni della plebe, ma molto utile diventare console tramite quel mezzo, cosa che egli si era riproposto. Ma in tutti questi casi esiste una sola regola, che desidero ti sia notissima: o che non sia turpe quello che sembra utile o, se è turpe, che non sembri essere utile. E che, dunque? Possiamo giudicare probo il primo o il secondo Mario?[173] Dispiega ed adopera la tua intelligenza, per vedere quale sia in essa il concetto e la nozione di uomo dabbene. Si addice, dunque, ad un uomo onesto mentire per proprio vantaggio, accusare, sottrarre, ingannare?

82. Niente gli si addice di meno, questo è certo. Vi è, dunque, una cosa tanto importante o un vantaggio tanto desiderabile, da far sì che venga meno l'aura ed il nome di uomo probo? Che cosa ti potrebbe dare di tanto grande questa cosiddetta utilità, quanto piuttosto togliere, se si sottrae il nome di uomo probo, se ti porta via la lealtà e la giustizia? Che differenza c'è, difatti, tra il trasformarsi da uomo in bestia o il portare, sotto l'aspetto di uomo, l'indole crudele di una belva? E che? Quanti trascurano ogni rettitudine e onestà, pur di raggiungere la potenza, non si comportano proprio come colui che volle avere per suocero un uomo, la cui audacia giovasse alla propria potenza?[174] Gli sembrava utile raggiungere la massima potenza a spese dell'impopolarità altrui, ma non si rendeva conto di quanto ciò fosse ingiusto e vergognoso nei confronti della patria. E quel suocero aveva continuamente sulle labbra i versi greci delle Fenicie[175], che dirò come potrò, forse rozzamente, ma tuttavia in modo che si possa capire il contenuto: «Se si deve violare il diritto, bisogna violarlo per il potere assoluto; per il resto coltiva la pietà». Degno di essere messo a morte è Eteocle, o piuttosto Euripide, che eccettuava quest'unico caso, che è il più scellerato di tutti.

---

¹⁷³ Intende Caio Mario e Mario Gratidiano.
¹⁷⁴ Pompeo, nella primavera del 59 a.C., aveva sposato la figlia di Cesare, Giulia.
¹⁷⁵ EURIPIDE, *Fenicie*, vv. 524 sgg.

[83] Quid igitur minuta colligimus, hereditates, mercaturas, venditiones fraudulentas? Ecce tibi, qui rex populi Romani dominusque omnium gentium esse concupiverit idque perfecerit. Hanc cupiditatem si honestam quis esse dicit, amens est; probat enim legum et libertatis interitum earumque oppressionem taetram et detestabilem gloriosam putat. Qui autem fatetur honestum non esse in ea civitate, quae libera fuerit quaeque esse debeat, regnare, sed ei, qui id facere possit, esse utile, qua hunc obiurgatione aut quo potius convitio a tanto errore coner avellere? Potest enim, di immortales, cuiquam esse utile foedissimum et taeterrimum parricidium patriae, quamvis is, qui se eo obstrinxerit, ab oppressis civibus parens nominetur? Honestate igitur dirigenda utilitas est, et quidem sic, ut haec duo verbo inter se discrepare, re unum sonare videantur.

[84] Non habeo ad volgi opinionem quae maior utilitas quam regnandi esse possit, nihil contra inutilius ei, qui id iniuste consecutus sit, invenio, cum ad veritatem coepi revocare rationem. Possunt enim cuiquam esse utiles angores, sollicitudines, diurni et nocturni metus, vita insidiarum periculorumque plenissima? 'Multi iniqui atque infideles regno, pauci benivoli' inquit Accius. At cui regno? quod a Tantalo et Pelope proditum iure optinebatur. Nam quanto plures ei regi putas, qui exercitu populi Romani populum ipsum Romanum oppressisset civitatemque non modo liberam, sed etiam gentibus imperantem servire sibi coegisset?

83. Ma perché andiamo raccogliendo queste minuzie, eredità, commerci, vendite fraudolente? Eccoti chi desiderò essere re del popolo romano e signore di tutte le genti, e ci riuscì[176]. Se qualcuno dicesse che questa bramosia è onesta, sarebbe un pazzo; così facendo egli approva la morte delle leggi e della libertà e ritiene gloriosa la loro infame e detestabile soppressione. Se uno, invece, ammette che non è onesto regnare in una città che è stata e dovrebbe essere libera, ma è utile a chi è capace di farlo, con quali rimproveri o, piuttosto, con quali grida potresti tentare di allontanarlo da un simile errore? Può, per gli dèi immortali, essere utile a qualcuno il più turpe e abominevole parricidio della patria, anche se colui che se ne è macchiato viene chiamato "padre" dai cittadini oppressi? [177] L'utilità, dunque, deve essere guidata dall'onestà, e precisamente in modo che questi due concetti a parole sembrino diversi, ma nella sostanza suonino la stessa cosa.

84. Non so quale utilità possa esistere, a giudizio del volgo, maggiore del regnare; ma quando inizio ad accostare il giudizio alla luce della verità, non trovo nulla di più inutile per colui che abbia conseguito il regno ingiustamente. Possono, difatti, essere utili per qualcuno le angoscie, le preoccupazioni, i timori diurni e notturni, la vita stracolma di insidie e di pericoli? «Molti gli iniqui e gli infedeli al regno, pochi i benevoli», così dice Accio[178]. Ma a quale regno? Quello che, trasmesso legittimamente, avevano Tantalo e Pelope[179]. E quanti di più ne avrebbe, secondo te, quel re[180] che con l'esercito del popolo romano oppresse proprio il popolo romano e costrinse ad essergli schiava quella città non solo libera, ma anche signora delle genti?

---

[176] L'allusione è ovviamente a Cesare.

[177] Cesare aveva ricevuto anche l'appellativo di "padre della patria", cosa che bruciava molto a Cicerone, poiché anch'egli aveva ricevuto tale titolo onorifico per aver salvato Roma da Catilina.

[178] ACCIO, *Atreo*, fr. 651 Ribbeck².

[179] Tantalo, figlio di Zeus, ebbe tre figli, fra cui Pelope, ucciso dal padre e resuscitato dagli dèi. Pelope (da cui prese nome il Peloponneso) ebbe a sua volta come figli Tieste e Atreo. Il regno di cui si parla è la città di Micene.

[180] Si riferisce sempre a Cesare.

[85] Hunc tu quas conscientiae labes in animo censes habuisse, quae vulnera? Cuius autem vita ipsi potest utilis esse, cum eius vitae ea condicio sit, ut qui illam eripuerit, in maxima et gratia futurus sit et gloria? Quod si haec utilia non sunt, quae maxime videntur, quia plena sunt dedecoris ac turpitudinis, satis persuasum esse debet, nihil esse utile, quod non honestum sit.

[86] Quamquam id quidem cum saepe alias, tum Pyrrhi bello a C. Fabricio consule iterum et a senatu nostro iudicatum est. Cum enim rex Pyrrhus populo Romano bellum ultro intulisset cumque de imperio certamen esset cum rege generoso ac potente, perfuga ab eo venit in castra Fabricii eique est pollicitus, si praemium sibi proposuisset, se, ut clam venisset, sic clam in Pyrrhi castra rediturum et eum veneno necaturum. Hunc Fabricius reducendum curavit ad Pyrrhum idque eius factum laudatum a senatu est. Atqui si speciem utilitatis opinionemque quaerimus, magnum illud bellum perfuga unus et gravem adversarium imperii sustulisset, sed magnum dedecus et flagitium, quicum laudis certamen fuisset, eum non virtute, sed scelere superatum.

[87] Utrum igitur utilius vel Fabricio, qui talis in hac urbe qualis Aristides Athenis fuit, vel senatui nostro qui numquam utilitatem a dignitate seiunxit, armis cum hoste certare an venenis? Si gloriae causa imperium expetundum est, scelus absit, in quo non potest esse gloria; sin ipsae opes expetuntur quoquo modo, non poterunt utiles esse cum infamia. Non igitur utilis illa L. Philippi Q. f. sententia, quas civitates L. Sulla pecunia accepta ex senatus consulto liberavisset, ut eae rursus vectigales essent, neque iis pecuniam, quam pro libertate dederant, redderemus. Ei senatus est assensus. Turpe imperio! Piratarum enim melior fides quam senatus. 'At aucta vectigalia, utile igitur.' Quousque audebunt dicere quicquam utile, quod non honestum?

85. Quale macchia della coscienza pensi che costui abbia avuto nell'animo, quali ferite? E a quale uomo può essere utile la propria vita, se la condizione di essa è tale che chi gliela sottraesse si procurerebbe grandissima gloria e riconoscenza? E se non sono utili queste cose, che sembrano esserlo al massimo grado, perché sono piene di ignominia e di vergogna, bisogna essere abbastanza convinti che nulla è utile, se non è onesto.

86. Questo è stato riconosciuto spesso in altre occasioni e specialmente da Gaio Fabrizio, console per la seconda volta durante la guerra contro Pirro, e dal nostro Senato. Avendo il re Pirro dichiarato di sua iniziativa guerra al popolo romano, e svolgendosi la lotta per la supremazia con un re nobile e potente, giunse un disertore negli accampamenti di Fabrizio e gli promise, in cambio di una ricompensa, di ritornare negli accampamenti di Pirro di nascosto com'era venuto e di ucciderlo con il veleno. Fabrizio lo fece ricondurre da Pirro e il suo comportamento fu lodato dal Senato. Eppure se noi ricerchiamo l'apparenza e il concetto comune dell'utilità, un unico disertore avrebbe eliminato quella guerra ed un pericoloso rivale della nostra supremazia, ma sarebbe stato per noi un grande disonore e una grande colpa l'aver vinto non col valore, ma con il delitto un avversario con cui si combatteva per la gloria.

87. Sarebbe stato più utile, dunque, sia per Fabrizio, che in questa città fu come Aristide in Atene, sia per il nostro Senato, che non separò mai l'utilità della dignità, combattere il nemico con le armi o col veleno? Se si deve mirare alla supremazia per la gloria, si bandisca il delitto, in cui non può esistere gloria; se si mira alla potenza in qualunque modo, non potrà giovare, se sarà unita all'infamia. Non fu, dunque, utile il provvedimento di Lucio Filippo, figlio di Quinto, in base al quale le città che Lucio Silla, per decreto del Senato, aveva esentato dal tributo dietro pagamento di una somma di denaro, diventavano di nuovo tributarie, senza che venisse restituito loro il denaro versato per l'esenzione. Il Senato diede il proprio assenso: che vergogna per il nostro governo! Vale più la parola dei pirati di quella del Senato. «Ma si aumentarono le entrate; quindi il provvedimento fu utile». Fino a quando oseranno affermare che qualche cosa è utile, senza essere al contempo onesta?

[88] Potest autem ulli imperio, quod gloria debet fultum esse et benevolentia sociorum, utile esse odium et infamia? Ego etiam cum Catone meo saepe dissensi. Nimis mihi praefracte videbatur aerarium vectigaliaque defendere, omnia publicanis negare, multa sociis, cum in hos benefici esse deberemus, cum illis sic agere, ut cum colonis nostris soleremus, eoque magis, quod illa ordinum coniunctio ad salutem rei publicae pertinebat. Male etiam Curio, cum causam Transpadanorum aequam esse dicebat, semper autem addebat "vincat utilitas". Potius doceret non esse aequam, quia non esset utilis rei publicae, quam cum utilem diceret non esse, aequam fateretur.

[89] Plenus est sextus liber de officiis Hecatonis talium quaestionum, sitne boni viri in maxima caritate annonae familiam non alere. In utramque partem disputat, sed tamen ad extremum utilitate, ut putat, officium dirigit magis quam humanitate. Quaerit, si in mari iactura facienda sit, equine pretiosi potius iacturam faciat an servuli vilis. Hic alio res familiaris, alio ducit humanitas. "Si tabulam de naufragio stultus arripuerit, extorquebitne eam sapiens, si potuerit?" Negat, quia sit iniurium. Quid? dominus navis eripietne suum? Minime, non plus quam navigantem in alto eicere de navi velit, quia sua sit. Quoad enim perventum est eo, quo sumpta navis est, non domini est navis, sed navigantium.

88. È possibile che ad un impero, che deve fondarsi sulla gloria e sulla simpatia degli alleati, siano utili l'odio e l'infamia? Io mi sono trovato spesso in disaccordo anche con il mio amico Catone; mi sembrava che sostenesse con troppa intransigenza gli interessi dell'erario e del bilancio, e che negasse tutto ai pubblicani, molto agli alleati, mentre verso questi dovevano essere benefici, verso quelli comportarci come eravamo soliti fare con i nostri coloni[181], tanto più perché quella concordia di classi interessava la salute dello Stato. Si comportava male anche Curione, quando diceva che la causa dei Transpadani[182] era giusta, ma aggiungeva sempre: «Vinca l'utilità». Piuttosto egli avrebbe dovuto dimostrare che non era giusta, perché non era utile allo Stato, anziché riconoscere che era giusta, mentre diceva che non era utile.

89. Il sesto libro de *Sui doveri* di Ecatone è pieno di questioni simili: se sia proprio di un uomo onesto non nutrire i propri schiavi in un periodo di estrema carestia. Egli discute il pro e il contro, tuttavia, alla fine, regola il dovere più in base all'utilità che all'umanità. Si domanda se, nel caso che si dovesse gettare in mare (parte del carico), si debba gettare un cavallo di valore o uno schiavo di poco prezzo. In questo caso divergono le vie del patrimonio e dell'umanità. «Se uno sciocco avesse afferrato una tavola durante un naufragio, un saggio gliela dovrebbe sottrarre, se potesse?». Risponde di no, perché si tratterebbe di un'ingiustizia. «Allora il padrone della nave potrebbe portargliela via, perché è sua?». Proprio per nulla, così come non potrebbe, in alto mare, buttare giù dalla nave un passeggero, soltanto perché la nave è sua. Infatti, fino quando non si è arrivati a destinazione, per cui la nave è stata noleggiata, essa non è dei proprietario, ma dei passeggeri.

---

[181] In caso di cattive annate, ai coloni veniva condonata una parte della percentuale del raccolto da versare ai proprietari del terreno.

[182] I Transpadani erano gli abitanti delle colonie latine della Gallia Cisalpina a nord del Po. Cesare concesse loro la piena cittadinanza romana nel 49 a.C.

[90] Quid? si una tabula sit, duo naufragi, eique sapientes, sibine uterque rapiat an alter cedat alteri? Cedat vero, sed ei, cuius magis intersit vel sua vel rei publicae causa vivere. Quid? si haec paria in utroque? Nullum erit certamen, sed quasi sorte aut micando victus alteri cedet alter Quid? si pater fana expilet, cuniculos agat ad aerarium, indicetne id magistratibus filius? Nefas id quidem est, quin etiam defendat patrem si arguatur. Non igitur patria praestat omnibus officiis? Immo vero, sed ipsi patriae conducit pios habere cives in parentes. Quid? si tyrannidem occupare, si patriam prodere conabitur pater, silebitne filius? Immo vero obsecrabit patrem, ne id faciat. Si nihil proficiet, accusabit, minabitur etiam; ad extremum, si ad perniciem patriae res spectabit, patriae salutem anteponet saluti patris.

[91] Quaerit etiam, si sapiens adulterinos nummos acceperit imprudens pro bonis, cum id nescierit, soluturusne sit eos, si cui debeat, pro bonis. Diogenes ait, Antipater negat, cui potius assentior. Qui vinum fugiens vendat sciens, debeatne dicere. Non necesse putat Diogenes, Antipater viri boni existimat. Haec sunt quasi controversiae iura Stoicorum. In mancipio vendundo dicendane vitia, non ea, quae nisi dixeris, redhibeatur mancipium iure civili, sed haec, mendacem esse, aleatorem, furacem, ebriosum. Alteri dicenda videntur, alteri non videntur.

90. «Dunque, se ci fosse un'unica tavola e due naufraghi, tutti e due sapienti, entrambi dovrebbero afferrarla o uno dovrebbe cedere all'altro?». Bisogna cederla, ma a colui la cui vita è di maggiore importanza per sé o per lo Stato. «E se in entrambi queste caratteristiche fossero uguali?». Non ci sarà alcuna lotta, ma l'uno dovrebbe cedere all'altro quasi per sorteggio o giocando alla morra. «E se un padre derubasse templi o scavasse gallerie verso l'erario, il figlio dovrebbe denunciare il fatto ai magistrati?». Ciò sarebbe, in verità, un delitto, perché anzi dovrebbe difendere il padre, se accusato. «La patria, dunque, non è superiore a tutti i doveri?». Sì, ma è nell'interesse della patria stessa avere i cittadini affezionati ai propri genitori. «E se un padre tentasse di diventare un tiranno, di tradire la patria, il figlio dovrebbe tacere?». No, piuttosto scongiurerà il padre a non farlo; se non riuscirà in niente, lo accuserà, lo minaccerà persino: alla fine, se la questione metterà in pericolo l'esistenza della patria, anteporrà la salvezza di quest'ultima a quella del padre[183].

91. Ci si domanda anche questo: se un saggio ha ricevuto, senza rendersene conto, delle monete false per buone, quando verrà a saperlo potrà darle in pagamento come buone, a qualche debitore? Diogene dice di sì, Antipatro di no, ed io sono d'accordo piuttosto con quest'ultimo. «Se uno vendesse, sapendolo, vino che sta per inacidire, dovrebbe dirlo?». Diogene non lo reputa necessario, Antipatro lo ritiene compito di un galantuomo. Queste sono, per così dire, questioni giuridiche controverse per gli Stoici. «Nella vendita di uno schiavo è necessario dichiararne i difetti, non quelli che, taciuti, provocherebbero, secondo il codice civile, la restituzione dello schiavo, ma questi altri, l'essere bugiardo, giocatore, facile ai furti, ubriacone?». Alcuni ritengono che sia necessario dichiararli, altri no.

---

[183] Allusione all'appellativo di *Pater Patriae* conferito a Cesare.

[92] Si quis aurum vendens orichalcum se putet vendere, indicetne ei vir bonus aurum illud esse, an emat denario, quod sit mille denarium? Perspicuum est iam et quid mihi videatur et quae sit inter eos philosophos, quos nominavi, controversia. Pacta et promissa semperne servanda sint, qvae nec vi nec dolo malo, ut praetores solent, facta sint. Si quis medicamentum cuipiam dederit ad aquam intercutem pepigeritque, si eo medicamento sanus factus esset, ne illo medicamento umquam postea uteretur, si eo medicamento sanus factus sit et annis aliquot post inciderit in eundem morbum nec ab eo, quicum pepigerat, impetret, ut iterum eo liceat uti, quid faciendum sit. Cum sit is inhumanus, qui non concedat, nec ei quicquam fiat iniuriae, vitae et saluti consulendum.

[93] Quid? si qui sapiens rogatus sit ab eo, qui eum heredem faciat, cum ei testamento sestertium milies relinquatur, ut antequam hereditatem adeat luce palam in foro saltet, idque se facturum promiserit, quod aliter heredem eum scripturus ille non esset, faciat quod promiserit necne? Promisisse nollem et id arbitror fuisse gravitatis; quoniam promisit, si saltare in foro turpe ducet, honestius mentietur, si ex hereditate nihil ceperit, quam si ceperit, nisi forte eam pecuniam in rei publicae magnum aliquod tempus contulerit, ut vel saltare, cum patriae consulturus sit, turpe non sit.

[94] Ac ne illa quidem promissa servanda sunt, quae non sunt iis ipsis utilia, quibus illa promiseris. Sol Phaetonti filio, ut redeamus ad fabulas, facturum se esse dixit, quidquid optasset. Optavit, ut in currum patris tolleretur; sublatus est; atque is ante quam constitit ictu fulminis deflagravit; quanto melius fuerat in hoc promissum patris non esse servatum. Quid? quod Theseus exegit promissum a Neptuno? Cui cum tres optationes Neptunus dedisset, optavit interitum Hippolyti filii, cum is patri suspectus esset de noverca; quo optato impetrato, Theseus in maximis fuit luctibus.

92. «Se uno vendendo oro, credesse di vendere ottone, il galantuomo dovrebbe avvertirlo che si tratta di oro o dovrebbe acquistare per un denaro ciò che ne vale mille?». È chiaro, oramai, quale sia la mia opinione in proposito e quale la controversia fra i suddetti filosofi. Ci si domanda se debbano essere sempre mantenuti i patti e le promesse che, secondo la formula dei pretori, «non siano stati fatti né con la violenza né con la frode». Se qualcuno avesse dato ad un altro un farmaco per l'idropisia, ed avesse pattuito che costui, guarendo grazie a quel farmaco, non ne avrebbe più fatto uso in seguito, nel caso che fosse sopravvenuta la guarigione per merito di quel farmaco, e a distanza di qualche anno fosse nuovamente ricaduto nella stessa malattia, senza poter ottenere da colui, con il quale aveva stipulato il patto, il permesso di adoperare nuovamente la stessa medicina, che si dovrebbe fare? Poiché è inumano colui che non lo concede e non subisce alcuna ingiustizia, bisogna che si provveda alla vita e alla salute.

93. E che? Se un sapiente fosse richiesto da uno che volesse nominarlo erede, lasciandogli per testamento cento milioni di sesterzi, di danzare pubblicamente nel foro in pieno giorno, prima di prendere possesso dell'eredità, e il sapiente avesse promesso di farlo perché, in caso contrario, quel tale non lo nominerebbe erede nel testamento, dovrebbe mantenere la sua promessa o no? Preferirei che non avesse fatto una simile promessa e penso che ciò sarebbe stato indizio di serietà; ma dal momento che ha promesso, se riterrà vergognoso danzare, sarà più onesta la menzogna non prendendo niente dall'eredità che prendendola, a meno che non voglia destinare quel denaro a qualche grave necessità dello Stato, di modo che non sia turpe neppure danzare, per venire in aiuto della patria.

94. Ma non devono essere mantenute neppure quelle promesse che non sono di utilità a coloro ai quali sono state fatte. Per ritornare ai miti, il Sole disse al figlio Fetonte che avrebbe esaudito qualunque suo desiderio; egli volle salire sul cocchio del padre; vi fu fatto salire. Ma prima di mettersi a sedere fu colpito e bruciato da un fulmine. Quanto sarebbe stato meglio che in questo caso non fosse stata mantenuta la promessa paterna! E che dire della promessa che Teseo pretese da Nettuno? Avendogli Nettuno concesso tre desideri, chiese la morte del figlio Ippolito, poiché questi era stato sospettato dal padre di illecita relazione con la matrigna; ottenuto l'adempimento di questo desiderio, Teseo piombò nel maggiore dei lutti.

[95] Quid? quod Agamemnon cum devovisset Dianae, quod in suo regno pulcherrimum natum esset illo anno, immolavit Iphigeniam, qua nihil erat eo quidem anno natum pulchrius. Promissum potius non faciendum, quam tam taetrum facinus admittendum fuit. Ergo et promissa non facienda nonnumquam neque semper deposita reddenda. Si gladium quis apud te sana mente deposuerit, repetat insaniens, reddere peccatum sit, officium non reddere. Quid? si is, qui apud te pecuniam deposuerit, bellum inferat patriae, reddasne depositum? Non credo, facies enim contra rem publicam, quae debet esse carissima. Sic multa, quae honesta natura videntur esse, temporibus fiunt non honesta. Facere promissa, stare conventis, reddere deposita commutata utilitate fiunt non honesta. Ac de iis quidem, quae videntur esse utilitates contra iustitiam simulatione prudentiae, satis arbitror dictum.

[96] Sed quoniam a quattuor fontibus honestatis primo libro officia duximus, in eisdem versemur, cum docebimus, ea, quae videantur esse utilia neque sint, quam sint virtutis inimica. Ac de prudentia quidem, quam vult imitari malitia, itemque de iustitia, quae semper est utilis, disputatum est. Reliquae sunt duae partes honestatis quarum altera in animi excellentis magnitudine et praestantia cernitur, altera in conformatione et moderatione continentiae et temperantiae.

[97] Utile videbatur Ulixi, ut quidem poetae tragici prodiderunt, nam apud Homerum, optimum auctorem, talis de Ulixe nulla suspicio est, sed insimulant eum tragoediae simulatione insaniae militiam subterfugere voluisse. Non honestum consilium, at utile, ut aliquis fortasse dixerit, regnare et Ithacae vivere otiose cum parentibus, cum uxore, cum filio. Ullum tu decus in cotidianis laboribus cum hac tranquillitate conferendum putas? Ego vero istam contemnendam et abiciendam, quoniam quae honesta non sit ne utilem quidem esse arbitror.

95. E che dire di Agamennone? Avendo offerto in voto a Diana quello che di più bello fosse nato nel suo regno in quell'anno, sacrificò Ifigenia, della quale, almeno in quell'anno, niente era nato di più bello; avrebbe dovuto fare a meno dì promettere, anziché commettere un delitto così infame[184]. Non sempre, dunque, bisogna promettere e non sempre bisogna restituire ciò che si è avuto in deposito. Se uno sano di mente avesse depositato presso di te una spada e, divenuto folle, te la richiedesse, sarebbe una colpa il restituirla, dovere il non restituirla. E che? Se uno, che avesse depositato del denaro presso dì te, muovesse guerra alla patria, dovresti restituirgli la somma depositata? Credo di no, perché agiresti contro lo Stato, che deve starti a cuore più d'ogni cosa. Così molte azioni, che sembrerebbero oneste per natura, diventano in particolari circostanze disoneste: mantenere le promesse, attenersi ai patti, restituire i depositi, cambiate le utilità diventano azioni disoneste. Ed anche di quelle azioni che, per una finzione di prudenza, sembrano essere utili, pur contrastando la giustizia, credo di aver parlato a sufficienza.

96. Ma dato che nel primo libro abbiamo fatto derivare i doveri dalle quattro fonti dell'onesto, dobbiamo attenerci ad esse nel dimostrare quanto siano nemiche della virtù quelle azioni che sembrano utili ma non lo sono. Si è parlato pure della prudenza, che la malizia vorrebbe imitare, e ugualmente della giustizia, che è sempre utile. Rimangono due tipologie di onestà, delle quali la prima si manifesta nella grandezza e nella nobiltà di un animo sommo, la seconda nella disposizione giusta e moderata della continenza e della temperanza.

97. Ulisse parve attaccato all'utile, almeno secondo i poeti tragici; difatti in Omero, autore degno della massima fede, non esiste alcun sospetto simile: ma le tragedie lo accusano di aver voluto evitare la milizia fingendosi pazzo. Decisione non onesta, ma utile, potrà forse dire qualcuno, regnare e vivere ad Itaca in pace con i genitori, la moglie ed il figlio. E tu credi che la gloria che ci si procura nei travagli e nei pericoli d'ogni giorno possa essere messa a confronto con questa tranquillità? Io, in verità, ritengo che sia da disprezzare e da gettare via, perché penso che una cosa disonesta non sia neppure utile.

---

[184] Stando al mito, Agamennone fu costretto al sacrificio per ottenere che i venti spirassero favorevoli al fine di condurre la flotta greca dal porto di Aulide a Troia.

[98] Quid enim auditurum putas fuisse Ulixem, si in illa simulatione perseverasset? Qui cum maximas res gesserit in bello, tamen haec audiat ab Aiace:

«Cuius ipse princeps iuris iurandi fuit,
Quod omnes scitis, solus neglexit fidem.
Furere adsimulare, ne coiret, institit.
Quod ni Palamedi perspicax prudentia
Istius percepset malitiosam audaciam
Fide sacratae ius perpetuo falleret».

[99] Illi vero non modo cum hostibus, verum etiam cum fluctibus, id quod fecit, dimicare melius fuit quam deserere consentientem Graeciam ad bellum barbaris inferendum. Sed omittamus et fabulas et externa; ad rem factam nostramque veniamus. M. Atilius Regulus, cum consul iterum in Africa ex insidiis captus esset duce Xanthippo Lacedaemonio, imperatore autem patre Hannibalis Hamilcare, iuratus missus est ad senatum, ut nisi redditi essent Poenis captivi nobiles quidam, rediret ipse Carthaginem. Is cum Romam venisset, utilitatis speciem videbat, sed eam, ut res declarat, falsam iudicavit; quae erat talis: manere in patria, esse domui suae cum uxore, cum liberis, quam calamitatem accepisset in bello communem fortunae bellicae iudicantem tenere consularis dignitatis gradum. Quis haec negat esse utilia? quem censes? Magnitudo animi et fortitudo negat.

98. Che parole, secondo te, si sarebbe sentito dire Ulisse, se avesse perseverato in quella sua finzione? Egli che, pur avendo compiuto grandissime imprese in guerra, tuttavia si sente dire da Aiace: «Del giuramento, di cui egli fu promotore, come tutti sapete, solo tradì la fede. Si diede a fingersi pazzo, per non unirsi a noi. E se la prudenza acuta di Palamede[185] non ne avesse afferrato la maliziosa audacia, egli avrebbe violato per sempre il vincolo del giuramento»[186].

99. Sarebbe stato meglio per lui combattere non soltanto contro i nemici, ma anche contro i flutti, come fece, anziché abbandonare la Grecia concorde nel muovere guerra ai barbari. Ma lasciamo da parte i miti e i fatti stranieri e veniamo ad un evento realmente verificatosi presso di noi. Marco Attilio Regolo, console per la seconda volta, catturato per mezzo di un'imboscata in Africa, quando era a capo dell'esercito nemico Santippo, generale spartano, e comandante supremo Amilcare, padre di Annibale, fu inviato al Senato sotto giuramento che sarebbe tornato a Cartagine, se non fossero stati restituiti ai Cartaginesi alcuni nobili prigionieri. Venuto a Roma, egli vedeva l'apparenza dell'utilità, ma, come dichiarano i fatti, la giudicò falsa: e si trattava di restare in patria, in casa propria con la moglie e i figli, conservare il grado della dignità consolare, giudicando la disgrazia patita in guerra come una cosa normale nella fortuna militare. Chi potrebbe affermare che non si tratta di cose utili? Chi ritieni che potrebbe farlo? Lo negano la grandezza e la fortezza d'animo. Vai forse in cerca di prove più autorevoli?

---

[185] Palamede (da non confondersi con l'omonimo storico greco-battriano del II sec. d.C.) era l'eroe greco mitologico, noto inventore, che costrinse Ulisse a smettere di fingersi pazzo per poi unirsi alla spedizione contro Troia.

[186] ACCIO, *Atreo*, frg. 55-60 Ribbeck².

[100] Num locupletiores quaeris auctores? Harum enim est virtutum proprium nihil extimescere, omnia humana despicere, nihil, quod homini accidere possit intolerandum putare. Itaque quid fecit? In senatum venit, mandata euit, sententiam ne diceret, recusavit; quamdiu iure iurando hostium teneretur, non esse se senatorem. Atque illud etiam, («O stultum hominem», dixerit quispiam, «et repugnantem utilitati suae!»), reddi captivos negavit esse utile; illos enim adulescentes esse et bonos duces, se iam confectum senectute. Cuius cum valuisset auctoritas, captivi retenti sunt, ipse Carthaginem rediit, neque eum caritas patriae retinuit nec suorum. Neque vero tum ignorabat se ad crudelissimum hostem et ad exquisita supplicia proficisci, sed ius iurandum conservandum putabat. Itaque tum, cum vigilando necabatur, erat in meliore causa, quam si domi senex captivus, periurus consularis remansisset.

[101] At stulte, qui non modo non censuerit captivos remittendos, verum etiam dissuaserit. Quo modo stulte? etiamne, si rei publicae conducebat? Potest autem, quod inutile rei publicae sit, id cuiquam civi utile esse? Pervertunt homines ea, quae sunt fundamenta naturae, cum utilitatem ab honestate seiungunt. Omnes enim expetimus utilitatem ad eamque rapimur nec facere aliter ullo modo possumus. Nam quis est, qui utilia fugiat? aut quis potius, qui ea non studiosissime persequatur? Sed quia nusquam possumus nisi in laude, decore, honestate utilia reperire, propterea illa prima et summa habemus, utilitatis nomen non tam splendidum quam necessarium ducimus.

100. Caratteristica di queste virtù è il non aver timore di nulla, disprezzare tutte le cose umane, non considerare insopportabile alcuna cosa che possa accadere ad un uomo. Che fece egli, allora? Venne in Senato, spiegò il suo mandato ma si rifiutò di esprimere il proprio parere, perché non era senatore, finché era vincolato dal giuramento fatto ai nemici. E affermò persino che non era utile restituire i prigionieri (qualcuno potrebbe dire: «O stolto, nemico del suo stesso interesse!»); infatti quelli – affermava – erano giovani e buoni comandanti, mentre egli era ormai sfinito dalla vecchiaia. Essendo prevalso il suo parere autorevole, i prigionieri furono trattenuti, egli tornò a Cartagine e non lo trattenne né l'amore per la patria né quello per i suoi cari. Eppure egli non ignorava, allora, di andare incontro a un nemico crudelissimo ed a supplizi raffinati, ma pensava che si dovesse mantenere il giuramento. E così allora, io dico, quando le veglie lo uccidevano[187], si trovava in una situazione migliore che se fosse rimasto a casa, vecchio prigioniero e consolare spergiuro.

101. «Ma fu stolto, perché non solo non propose la restituzione dei prigionieri, ma anche dissuase dal farlo». E come stolto? Anche se ciò comportava giovamento allo Stato? È possibile che quanto è inutile allo Stato possa essere utile a qualche cittadino? Gli uomini sovvertono i fondamenti della natura nel separare l'utilità dall'onestà. Tutti, infatti, desideriamo ciò che è utile e siamo trascinati verso di esso, senza poter fare in alcun modo diversamente. Chi c'è che si terrebbe lontano dall'utile? O chi, piuttosto, che non lo ricercherebbe con il massimo impegno? Ma poiché possiamo trovarlo soltanto nella gloria, nella dignità, nell'onestà, per tale motivo riteniamo questi come i primi e maggiori beni, mentre consideriamo il termine *utilità*, non tanto magnifico quanto necessario.

---

[187] I Cartaginesi avevano infatti tagliato le palpebre a Regolo, impedendogli di chiudere gli occhi, per poi rinchiuderlo in una botte dalle cui pareti sporgevano lunghi chiodi e farlo rotolare dalla china di una collina.

[102] Quid est igitur, dixerit quis, in iure iurando? Num iratum timemus Iovem? At hoc quidem commune est omnium philosophorum, non eorum modo, qui deum nihil habere ipsum negotii dicunt, nihil exhibere alteri, sed eorum etiam, qui deum semper agere aliquid et moliri volunt, numquam nec irasci deum nec nocere. Quid autem iratus Juppiter plus nocere potuisset, quam nocuit sibi ipse Regulus? Nulla igitur vis fuit religionis, quae tantam utilitatem perverteret. An ne turpiter faceret? Primum minima de malis? Non igitur tantum mali turpitudo ista habebat, quantum ille cruciatus. Deinde illud etiam apud Accium:

«Fregistin fidem?
Neque dedi neque do infideli cuiquam.
Quamquam ab impio rege dicitur, luculente tamen dicitur».
[103] Addunt etiam, quemadmodum nos dicamus videri quaedam utilia, quae non sint, sic se dicere videri quaedam honesta, quae non sunt, ut hoc ipsum videtur honestum conservandi iuris iurandi causa ad cruciatum revertisse, sed fit non honestum, quia, quod per vim hostium esset actum, ratum esse non debuit. Addunt etiam, quicquid valde utile sit, id fieri honestum, etiam si antea non videretur. Haec fere contra Regulum. Sed prima videamus.

[104] Non fuit Juppiter metuendus ne iratus noceret, qui neque irasci solet nec nocere. Haec quidem ratio non magis contra Reguli, quam contra omne ius iurandum valet. Sed in iure iurando non qui metus, sed quae vis sit, debet intellegi. Est enim ius iurandum affirmatio religiosa; quod autem affirmate, quasi deo teste promiseris, id tenendum est. Iam enim non ad iram deorum, quae nulla est, sed ad iustitiam et ad fidem pertinet. Nam praeclare Ennius:

«O Fides alma apta pinnis et ius iurandum Iovis».

Qui ius igitur iurandum violat, is fidem violat, quam in Capitolio vicinam Iovis optimi maximi, ut in Catonis oratione est, maiores nostri esse voluerunt.

102. Che cosa c'è, dunque, potrebbe dire qualcuno, in un giuramento? Forse temiamo l'ira di Giove? Ma è opinione comune di tutti i filosofi (non solo di quelli che affermano che il dio non si cura di nulla e non procura alcuna preoccupazione ad altri, ma anche di coloro che sostengono che la divinità compie e prepara sempre qualche cosa), che il dio non si adira mai e non arreca nessun danno[188]. In che cosa, poi, Giove irato avrebbe potuto nuocere a Regolo, più di quanto egli nocque a se stesso? Non c'era, dunque, alcuna forza della religione che potesse mandare in a una tanto grande utilità. Forse per non agire indegnamente? In primo luogo, tra due mali bisogna scegliere il minore: questa vergogna arrecava forse con sé tanto male, quanto ne arrecavano quelle torture? In secondo luogo anche presso Accio si legge: «Hai violato la parola data? Non l'ho mai data né la do ad alcuno sleale»[189]. È vero che ciò è detto da un re empio, ma detto, tuttavia, splendidamente.

103. Aggiungono inoltre che, come noi diciamo che ci sembrano utili alcune cose che non lo sono, così essi dicono che sembrano oneste alcune cose che non lo sono; ad esempio può apparire onesto proprio l'essere tornato al supplizio per mantenere un giuramento, ma finisce con il divenire non onesto, perché quanto si fa costretti dai nemici non avrebbe dovuto essere mantenuto. Aggiungono anche che tutto ciò che è molto utile diventa onesto, anche se in precedenza non sembrava tale. Queste, all'incirca, sono le obiezioni rivolte a Regolo. Ma esaminiamo la prima.

104. Non bisogna temere che Giove, adirato, nuocesse, perché non è solito adirarsi né fare del male. Questo argomento non è valido tanto contro il giuramento di Regolo, quanto contro ogni giuramento. Ma nel giuramento bisogna considerare non il timore, in caso di violazione, bensì il suo significato; il giuramento è, infatti, un'affermazione religiosa: quello che uno ha promesso solennemente, come se il dio ne fosse testimone, deve essere mantenuto. Non si tratta, infatti, dell'ira divina, che non esiste, ma della giustizia e della fede; dice benissimo Ennio: «O alma Fede, munita d'ali, e giuramento di Giove»[190]. Chi, dunque, viola un giuramento, viola la Fede, che i nostri antenati vollero stesse sul Campidoglio accanto a Giove Ottimo Massimo[191], come si dice in un'orazione di Catone.

---

[188] I primi sono gli Epicurei, i secondi gli Stoici, in special modo Panezio.
[189] ACCIO, *Atreo*, 277 Ribbeck².
[190] ENNIO, *Scenica*, 403 Vahlen².
[191] Il tempio di Fides era situato sul Campidoglio, fra il grande tempio di Giove e la Rupe Tarpea.

[105] At enim ne iratus quidem Juppiter plus Regulo nocuisset, quam sibi nocuit ipse Regulus. Certe, si nihil malum esset nisi dolere. Id autem non modo non summum malum, sed ne malum quidem esse maxima auctoritate philosophi affirmant. Quorum quidem testem non mediocrem, sed haud scio an gravissimum Regulum nolite quaeso vituperare. Quem enim locupletiorem quaerimus quam principem populi Romani, qui retinendi officii causa cruciatum subierit voluntarium? Nam quod aiunt minima de malis, id est, ut turpiter potius quam calamitose; an est ullum maius malum turpitudine? Quae si in deformitate corporis habeat aliquid offensionis, quanta illa depravatio et foeditas turpificati animi debet videri?

[106] Itaque nervosius qui ista disserunt, solum audent malum dicere id, quod turpe sit, qui autem remissius, ii tamen non dubitant summum malum dicere. Nam illud quidem "Neque dedi neque do infideli cuiquam" idcirco recte a poeta, quia, cum tractaretur Atreus, personae serviendum fuit. Sed si hoc sibi sument, nullam esse fidem, quae infideli data sit, videant, ne quaeratur latebra periurio.

[107] Est autem ius etiam bellicum fidesque iuris iurandi saepe cum hoste servanda. Quod enim ita iuratum est, ut mens conciperet fieri oportere, id servandum est; quod aliter, id si non fecerit, nullum est periurium. Ut, si praedonibus pactum pro capite pretium non attuleris, nulla fraus est, ne si iuratus quidem id non feceris. Nam pirata non est ex perduellium numero definitus, sed communis hostis omnium; cum hoc nec fides debet nec ius iurandum esse commune.

105. Ma neppure Giove adirato avrebbe potuto nuocere a Regolo, più di quanto proprio Regolo nocque a se stesso. Certo, se non esistesse altro male al di fuori del dolore fisico; ma i filosofi più autorevoli affermano che non solo non è il male maggiore, ma non è neppure un male. Non biasimate, di grazia, Regolo, testimone non mediocre, anzi forse importantissimo della fondatezza delle loro affermazioni). Infatti, quale testimone più autorevole andiamo cercando di uno dei più illustri cittadini romani, che affrontò volontariamente il supplizio pur di mantenersi fedele al dovere? Si parla, poi, del "male minore" – di scegliere, cioè, la vergogna piuttosto che la sventura –, ma esiste un male più grande della vergogna? Se essa nella deformità fisica ha qualche cosa di ripugnante, quanto ci deve apparire grande la deformità e la bruttezza di un animo corrotto?

106. Coloro che si occupano di questo argomento con maggior vigore, hanno il coraggio di dire che è unico male ciò che è vergognoso, mentre quanti ne discutono con maggiore accondiscendenza non esitano, tuttavia, a chiamarlo sommo male. Per quel che riguarda le parole «Non l'ho data né la do ad alcuno sleale», esse sono state scritte giustamente dal poeta, perché, rappresentandosi il personaggio di Atreo, bisognava tenersi strettamente legati ad esso. Ma se vorranno prenderle nel senso che non esiste fede data ad un uomo sleale, badino a non cercare un mezzo per occultare lo spergiuro.

107. Anche il diritto di guerra e la fede nel giuramento debbono spesso essere osservati nei confronti dei nemico. Tutto ciò che, difatti, è stato giurato con la piena consapevolezza della sua opportunità, deve essere mantenuto; quello che è stato giurato in maniera diversa, se non viene mantenuto non costituisce spergiuro. Per esempio, se non portassi ai predoni il prezzo pattuito per la tua vita, non c'è frode, neppure se non lo facessi dopo averlo giurato; il predone, difatti, non è compreso nel numero dei nemici di guerra, ma è nemico comune di tutti; con lui non deve esserci in comune alcuna fede né alcun giuramento.

[108] Non enim falsum iurare periurare est, sed quod ex animi tvi sententia iuraris, sicut verbis concipitur more nostro, id non facere periurium est. Scite enim Euripides: «Iuravi lingua, mentem iniuratam gero». Regulus vero non debuit condiciones pactionesque bellicas et hostiles perturbare periurio. Cum iusto enim et legitimo hoste res gerebatur, adversus quem et totum ius fetiale et multa sunt iura communia. Quod ni ita esset, numquam claros viros senatus vinctos hostibus dedidisset.

[109] At vero T. Veturius et Sp. Postumius, cum iterum consules essent, quia, cum male pugnatum apud Caudium esset, legionibus nostris sub iugum missis, pacem cum Samnitibus fecerant, dediti sunt iis, iniussu enim populi senatusque fecerant. Eodemque tempore Ti. Numicius, Q. Maelius, qui tum tribuni pl. erant, quod eorum auctoritate pax erat facta, dediti sunt, ut pax Samnitium repudiaretur. Atque huius deditionis ipse Postumius, qui dedebatur, suasor et auctor fuit. Quod idem multis annis post C. Mancinus, qui, ut Numantinis, quibuscum sine senatus auctoritate foedus fecerat, dederetur, rogationem suasit eam, quam L. Furius, Sex. Atilius ex senatus consulto ferebant; qua accepta est hostibus deditus. Honestius hic quam Q. Pompeius, quo, cum in eadem causa esset, deprecante accepta lex non est. Hic ea, quae videbatur utilitas, plus valuit quam honestas, apud superiores utilitatis species falsa ab honestatis auctoritate superata est.

108. Spergiurare, difatti, non significa giurare il falso, ma costituisce spergiuro il non mantenere quello che hai giurato "secondo la tua coscienza", come recita un'espressione in uso presso di noi. Dice bene Euripide: «Ho giurato con la lingua, ma la mia mente è libera da giuramenti»[192]. Regolo, invero, non doveva sconvolgere con un falso giuramento le condizioni e i patti di guerra siglati con il nemico; si aveva a che fare, difatti, con un nemico giusto e legittimo, nei confronti del quale sono in vigore il diritto feziale e molte altre norme comuni. Se non fosse così, il Senato non avrebbe mai consegnato in catene al nemico illustri cittadini.

109. Ma Tito Veturio e Spurio Postumio, consoli per la seconda volta, poiché, dopo l'infelice battaglia di Caudio[193] e dopo che le nostre legioni furono mandate sotto il giogo, avevano stipulato la pace con i Sanniti, furono consegnati ad essi per aver agito senza l'approvazione del popolo e del Senato. Contemporaneamente Tiberio Numicio e Quinto Melio, allora tribuni della plebe[194], dato che la pace era stata stipulata con la loro autorizzazione, furono consegnati affinché fosse annullata la pace con i Sanniti; lo stesso Postumio, che doveva venir consegnato, fu sostenitore e promotore di questa procedura. Lo stesso fece, molti anni dopo, Gaio Mancino[195], che, avendo siglato un trattato con i Numantini senza l'autorizzazione del Senato, sostenne la proposta presentata, per decreto del Senato, da Lucio Furio[196] e Sesto Attilio; approvata la proposta, egli fu consegnato ai nemici. Si comportò più onorevolmente lui di Quinto Pompeo[197] che, ritrovandosi nella medesima circostanza, supplicò in modo tale che la legge non fu accettata. In questo caso quella che sembrava utilità valse più dell'onestà, in quelli precedenti una falsa apparenza di utilità fu superata dall'autorevolezza dell'onestà.

---

[192] EURIPIDE, *Ippolito*, v. 612.

[193] Si tratta dell'umiliante episodio delle Forche Caudine, in cui, nel 321 a.C., durante la II Guerra Sannitica, l'esercito romano, fattosi imprudentemente accerchiare a Caudio, fra Capua e Benevento, venne risparmiato dopo essere stato fatto sfilare nudo e disarmato sotto un giogo. Il Senato, irritato, rifiutò l'accordo di pace estorto in quella circostanza dai Sanniti.

[194] Secondo TITO LIVIO, *Storia di Roma dalla fondazione*, IX, 8, 13; IX, 10, 1, i tribuni della plebe in questione erano invece Lucio Livio e Quinto Melio.

[195] Gaio Ostilio Mancino, console nel 137 a.C., fu sconfitto dagli abitanti di Numanzia e siglò con essi un trattato di pace disapprovato dal Senato, che fece anzi consegnare lo stesso Ostilio ai nemici; questi ultimi, tuttavia, lo lasciarono andare molto cavallerescamente.

[196] Lucio Furio Filo fu console nel 136 a.C., assieme a Sesto Attilio Serrano; Cicerone ne fece uno degli interlocutori nel suo *De re publica*.

[197] Quinto Pompeo Rufo, console nel 141 a.C., aveva firmato un trattato con i Numantini simile a quello che anche Mancino avrebbe siglato in seguito, ma Pompeo si trasse d'imbarazzo semplicemente negando di aver concluso tale accordo.

[110] At non debuit ratum esse, quod erat actum per vim. Quasi vero forti viro vis possit adhiberi. Cur igitur ad senatum proficiscebatur, cum praesertim de captivis dissuasurus esset? Quod maximum in eo est, id reprehenditis. Non enim suo iudicio stetit, sed suscepit causam, ut esset iudicium senatus; cui nisi ipse auctor fuisset, captivi profecto Poenis redditi essent. Ita incolumis in patria Regulus restitisset. Quod quia patriae non utile putavit, idcirco sibi honestum et sentire illa et pati credidit. Nam quod aiunt, quod valde utile sit, id fieri honestum, immo vero esse, non fieri. Est enim nihil utile, quod idem non honestum, nec quia utile, honestum, sed, quia honestum, utile. Quare ex multis mirabilibus exemplis haud facile quis dixerit hoc exemplo aut laudabilius aut praestantius.

[111] Sed ex tota hac laude Reguli unum illud est admiratione dignum, quod captivos retinendos censuit. Nam quod rediit, nobis nunc mirabile videtur, illis quidem temporibus aliter facere non potuit. Itaque ista laus non est hominis, sed temporum. Nullum enim vinculum ad astringendam fidem iure iurando maiores artius esse voluerunt. Id indicant leges in duodecim tabulis, indicant sacratae, indicant foedera, quibus etiam cum hoste devincitur fides, indicant notiones animadversionesque censorum, qui nulla de re diligentius quam de iure iurando iudicabant.

110. Ma non si doveva mantenere ciò che era stato estorto con la forza. Come se a un uomo forte si potesse fare violenza! Perché, dunque, partiva per il Senato, tenuto conto, soprattutto, del fatto che aveva intenzione di sconsigliare la restituzione dei prigionieri? Voi biasimate proprio il suo merito maggiore: egli non si accontentò del suo giudizio, ma accettò l'incarico perché fosse il Senato a decidere, e se non fosse stato lui a consigliare, certamente i prigionieri sarebbero stati restituiti ai Cartaginesi. In tal caso Regolo sarebbe rimasto incolume in patria; ma poiché non lo ritenne utile per la patria, proprio per questo giudicò onesto per sé esprimere il proprio parere e patirne le conseguenze. Riguardo, poi, all'affermazione che quanto molto utile diviene anche onesto, (si dovrebbe dire) anzi che lo è, non lo diventa: non c'è nulla, infatti, che sia utile se non è anche onesto, e non sia onesto perché utile, ma utile perché onesto. Di conseguenza tra molti ammirevoli esempi difficilmente qualcuno potrebbe citarne uno più lodevole ed efficace di questo.

111. Ma in tutto questo glorioso comportamento di Regolo un atto è specialmente degno di ammirazione, il fatto che egli propose di trattenere i prigionieri. L'essere ritornato, difatti, sembra a noi straordinario adesso, ma in quei tempi non avrebbe potuto comportarsi diversamente; di conseguenza questa è una lode che va rivolta non all'uomo, ma ai tempi: i nostri antenati vollero che nessun vincolo fosse più saldo del giuramento per impegnare a rispettare la parola data. Lo indicano le leggi delle dodici tavole, le leggi esecratoríe, lo indicano i trattati, con i quali si impegna la parola anche con i nemici, lo indicano gli ammonimenti ed i rimproveri dei censori, che non giudicavano con maggiore scrupolo alcuna colpa come quelle riguardanti il giuramento.

[112] L. Manlio A. filio, cum dictator fuisset, M. Pomponius tr. pl. diem dixit, quod is paucos sibi dies ad dictaturam gerendam addidisset; criminabatur etiam, quod Titum filium, qui postea est Torquatus appellatus, ab hominibus relegasset et ruri habitare iussisset. Quod cum audivisset adulescens filius negotium exhiberi patri, accurisse Romam et cum primo luci Pomponii domum venisse dicitur. Cui cum esset nuntiatum, qui illum iratum allaturum ad se aliquid contra patrem arbitraretur, surrexit e lectulo remotisque arbitris ad se adulescentem iussit venire. At ille, ut ingressus est, confestim gladium destrinxit iuravitque se illum statim interfecturum, nisi ius iurandum sibi dedisset se patrem missum esse facturum. Iuravit hoc terrore coactus Pomponius; rem ad populum detulit, docuit, cur sibi causa desistere necesse esset, Manlium missum fecit. Tantum temporibus illis ius iurandum valebat. Atque hic T. Manlius is est, qui ad Anienem Galli, quem ab eo provocatus occiderat, torque detracto cognomen invenit, cuius tertio consulatu Latini ad Veserim fusi et fugati, magnus vir in primis et qui perindulgens in patrem, idem acerbe severus in filium.

112. Il tribuno della plebe Marco Pomponio citò in giudizio Lucio Manlio, figlio di Aulo, che era dittatore, perché aveva prolungato di pochi giorni il periodo della sua dittatura[198]; lo si accusava anche di aver allontanato dal consorzio umano ed aver costretto a vivere in campagna il figlio Tito, quello che in seguito fu soprannominato Torquato[199]. Allorché il giovane figlio apprese che il padre rischiava un processo, si racconta che accorse a Roma e che all'alba si recò in casa di Pomponio. Essendogli stata annunciata la sua visita, Pomponio, pensando che Tito adirato venisse a riferirgli qualche cosa contro il padre, si alzò dal letto e, allontanati i testimoni, ordinò che venisse fatto entrare il giovane. Ma questi, appena entrato, sguainò la spada e giurò che lo avrebbe ucciso immediatamente se non gli avesse giurato di liberare da ogni accusa il padre. Pomponio giurò, costretto dal terrore; portò la questione dinanzi al popolo, lo informò del motivo che lo costringeva a desistere dall'accusa e lasciò libero Manlio. Tanto grande era il valore del giuramento in quei tempi. E questo Tito Manlio è lo stesso che derivò il proprio soprannome dall'aver strappato, nella battaglia dell'Aniene, il monile a un Gallo che lo aveva sfidato; durante il suo terzo consolato i Latini furono sbaragliati e messi in fuga presso Veseri, eroe, tra i più grandi, che, tanto indulgente nei confronti del padre, fu severissimo nei confronti del proprio figlio[200].

---

[198] Lucio Manlio Capitolino fu dittatore per sei mesi (la massima durata prevista dalla costituzione) nel 363 a.C., mentre Marco Pomponio fu tribuno della plebe l'anno successivo. Cicerone allude implicitamente all'incostituzionalità della dittatura perpetua assunta da Cesare e ciò, sia detto *en passant*, dovrebbe fare molto riflettere sull'arbitrio e la disinvoltura con cui i governanti odierni estendono a loro piacimento poteri e tempi di gestione degli stessi.

[199] Tito Manlio Capitolino era detto "Torquato" perché si era impossessato di una collana (*torquis*) strappata ad un enorme Gallo che aveva abbattuto in singolar tenzone. Fu dittatore nel 353 e nel 349 a.C., nonché console per tre volte, nel 347, nel 344 e nel 340 a.C.

[200] Nel 340 a.C., mentre conduceva come console la guerra contro i Latini, Tito aveva condannato a morte per indisciplina il proprio figlio perché costui, nonostante l'ordine di non uscire dai ranghi, aveva accolto la sfida a duello di un comandante dei Tuscolani, uscendone peraltro vincitore

[113] Sed, ut laudandus Regulus in conservando iure iurando, sic decem illi, quos post Cannensem pugnam iuratos ad senatum misit Hannibal, se in castra redituros ea, quorum erant potiti Poeni, nisi de redimendis captivis impetravissent, si non redierunt, vituperandi. De quibus non omnes uno modo; nam Polybius, bonus auctor inprimis, ex decem nobilissimis, qui tum erant missi, novem revertisse dicit re a senatu non impertrata; unum ex decem, qui paulo post, quam erat egressus e castris, redisset, quasi aliquid esset oblitus, Romae remansisse. Reditu enim in castra liberatum se esse iure iurando interpretabatur, non recte. Fraus enim distringit, non dissolvit periurium. Fuit igitur stulta calliditas, perverse imitata prudentiam. Itaque decrevit senatus, ut ille veterator et callidus, vinctus ad Hannibalem duceretur.

[114] Sed illud maximum: octo hominum milia tenebat Hannibal, non quos in acie cepisset, aut qui periculo mortis diffugissent, sed qui relicti in castris fuissent a Paulo et a Varrone consulibus. Eos senatus non censuit redimendos, cum id parva pecunia fieri posset, ut esset insitum militibus nostris aut vincere aut emori. Qua quidem re audita fractum animum Hannibalis scribit idem, quod senatus populusque Romanus rebus afflictis tam excelso animo fuisset. Sic honestatis comparatione ea, quae videntur utilia, vincuntur.

[115] C. Acilius autem, qui Graece scripsit historiam, plures ait fuisse, qui in castra revertissent eadem fraude, ut iure iurando liberarentur eosque a censoribus omnibus ignominiis notatos. Sit iam huius loci finis. Perspicuum est enim ea, quae timido animo, humili, demisso fractoque fiant, quale fuisset Reguli factum, si aut de captivis quod ipsi opus esse videretur, non quod rei publicae, censuisset aut domi remanere voluisset, non esse utilia, quia sint flagitiosa, foeda, turpia.

113. Ma, come è degno di lode Regolo per aver rispettato il giuramento, così sono degni di biasimo, se non ritornarono, quei dieci che, dopo la battaglia di Canne, Annibale inviò al Senato, dietro giuramento che avrebbero fatto rientro all'accampamento, di cui si erano impossessati i Cartaginesi, se non avessero ottenuto il riscatto dei prigionieri. Sul loro comportamento non tutti sono concordano. Infatti Polibio, storico tra i più autorevoli, dice che dei dieci più nobili allora inviati, ne ritornarono nove per non avere ottenuto il consenso del Senato; uno dei dieci, che aveva fatto ritorno negli accampamenti poco dopo esserne uscito, quasi avesse dimenticato qualche cosa, rimase a Roma, perché giudicava, e a torto, di essersi liberato dal giuramento con quel suo ritorno nell'accampamento. La frode, difatti, aggrava e non cancella lo spergiuro. Si trattò, dunque, di una sciocca astuzia, che imitò malamente la prudenza. Il Senato decise, quindi, che quel furbo imbroglione fosse ricondotto ad Annibale in catene .

114. Ma questo è il lato più importante. Annibale teneva prigionieri ottomila uomini, che non erano stati catturati in battaglia né erano fuggiti di fronte al pericolo di morte, ma erano stati lasciati nell'accampamento dai consoli Paolo e Varrone. Il Senato stabilì che non si doveva pagare il riscatto, benché lo si potesse fare con un'esigua somma di denaro, perché fosse ben radicato nell'animo dei nostri soldati il concetto che bisognava vincere oppure morire. Il medesimo storico scrive che, messo a conoscenza del fatto, l'animo di Annibale ne restò molto turbato, poiché il Senato ed il popolo romano avevano dimostrato una simile grandezza d'animo nelle avversità. Così, al confronto con l'onestà, le azioni che appaiono utili, finiscono per essere superate.

115. Tuttavia Gaio Acilio[201], che scrisse una storia di Roma in lingua greca, sostiene che furono molti a ritornare negli accampamenti con lo stesso inganno, per essere sciolti dal giuramento, e furono marchiati dai censori con ogni nota di infamia. Mettiamo fine, oramai, a questo argomento. È evidente infatti che tutto ciò che viene fatto con animo timoroso, umile, depresso ed avvilito – proprio come sarebbe stata l'azione di Regolo, se avesse proposto, riguardo ai prigionieri, ciò che gli pareva opportuno per sé, non per lo Stato, o nel caso avesse voluto restarsene in patria – non è utile, perché è dannoso, disonorevole, turpe.

---

[201] Storiografo romano, contemporaneo di Catone il Censore, che tra i primi scrisse degli *Annali* in greco sulla storia di Roma dalle origini alla II Guerra Punica.

[116] Restat quarta pars, quae decore, moderatione, modestia, continentia, temperantia continetur. Potest igitur quicquam utile esse, quod sit huic talium virtutum choro contrarium? Atqui ab Aristippo Cyrenaici atque Annicerii philosophi nominati omne bonum in voluptate posuerunt virtutemque censuerunt ob eam rem esse laudandam, quod efficiens esset voluptatis. Quibus obsoletis floret Epicurus, eiusdem fere adiutor auctorque sententiae. Cum his "viris" equisque, ut dicitur, si honestatem tueri ac retinere sententia est, decertandum est.

[117] Nam si non modo utilitas, sed vita omnis beata corporis firma constitutione eiusque constitutionis spe explorata, ut a Metrodoro scriptum est, continetur, certe haec utilitas et quidem summa (sic enim censent), cum honestate pugnabit. Nam ubi primum prudentiae locus dabitur? an ut conquirat undique suavitates? Quam miser virtutis famulatus servientis voluptati. Quod autem munus prudentiae? an legere intellegenter voluptates? fac nihil isto esse iucundius, quid cogitari potest turpius? Iam, qui dolorem summum malum dicat, apud eum quem habet locum fortitudo, quae est dolorum laborumque contemptio? Quamvis enim multis locis dicat Epicurus, sicuti dicit, satis fortiter de dolore, tamen non id spectandum est, quid dicat, sed quid consentaneum sit ei dicere, qui bona voluptate terminaverit, mala dolore. Et si illum audiam de continentia et temperantia, dicit ille quidem multa multis locis, sed aqua haeret, ut aiunt. Nam qui potest temperantiam laudare is, qui ponat summum bonum in voluptate? Est enim temperantia libidinum inimica, libidines autem consectatrices voluptatis.

116. Rimane da trattare la quarta parte, che consiste nella convenienza, nella moderazione, nella modestia, nella continenza, nella temperanza. Potrebbe, ordunque, qualcosa essere utile, pur essendo contraria a questo coro di virtù? Eppure i Cirenaici, seguaci di Aristippo, e quelli che sono chiamati Annicerii[202], hanno individuato ogni bene nel piacere ed hanno ritenuto che la virtù fosse degna di lode perché produttrice di piacere; passati di moda costoro, fiorisce Epicuro[203], sostenitore e fautore pressoché della stessa dottrina. Con questi filosofi bisogna combattere con fanti e cavalli, come si dice[204], se si vuole mantenere e salvaguardare l'onestà.

117. Se, d'altro canto, non solamente l'utilità, ma l'intera felicità della vita consiste, come ha scritto Metrodoro[205], nella salda costituzione fisica e nella certa speranza della sua durata, certamente questa utilità, che è pure la più grande, sarà in conflitto con l'onestà. Infatti, in primo luogo, quale ruolo si assegnerà alla prudenza? Quello, forse, di cercare piaceri in ogni dove? Quale infelice schiavitù, quella della virtù assoggettata al piacere! E quale sarebbe il compito della prudenza? Forse lo scegliere con intelligenza i piaceri? Ammetti pure che non esista nient'altro di più piacevole, ma che cosa si può immaginare di più turpe? Inoltre, presso chi dice che il dolore è il sommo male, quale posto può tenere la fortezza d'animo, che è spregio dei dolori e delle fatiche? Sebbene, infatti, in molti passi Epicuro parli, come egli dice, con sufficiente forza d'animo del dolore, non bisogna, tuttavia, considerare ciò che dice, ma quello che sarebbe logico dicesse chi ha limitato il bene al piacere e il male al dolore; ad esempio, se io volessi ascoltarlo mentre parla della continenza e della temperanza, è vero che ne parla a lungo in molti luoghi, ma, come si suol dire,«l'acqua ristagna»[206]; come potrebbe in verità lodare la temperanza, chi pone il sommo bene nel piacere? La temperanza è nemica delle passioni sensuali, mentre esse sono convinte seguaci dei piacere.

---

[202] Seguaci di Anniceride di Cirene, che fondò, nel 300 a.C., ad Alessandria d'Egitto, la propria scuola filosofica. La sua dottrina era una sorta di compromesso fra gli insegnamenti di Aristippo e quelli di Epicuro.

[203] È il celeberrimo filosofo nativo di Samo, dove vide la luce nel 342 a.C. e fondò ad Atene la propria scuola di pensiero. La sua dottrina (impropriamente definita "edonistica", ma che puntava invece all'assenza del dolore) diede origine ad una serie di polemiche e cattive interpretazione destinate a rimanere tali per secoli. Morì nel 270 a.C.

[204] È l'espressione proverbiale latina *viris equisque*.

[205] Metrodoro di Lampsaco fu allievo nonché caro amico di Epicuro, a cui tuttavia premorì.

[206] L'espressione latina *aqua haeret* indica, tecnicamente, l'acqua che si ingorga all'interno di una conduttura.

[118] Atque in his tamen tribus generibus quoquo modo possunt, non incallide tergiversantur. Prudentiam introducunt scientiam suppeditantem voluptates, depellentem dolores. Fortitudinem quoque aliquo modo expediunt, cum tradunt rationem neglegendae mortis, perpetiendi doloris. Etiam temperantiam inducunt non facillime illi quidem, sed tamen quoquo modo possunt. Dicunt enim voluptatis magnitudinem doloris detractione finiri. Iustitia vacillat vel iacet potius omnesque eae virtutes, quae in communitate cernuntur et in societate generis humani. Neque enim bonitas nec liberalitas nec comitas esse potest, non plus quam amicitia, si haec non per se expetantur, sed ad voluptatem utilitatemve referantur.

[119] Conferamus igitur in pauca. Nam ut utilitatem nullam esse docuimus, quae honestati esset contraria, sic omnem voluptatem dicimus honestati esse contrariam. Quo magis reprehendendos Calliphontem et Dinomachum iudico, qui se dirempturos controversiam putaverunt, si cum honestate voluptatem tamquam cum homine pecudem copulavissent. Non recipit istam coniunctionem honestas, aspernatur, repellit. Nec vero finis bonorum et malorum, qui simplex esse debet, ex dissimillimis rebus misceri et temperari potest. Sed de hoc (magna enim res est) alio loco pluribus; nunc ad propositum.

118. Eppure in questi tre tipi di virtù essi si destreggiano con una certa abilità, in qualunque modo possibile: introducono nel loro sistema la prudenza quale scienza che distribuisce i piaceri ed allontana i dolori. Concedono un posto in qualche modo anche alla fortezza d'animo, nell'insegnare lo strumento per disprezzare la morte e tollerare il dolore. Tirano in ballo pure la temperanza, a dire il vero non nel modo più facile, ma in qualunque modo possono; dicono, infatti, che la grandezza del piacere trova il proprio limite nell'assenza del dolore. Vacilla, o piuttosto è prostrata a terra, la giustizia, e parimenti tutte quelle virtù che si distinguono nella comunanza e nella società del genere umano. Non possono esistere, infatti, né bontà, né generosità, né affabilità e tanto meno l'amicizia, se esse non sono ricercate di per sé stesse, ma commisurate al piacere e all'utilità.

119. Riepiloghiamo, dunque, in poche parole. Come abbiamo provato che non esiste utilità contraria all'onestà, così diciamo che ogni piacere dei sensi è contrario all'onestà. Tanto più ritengo che debbano essere biasimati Callifonte e Dinomaco[207], che credettero di eliminare la controversia, unendo il piacere con l'onestà, il che significa, all'incirca, accoppiare gli animali con l'uomo; l'onestà non ammette questo connubio, lo disprezza e lo respinge. Né, in verità, il fine del bene e del male, che deve essere semplice, può essere costituito dalla mescolanza e dal contemperamento di cose molto dissimili. Ma di questo – trattandosi di una questione importante – avremo occasione di parlare a lungo in un'altra occasione; ora torniamo all'assunto.

---

[207] Filosofi poco conosciuti, forse accademici, che tentarono una sorta di mediazione fra Stoicismo ed Epicureismo, individuando il bene supremo nell'unione delle virtù con il piacere fisico.

[120] Quemadmodum igitur, si quando ea, quae videtur utilitas, honestati repugnat, diiudicanda res sit, satis est supra disputatum. Sin autem speciem utilitatis etiam voluptas habere dicetur, nulla potest esse ei cum honestate coniunctio. Nam, ut tribuamus aliquid voluptati, condimenti fortasse non nihil, utilitatis certe nihil habebit.

[121] Habes a patre munus, Marce fili, mea quidem sententia magnum, sed perinde erit, ut acceperis. Quamquam hi tibi tres libri inter Cratippi commentarios tamquam hospites erunt recipiendi, sed, ut, si ipse venissem Athenas, quod quidem esset factum, nisi me e medio cursu clara voce patria revocasset, aliquando me quoque audires, sic, quoniam his voluminibus ad te profecta vox est mea, tribues iis temporis, quantum poteris, poteris autem quantum voles. Cum vero intellexero te hoc scientiae genere gaudere, tum et praesens tecum propediem, ut spero, et dum aberis, absens loquar. Vale igitur, mi Cicero, tibique persuade esse te quidem mihi carissimum, sed multo fore cariorem, si talibus monumentis praeceptisque laetabere.

120. In che modo, ordunque, vada risolta la questione nei casi in cui l'utilità apparente sia in contrasto con l'onestà, è stato sufficientemente trattato sopra. Se, poi, si sosterrà che anche il piacere ha un'apparenza di utilità, esso non può avere, tuttavia, nessun punto di contatto con l'onestà. Per concedere, difatti, qualcosa al piacere, esso avrà forse un qualche carattere di condimento, ma niente che risulti utile.

121. Tu ricevi da parte di tuo padre, o figlio Marco, un dono grande, a mio giudizio, ma il cui valore dipenderà dal modo con cui tu lo accoglierai. È vero che dovrai ricevere questi tre libri come ospiti tra i trattati di Cratippo; ma, come avresti potuto udire anche me qualche volta, se io fossi venuto ad Atene – e l'avrei fatto, se la patria non mi avesse richiamato con chiara voce mentre mi trovavo a metà viaggio[208] – così, dal momento che questi volumi ti portano la mia voce, dedicherai ad essi il tempo che potrai, ma ne potrai quanto ne vorrai. Quando mi accorgerò che tu trarrai giovamento da questo tipo di dottrina, allora con te si discorrerà in tua presenza tra poco, come spero, e da lontano finché sarai assente. Stammi bene, mio Cicerone, e convinciti che mi stai moltissimo a cuore, e lo sarai ancora di più, se trarrai godimento da questi ammonimenti e precetti.

---

[208] Cicerone era salpato per la Grecia nella seconda metà di luglio del 44 a.C. ma i venti contrari e le notizie secondo cui era possibile intraprendere con qualche speranza di successo una nuova lotta contro Marc'Antonio, lo indussero ad annullare il viaggio.

SOMMARIO